U0801069

Securities Investment Analysis

证券投资分析

主　编◎陈肯界

同濟大學出版社
TONGJI UNIVERSITY PRESS
·上海·

内 容 简 介

本书从证券投资分析的基础理论出发，详细阐述了证券投资基本面分析、证券投资技术分析、投资价值分析与证券投资组合理论、投资实务以及量化投资基础五个方面的内容。同时，结合国内外证券市场的最新动态和典型案例，对证券投资分析的实际应用进行了深入剖析，使读者能够全面了解和掌握证券投资分析的相关知识。

本书适用于应用型本科院校经济、金融、管理等相关专业的学生，也可作为广大投资者、金融机构从业人员及证券市场研究人员的参考书籍。

图书在版编目（CIP）数据

证券投资分析 / 陈肯界主编 . -- 上海：同济大学出版社，2025. 3. -- ISBN 978-7-5765-1485-8

Ⅰ. F830.91

中国国家版本馆 CIP 数据核字第 2025C5X736 号

证券投资分析

陈肯界 **主 编**

策划编辑 府晓辉 **责任编辑** 杨 艳 **助理编辑** 郭紫月 **责任校对** 徐逢乔 **封面设计** 渲彩轩

出版发行 同济大学出版社 www. tongjipress. com. cn
（地址：上海市四平路 1239 号 邮编：200092 电话：021-65985622）

经　　销 全国各地新华书店
排　　版 南京文脉图文设计制作有限公司
印　　刷 上海叶大印务发展有限公司
开　　本 787 mm × 1092 mm 1/16
印　　张 16
字　　数 360 000
版　　次 2025 年 3 月第 1 版
印　　次 2025 年 3 月第 1 次印刷
书　　号 ISBN 978-7-5765-1485-8

定　　价 56.00 元

本书若有印装质量问题，请向本社发行部调换　　版权所有　侵权必究

前言

《证券投资分析》是一本全面介绍证券投资分析理论与实践的教材。本书从证券投资分析的基础理论出发，详细阐述了证券投资基本面分析、证券投资技术分析、投资价值分析与证券投资组合理论、投资实务以及量化投资基础五个方面的内容。同时，结合国内外证券市场的最新动态和典型案例，对证券投资分析的实际应用进行了深入剖析，使读者能够全面了解和掌握证券投资分析的相关知识。

随着金融市场改革的深入推进，证券投资领域的政策环境也在不断变化。为了确保教材内容的时效性和实用性，本书在编写过程中密切关注国家相关政策的调整和市场环境的变化，及时将最新的政策法规和市场动态融入书中，使读者能够及时了解政策变化对证券市场的影响，为投资决策提供有力支持。

本书的特色如下：

1. 采用校企共编的模式

本书基础理论部分由校内专业教师编写，实务部分邀请合作企业编写，校企共编的模式更加契合应用型本科院校的人才培养模式。

2. 理论与实践相结合

本书在前八章中，对每个知识点都进行了深入的理论阐述，并配以实际应用案例，增强学习的实践性。第十四和十五章则进一步结合实训软件操作，通过案例分析、实训操作等方式，使读者能够将理论知识与实际操作相结合，提高分析问题和解决问题的能力。同时，我们还鼓励读者积极思考和探索新的分析方法和策略，培养创新精神和创新能力。

3. 课程思政案例融入

本书每一章都精心设计了与课程内容相结合的思政案例，并以二维码的形式呈现，便于读者随时随地扫码学习，增强了教学的互动性和实效性。

4. 体验感与可读性并举

本书每一章都配备了丰富的图表，包括直接从投资软件中下载的股票走势图和实训操作流程图，这些真实的图表增强了情景代入感，提升了读者的学习体验。

5. 注重跨学科的融合和创新

本书不仅涵盖了传统的财务分析、技术分析等内容，还引入了量化投资、行为金融学等新兴领域的知识，使读者能够更全面地了解证券投资分析的前沿动态。

本书由广东科技学院陈肯界担任主编。具体分工如下：陈肯界负责第七章至第十章内容的编写，郜燕群负责第五章和第六章内容的编写，曾丽君负责第一章和第二章内容的编写，陈晶晶负责第三章和第四章内容的编写。另外，本书是校企共编教材，第十一章至第十三章由国信证券股份有限公司黄荐轩编写，第十四章和第十五章由深圳智盛信息技术股份有限公司李程钢编写。

本书适用于应用型本科院校经济、金融、管理等相关专业的学生，也可作为广大投资者、金融机构从业人员及证券市场研究人员的参考书籍。

《证券投资分析》是一本集理论性、实践性和前沿性于一体的教材。我们希望为读者提供一份全面、系统、实用的证券投资分析学习资料。同时，我们也希望本书能够为我国资本市场的发展和经济繁荣作出一份微薄的贡献。在未来的日子里，我们将继续关注市场动态和政策变化，不断更新和完善内容，以满足广大读者的需求。

本书的出版得到了广东科技学院财经学院以及教务处的领导、同事的鼎力支持和帮助，感谢他们在本书编写的过程中提出的宝贵意见。最后，恳请同行专家和广大读者朋友提出宝贵意见，以便我们对本书做进一步修改和完善。

编者

2024 年 5 月

目 录

第一章 宏观经济分析

学习目标

一、知识目标

- 了解宏观经济分析的内容；
- 能够解释宏观经济运行对证券市场的影响；
- 了解宏观经济分析的主要指标并能确认其类别；
- 能够解释宏观经济政策对证券市场的影响；
- 能够描述宏观经济分析的方法和意义。

二、技能目标

- 能够应用东方财富软件查找相关经济指标数据；
- 能够通过宏观分析预测证券市场的未来走势；
- 能够区分证券市场走势背离宏观经济的因素。

三、素质目标

- 能够具备发现问题、分析问题、解决问题的能力；
- 能够具备一定的表达能力和与人沟通的能力。

教学案例

2023 年 6 月 13 日，中国人民银行（下文简称央行）进行 20 亿元 7 天期逆回购操作，中标利率为 1.90%，较此前中标利率 2.00% 下降 10 个基点。自 2019 年央行改革贷款市场报价利率（LPR）形成机制后，利率传导基本沿着“OMO（公开市场操作利率）→ MLF（中期借贷便利利率）→ LPR”的路径，即 OMO、MLF 利率先调降，LPR 跟随，二者降幅或不同，但未曾有 OMO 利率下调后，MLF 利率、LPR 利率“按兵不动”的先例。尤其是 2022 年两次降息过程，均是先调降 OMO、MLF 利率，再调降 LPR 利率。这意味着，OMO 利率下降 10 个基点后，后续 6 月 15 日 MLF 利率、6 月 20 日的 LPR 利率亦会同步调降，成为2023年首次降息，市场降息预期兑现。2019年以来历次降息过程中各利率变动情况见表1-1。那么此次降息的原因是什么？降息后产生的影响又会有哪些？

表1-1　2019年以来历次降息过程中各利率变动情况

日期	OMO利率	1年期MLF利率	1年期LPR利率	5年期LPR利率
2019-10-31	2.55%	3.30%	4.20%	4.85%
2019-11-05	不变	3.25%（调降）	不变	不变
2019-11-18	2.50%（调降）	不变	不变	不变
2019-11-20	不变	不变	4.15%（调降）	4.80%（调降）
2020-02-03	2.40%（调降）	不变	不变	不变
2020-02-17	不变	3.15%（调降）	不变	不变
2020-02-20	不变	不变	4.05%（调降）	4.75%（调降）
2020-03-30	2.20%（调降）	不变	不变	不变
2020-04-15	不变	2.95%（调降）	不变	不变
2020-04-20	不变	不变	3.85%（调降）	4.65%（调降）
2021-12-20	2.20%	不变	3.80%（调降）	不变
2022-01-17	2.10%（调降）	2.85%（调降）	不变	不变
2022-01-20	不变	不变	3.70%（调降）	4.60%（调降）
2022-08-15	2.00%（调降）	2.75%（调降）	不变	不变
2022-08-22	不变	不变	3.65%（调降）	4.30%（调降）

（数据来源：粤开证券研究院整理）

第一节　宏观经济分析框架

一、宏观经济分析的内容

证券市场的波动总是与整体经济的变化相关联的，尤其是股票市场，有宏观经济“晴雨表”之称。可以说，宏观经济发展状况是证券市场长期趋势的唯一决定因素，其他因素可以暂时改变证券市场的中期和短期趋势，但改变不了其长期趋势。大多数债券的价格由利率决定，而利率在很大程度上受到宏观经济活动和中央银行货币政策的影响。一家公司的股票价格反映的是投资者依据其收益、现金流及其必要的收益率对该公司业绩所做的预期，而公司的业绩同样受到宏观经济运行的影响。对于某些公司来说，在众多影响公司利润的因素中，宏观经济和行业环境甚至比其在行业中的业绩好坏更重要。证券本身的生存、繁荣和发展也与宏观经济发展息息相关。

证券市场对国家宏观经济政策非常敏感。特别是市场经济条件下，政府通过货币政策、财政政策和收入政策等工具调控经济，或挤出泡沫，或刺激经济增长。这些政策会对经济增长速度和企业经济效应产生影响，并进一步影响证券市场上人们的预期和交易行为。从这个意义上来说，分析证券市场时必须了解各种宏观经济政策和措施对证券市场的影响力度和影响方向，这样才能把握整个证券市场的走势以及不同证券品种的投资价值变动情况。

由此可见，影响证券市场的宏观经济环境既包括经济周期波动这种纯粹的经济因素，也包括政府经济政策、特定的财政金融行为和政府对证券市场监管力度这样的混合因素。按照对证券市场影响的形式不同，宏观经济分析的主要内容可以分为三部分：宏观经济指标分析、宏观经济运行趋势分析和宏观经济政策分析。宏观经济指标分析的主要内容是反映宏观经济状况的相关变量及其对证券投资活动的影响；宏观经济运行趋势分析指的是根据宏观经济波动与股票市场波动的相关关系来分析并预测股票市场的整体运行情况；宏观经济政策分析的目标则主要是了解政府颁布的宏观经济政策对证券投资的影响。

二、宏观经济分析的方法

（一）总量分析法

总量分析法是指对影响宏观经济的总量指标进行分析，如国民生产总值、消费额、投资额、银行贷款总额、物价水平等。

（二）结构分析法

结构分析法是指对经济系统的组成部分及其对比关系变动规律进行分析，如分析消费储蓄结构、三次产业结构、一国经济的对外开放结构等。

三、宏观经济分析的意义

（一）把握证券市场变动的总体趋势

国民经济发展的总趋势决定了证券市场变化的长期趋势，宏观经济的走向决定了证券市场的长期趋势，其他因素可以暂时改变证券市场的中短期趋势，但无法改变证券市场的长期趋势。只有进行宏观经济分析，把握经济发展的大方向，才能把握证券市场的总体变动趋势，做出正确的长期决策；只有密切关注宏观经济因素的变化，尤其是货币政策和财政政策的变化，才能抓住证券投资的市场时机。

（二）对证券市场投资价值进行判断

证券市场是宏观经济的“晴雨表”。证券市场的投资价值与宏观经济情况及其结构的变动密切相关，是宏观经济增长质量与速度的反映。宏观经济是个体经济的总和，上市公司的投资价值必然通过宏观经济总体的运行状况和增长速度综合反映出来。正确判断证券市场投资价值的关键就是进行正确、全面、深入和细致的宏观经济分析。

（三）掌握证券市场受宏观经济政策影响的力度与方向

宏观经济政策是政府为了实现对国民经济的宏观管理和调控最基本、最重要的对象和载体，因此，证券市场的变动与政府的宏观经济政策密切相关。政府调控经济而采取的财政政策和货币政策不仅会影响企业的生产经营活动，而且直接制约证券投资活动的效果。全面、深入地分析宏观经济政策及其对证券市场的影响，是准确把握证券市场变动趋势的关键所在。

（四）了解转型背景下宏观经济对股市的影响

不同于成熟市场经济，中国股市表现和宏观经济相背离的原因是，中国证券市场是新兴加转轨的市场，具有一定的特殊性，如国有成分比重较大、行政干预相对较多、阶段性波动较大、投机性偏高、机构投资者力量不够强大等，由此导致证券市场对宏观经济的反应存在特殊的不确定性。证券分析师在分析的时候应该既要看到中国证券市场与海外成熟市场的共性，又要看到国内股市的特性，才能更加准确地把握证券市场的宏观经济“晴雨表”特征。

第二节 宏观经济分析主要指标

宏观经济波动是一种周期性的繁荣、衰退、萧条、复苏循环变化过程，在这种变动中，不同经济指标的变动并非总与宏观经济运作步调一致。按统计指标变动轨迹与宏观经济变动的时间关系，可将其划分为先行指标、同步指标和滞后指标，见表 1-2。

表 1-2　宏观经济分析的主要指标

指标类别	指标特征	指标作用	指标举例
先行指标	先于宏观经济形势发生变化	预判宏观经济走势	采购经理人指数、工业品出厂价格指数、社会融资规模、新增人民币贷款、广义货币
同步指标	与宏观经济形势同步发生变化	考察宏观经济形势	全社会固定资产投资、工业增加值、社会消费品零售总额
滞后指标	晚于宏观经济形势发生变化	确认宏观经济走势	居民消费价格指数、通货膨胀率、失业率

一、先行指标

先行指标总是比宏观经济更早地发生转折，提前于经济周期到达高峰或低谷，利用先行指标可以预判短期经济总体情况，从而进行预警、检测并制定应对措施。

（一）采购经理人指数（PMI）

采购经理人指数（Purchasing Managers Index，PMI）是通过对企业采购经理的调查结果统计汇总、编制而成的月度综合性指数，涵盖企业采购、生产、流通等各个环节，是国际上通行的宏观经济监测指标之一。PMI 的计算公式如下：

$$\text{PMI} = \text{订单} \times 30\% + \text{生产} \times 25\% + \text{雇员} \times 20\% + \text{配送} \times 15\% + \text{存货} \times 10\%$$

PMI 是宏观经济变化的“晴雨表”，对国家经济活动的监测、预测和预警具有重要作用。PMI 指标体系适用于制造业和非制造业领域，分别反映制造业和非制造业经济总体变化趋势，以及企业经营活动多个侧面的运行情况。PMI 具有先行指数的特性，可以方便、及时地显示经济变化的趋势和范围，预测经济拐点。PMI 取值范围在 0 至 100% 之间，50% 为扩张与收缩的临界点。高于 50%，表示经济活动比上月有所扩张；低于 50%，表示经济活动比上月有所收缩。PMI 与临界点的距离反映扩张和收缩的程度。在实际应用中，可以通过 PMI 的运行走势监测宏观经济变化情况。

PMI 用于监测经济周期性波动以及预测未来经济走势，为宏观经济政策制定、行业发展状况分析、企业生产经营以及金融投资活动等方面提供参考依据。主要体现在以下三个方面：一是预测未来经济走势，分析研判经济拐点，将 PMI 作为先行指数，通过对比当前和历史数据为研判宏观经济运行的方向提供重要的参考信息；二是监测经济内部结构变化，通过 PMI 的细分指标从行业、规模和生产经营环节等不同侧面反映经济变化情况；三是辅助企业经营决策，企业可以通过 PMI 了解整体经济和行业发展的运行态势，及时调整生产计划，制定符合企业长期发展要求的战略。

（二）工业品出厂价格指数（PPI）

工业品出厂价格指数（Producer Price Index for Industrial Products，PPI）是衡量工业企业产品出厂价格变动趋势和变动程度的指数，是反映某一时期生产领域价格变动情况的重要经济指标，也是制定有关经济政策和国民经济核算的重要依据。PPI 衡量了企业在生产过程中原材料、半成品和最终产品三个生产阶段的物价资讯，PPI 上涨将加大企业采购成本，在不能将生产阶段产生的成本上涨有效转嫁给消费者的情况下，会使企业利润减少甚至出现亏损，因此，PPI 也是许多股市投资者重点关注的指标之一。

PPI 在过去也被称为批发价格指数，主要是从厂商角度统计商品和服务价格变动情况的，其基本统计方法与居民消费价格指数（CPI）相同。在股市当中，PPI 也是股民关注的一个指数。

PPI越高，说明上游通货膨胀就越严重，会导致消费者购买力下降，也就是商品会越来越贵，物价上涨。但是PPI过低也不好，这样厂家不愿意继续生产（因为原材料跌价过于猛烈，刚刚买到手的原材料马上就贬值了，如果急着生产，就比不过那些等一段时间以后原材料成本大大降低然后再买入和生产的竞争对手），市面上物资匮乏，这样也会导致物价上涨，因为供不应求。总体来说，PPI应该维持在0附近（也就是价格不涨不跌），平稳最好。

（三）社会融资规模

社会融资规模是指一定时期内（每月、每季或每年）实体经济从金融体系获得的全部资金总额，既包括增量指标，也包括存量指标。社会融资规模反映的是金融对实体经济的支持力度，是从各种金融机构通过不同类型的市场获取的所有资金。

社会融资规模从全社会资金供需的角度反映了金融对实体经济的支持，将金融体系与实体经济连接在一起。社会融资规模结构由四大类共十个子项构成，不仅包括表内贷款、表外贷款，还包括直接融资以及其他方式向实体经济提供的支持。因而，社会融资规模能全面反映实体经济融资状况、地区发展差异、行业发展动向、金融对经济薄弱环节的支持等。企业想要获取投资、扩大生产经营规模，一般首先考虑的是融资，融资关乎到企业的成长以及未来的盈利水平。社会融资规模回落通常预示着金融机构放贷意愿降低或者实体经济融资需求减少，预示着未来经济大概率是下行的。

社会融资规模不仅与实体经济密切相关，还具有一定的领先性。首先是社会融资规模存量增速对名义GDP增速的领先性。通过二者相关性的分析，发现社会融资规模增速领先于未来两三个季度名义GDP增速。其次是社会融资规模分项对实体经济分部门、分行业也具有一定的领先性。虽然都是向实体经济提供融资支持，地方政府专项债融资主要反映财政政策的逆周期调节力度与节奏，对预判政府投资及其乘数效应具有领先性；企业中长期贷款、直接融资与实体企业的资本开支意愿有关，一般预示着制造业部门投资意愿的强弱；居民中长期贷款则与地产销售增速密切相关。

不仅如此，社会融资规模及分项对制定宏观调控政策也具有一定指示作用。数据经验显示，人民币贷款中的票据融资、表外融资分别在社会融资增量中的累计占比呈此消彼长的关系，并与宏观调控政策的拐点有关。以货币政策为例，当央行开始降息或降准，即货币政策由稳健中性转向适度宽松时，票据融资的累计占比通常在零附近，短期内会快速上升，随之才是中长期贷款、表外融资占比提高；而当表外融资占比上升时，票据融资占比开始下降。当货币政策从适度宽松向稳健回归时，表外融资占比往往已接近高点，相应地，票据融资占比也已回落至低点。根据历史经验，可以把社会融资规模的分项占比与货币政策周期对应起来。

社会融资规模衡量的是实体经济从金融体系获得的资金额，它的重要性体现在可以更为直接地反映金融与实体之间的关系，能够预测GDP增速走势。社会融资规模大幅增长，说明企业贷款需求旺盛，且金融机构也配合放贷，预示着未来经济走势大概率是上行的。对于投资者来说，观察社会融资规模增长趋势、分析宏观经济环境的变化，对于构建基金配置组合、平衡风险和收益也具有指导意义。

（四）新增人民币贷款

新增人民币贷款是用来反映我国金融机构向企业和居民发放的人民币贷款的增加额的一个统计数据，体现的是金融机构的放贷意愿。这和社会融资项下的人民币贷款是两个概念，新增人民币贷款数据由中国人民银行定期向社会公布，这里的贷款既包括金融机构贷款又包括非银行金融机构贷款，而社会融资项下的人民币贷款不包括非银行金融机构的贷款。

社会融资口径下的新增人民币贷款和中国人民银行专门公布的新增人民币贷款有很强的一致性，一般来说为了方便可以把这二者进行等效分析。新增人民币贷款构成主体主要包括居民、企业和非银行金融机构三个部分，这里重点探讨居民和企业。企业部门的贷款可以分为三类：短期贷款、票据融资和中长期贷款。前二者偏向于期限在一年以下，对企业来说，短期贷款和票据融资更多体现的是企业流动性管理的诉求，对实体本身状况指示意义较弱。而企业中长期贷款多用于购置设备和建设工程，通常对应基建、地产、制造业固定投资，更能体现实体的资本开支需求和融资需求，其和实体经济增长的关联度更高。居民贷款同样也分为短期贷款和中长期贷款。居民短期贷款主要包括消费贷、信用贷款、经营贷等；居民中长期贷款以个人住房按揭抵押贷款（房贷）为主。

（五）广义货币（M2）

国际上将货币供给划分为五个层次：M0、M1、M2、M3、M4。其中，M0 是指流通中的现金，M1 为狭义货币，M2、M3、M4 均为广义货币。

狭义货币 M1 = M0 + 企业活期存款

广义货币 M2 = M1 + 城乡居民储蓄存款 + 企业存款中具有定期性质的存款 + 信托类存款 + 其他存款

整个社会的资金通常是用广义货币 M2 来衡量的，因此，广义货币 M2 也被称为“社会货币总量”，它包含了流通中的现金和各类存款，反映的是全社会的货币购买力总量。

广义货币 M2 是相对狭义货币 M1 而言的，M1 反映的是现实购买力，用来衡量最终商品的买卖活动，若 M1 增速较快，说明市场活跃；M2 主要衡量投资市场与资本市场的买卖活动，若 M2 增速较快，说明投资和中间市场活跃。当 M1 增速大于 M2 时，表示企业的活期存款增速大于定期存款增速，说明企业将更多的资金投入到生产和交易中，以获取更多的利益，市场交易活跃。当 M2 增速大于 M1 时，表示企业定期存款大于活期存款，说明市场上有利可图的机会或收益变少了，企业和居民更愿意把钱存入银行，获取稳定收益，资金逐渐沉淀下来，经济增长放缓。M1 和 M2 增速过快或过缓对市场经济都是不利的。M1 增速过快，说明需求强劲、投资不足，可能导致通货膨胀，M2 增速过快则表明需求不旺、投资过热，资产价格可能上涨。

二、同步指标

同步指标与经济周期到达高峰或低谷的时间大致相同，主要用于反映国民经济正在发生的情况。

（一）全社会固定资产投资

全社会固定资产投资是指以货币形式表现的在一定时期内全社会建造和购置固定资产的工作量及与此有关的费用的总称。该指标是反映固定资产投资规模、结构和发展速度的综合性指标，也是观察工程进度和考核投资效果的重要依据。其主要包括房产、建筑物、机器、机械、运输工具，以及企业用于基本建设、更新改造、大修理和其他固定资产投资等。固定资产投资一般用“固定资产投资完成额”来衡量，它反映的是运用各种资金完成的用价值体现的实物工作量。由于固定资产常常会有一个比较长的建造过程，如房屋的施工需要持续较长的时间才能竣工，如果在施工期间进行统计，那么已经投入的各项费用也都要计入固定资产投资完成额。

全社会固定资产投资分为固定资产投资（不含农户）和农村住户固定资产投资（图1-1）。固定资产投资（不含农户）等于城镇固定资产投资加上农村企事业组织项目投资（即农村非农户投资），该指标按月度进行统计和公布。农村住户固定资产投资即为农户投资，每季度开展抽样调查。固定资产投资（不含农户）包括两个大类，一个是500万元以上建设项目投资，另一个是房地产开发投资。500万元以上建设项目投资是指一定时期内城镇和农村各种登记注册的企业、事业、行政单位、个体户等进行的计划总投资500万元及以上的固定资产投资活动，采取按月全面调查的方法，按项目逐一进行统计。具体方式是，先按项目填报单位对每一项建设项目完成额进行计算，再由各级统计局层层汇总出所辖区域内所有建设项目的投资完成额。房地产开发投资是指一定时期内，各种登记注册类型的房地产开发企业、单位实际从事房地产开发和经营活动所完成的投资，包括商品住宅投资和办公楼、写字楼、工厂厂房等非住宅类房屋及土地开发投资。2012年开始，房地产开发投资统计纳入企业一套表（即企业调查的名录库）。因此，房地产开发投资由每一个房地产开发公司对本企业房地产开发投资完成额进行计算后，每月联网直报系统，各级统计部门通过一套表数据采集平台进行分级审核、汇总。农村住户固定资产投资是指一定时期内，在农村区域由农村居民进行的资产投资，包括农户房屋建筑物、购置农业生产用的

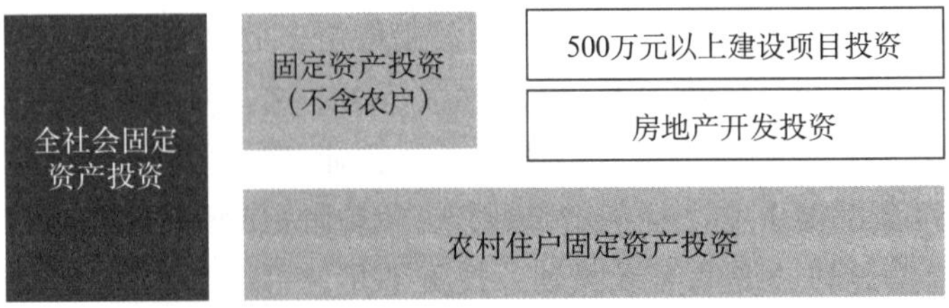

图1-1　全社会固定资产投资组成

机器设备、器具等固定资产，价值统计标准为 1 000 元以上，使用年限为 2 年及以上。该指标采取抽样调查的方式获取数据，再在样本数据的基础上进行推算。这项调查的标准仅为 1 000 元，远低于固定资产投资（不含农户）的 500 万元，另外，农村住户固定资产投资的调查频率和公布频率也更低，调查频率为每季度，且仅公布年度数据。

过去 20 年中，固定资产投资与 GDP 的整体走势大体一致。除了作为构成 GDP 的一部分直接对经济增长产生影响外，在经济学理论中，固定资产投资对于 GDP 还具有两种作用。第一个是拉动作用，根据投资乘数理论，固定资产投资增加，会拉动对生产材料、劳务商品等各类和投资相关产业的就业与收入，收入再转化为消费，形成收入与消费的连锁作用。第二个是推动作用，固定资产投资向社会创造（如机器厂房等）新的生产要素以及物质基础，促进社会的再生产能力，为未来经济发展夯实基础，推动经济的增长。固定资产投资对 GDP 的三种作用如图 1-2 所示。

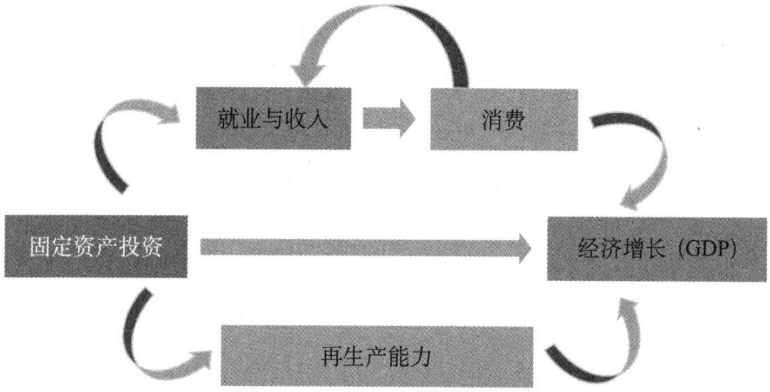

图 1-2　固定资产投资对 GDP 的三种作用

（二）工业增加值

工业增加值是指工业企业在报告期内以货币形式表现的工业生产活动的最终成果，是工业企业全部生产活动的总成果扣除了在生产过程中消耗或转移的物质产品和劳务价值后的余额，即工业企业生产过程中新增加的价值。增加值是国民经济核算的一项基础指标。各部门增加值之和即国内生产总值，它反映的是一个国家（地区）在一定时期内所生产的和提供的全部最终产品和服务的市场价值的总和，同时也反映了生产单位或部门对国内生产总值的贡献。因此，建立增加值统计，将为计算国内生产总值提供可靠依据，是建立资金流量的基础。

相较于农业和服务业，工业的周期性更强，对经济景气度更敏感，因为企业可以根据销售情况比较灵活地调整生产计划，不会有太强的时滞性。跟踪工业增加值能够比较有效地捕捉到经济短期变化情况。如果工业增加值增速上升，说明工业企业开工生产的积极性提高，背后可能反映了更旺盛的社会需求，或者至少说明企业对短期经济前景是更加看好的。当然，影响因素可能来自多方面，但工业生产的变化，或多或少反映了一些值得关注的经济信号。

从数据层面来看，工业增加值增速与 GDP 增速走势也基本保持一致。不过 2012 年以来，工业增加值增速走弱，GDP 却保持了较强的韧性（主要是服务业起了支撑作用），这也说明了工业增加值的信号意义有所削弱。

工业生产主要受到三个方面的影响：第一，工业生产和消费、投资、出口密切相关，尤其是房地产和工业生产相关性最强。房地产施工涉及建材、钢铁、机械设备等行业，竣工后能带动家电、家具等行业的发展。第二，工业生产会受到原材料价格的影响。原材料价格降低意味着工业企业成本降低，利润空间扩大，有利于带动工业生产。第三，工业生产和流动性环境有关。一方面，流动性宽松，企业更容易融资，有利于加大生产；另一方面，流动性宽松也会刺激社会需求，进而带动生产。

（三）社会消费品零售总额

社会消费品零售总额是指企业（或事业单位、个体户）通过交易直接售给个人、社会集团非生产、非经营用的实物商品金额，以及提供餐饮服务所取得的收入金额。该指标所涉及的商品包括售给个人用于生活消费的商品，也包括售给社会集团用于非生产、非经营的商品。其中，个人包括城乡居民和入境人员，社会集团包括机关、社会团体、部队等。

需要注意的是，纳入社会消费品零售总额统计的商品，不包括企业和个体经营户用于生产经营和固定资产投资所使用的原材料、燃料和其他消耗品的价值量，也不包括居民用于购买商品房的支出和农民用于购买农业生产资料的支出。另外，由于餐饮服务属于一种特殊的商品销售形式，因此，提供餐饮服务取得的收入也被统计在社会消费品零售总额中。

按照消费类型，社会消费品零售总额分为商品零售和餐饮收入。2024 年上半年商品零售额约占社会消费品零售总额的 89%。按照消费品零售经营者所在地，社会消费品零售总额分为城镇消费品零售额（包括城区和镇区）、乡村消费品零售额。目前，大部分零售网点集中于城镇地区，城镇零售额占社会消费品零售总额的 87% 左右。社会消费品零售总额的不同构成如图 1-3 所示。

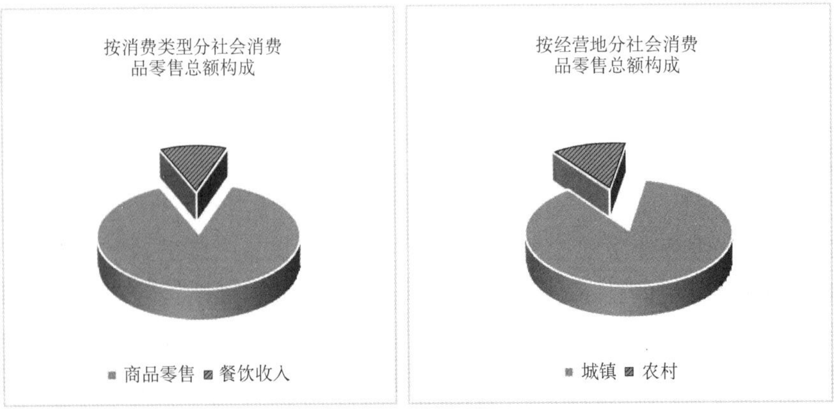

（数据来源：国家统计局）

图 1-3　社会消费品零售总额的不同构成

随着信息技术发展，互联网零售规模迅速扩大，为此，国家统计局于 2014 年建立网上零售统计，定期发布网上零售数据。网上零售额是指通过公共网络交易平台（主要是从事实物商品交易的网上平台，包括自建网站和第三方平台）实现的商品和服务零售额。商品和服务包括实物商品和非实物商品。社会消费品零售总额包括实物商品网上零售额，但不包括非实物商品网上零售额。社会消费品网上零售总额构成如图 1-4 所示。

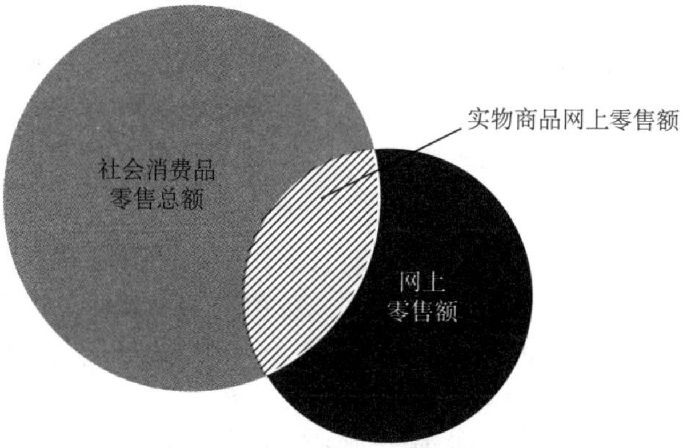

图 1-4　社会消费品网上零售总额构成

社会消费品零售总额是反映宏观经济运行状况的重要指标，主要用于反映全社会实物商品的消费情况。它从商品流通的最终环节入手，观察进入城乡居民生活消费和社会集团公共消费的商品的销售变化情况。其作用主要有以下三个方面：一是反映国内消费品市场的总规模和地域分布情况，为分析判断国内消费品市场运行总体状况、地域特点、商品类别供给及未来市场走势提供参考，为国家宏观调控提供依据；二是反映城乡居民和社会集团对实物商品消费需求的总量和变化趋势，可用于分析判断消费需求对经济运行的影响程度；三是反映经济景气状况，作为判断经济运行情况的重要参考。零售是商品流通的最终环节，零售市场的变化最直接也最灵敏地反映经济运行的变化。发达国家通常把零售市场的统计指标作为判断经济运行情况的“晴雨表”。另外，社会消费品零售总额的增长变化也可以在一定程度上反映国家扩大内需、拉动消费的政策效应。

但是社会消费品零售总额也存在一定的局限性。一是社会消费品零售总额指标只能大体反映实物商品消费，不能全面反映最终消费支出情况，与最终消费支出在口径、范围上都有很大不同。因为社会消费品零售总额只包括通过商品流通最终环节进入城乡居民生活消费和社会集团公共消费的实物商品销售情况，不包括最终消费支出中未经交易取得商品的消费，也不包括城乡居民和社会集团用于教育、医疗、文化、艺术、娱乐等方面的服务性消费支出，更不包括与生产、建设紧密相连的生产资料市场的变化情况。二是社会消费品零售总额是一个总量指标，主要反映消费品市场的总体变化情况，因此，单纯应用这一指标不能很好地反映消费品的结构特征和变化情况，需要结合居民消费支出等相关指标进行分析。

三、滞后指标

滞后指标比总体经济更晚发生转折，落后于经济周期到达高峰或低谷，主要用于检验对宏观经济发展状况的判断是否准确。

（一）居民消费价格指数（CPI）

居民消费价格指数（Consumer Price Index，CPI）是指城乡居民购买支付生活消费品和服务项目的价格，是社会产品和服务项目的最终价格，同人民生活密切相关，在整个国民经济价格体系中具有极为重要的地位。

CPI是一个反映居民家庭购买的消费商品和服务价格水平变动情况的指标。其通过一组代表性消费品及服务项目随着时间的变动情况，反映在居民家庭购买消费商品及服务价格水平总体变动情况的相对数（指数的基期数值定为100）。CPI度量的是指定的“一篮子”消费商品和服务随着时间的变动，其价格发生的变动。它是进行经济分析和决策、价格总水平监测和调控以及国民经济核算的重要指标，其按年度计算的居民消费价格指数变动率通常被用来作为反映通货膨胀或紧缩程度的指标。一般来讲，物价全面地、持续地上涨将被识别为发生了通货膨胀。

CPI由国家统计局负责统计，用百分数表示，分月度、季度和年度公布。首先，国家统计局和地方统计部门分级确定用于计算CPI的商品和服务项目以及调查网点。国家统计局根据全国城乡居民家庭消费支出的抽样调查资料统一确定商品和服务项目的类别，设置食品烟酒、衣着、居住、生活用品及服务、交通通信、教育文化娱乐、医疗保健、其他用品及服务八大类268个基本分类，基本涵盖了城乡居民的全部消费内容。全国抽选约500个市县，确定采集价格的调查网点，包括食杂店、百货店、超市、便利店、专业市场、专卖店、购物中心、农贸市场、服务消费单位等。

其次，按照“定人、定点、定时”的方式，统计部门派调查员到调查网点现场采集价格。目前，分布在31个省（区、市）500个调查市县的价格调查员共4 000人左右。价格采集频率因商品而异，对于CPI中的粮食、猪牛羊肉、蔬菜等与居民生活密切相关、价格变动相对比较频繁的食品，每5天调查一次价格；对于服装鞋帽、耐用消费品、交通通信工具等大部分工业产品，每月调查2～3次价格；对水、电等政府定价项目，每月调查核实一次价格。

最后，根据审核后的原始价格资料，计算单个商品或服务项目以及268个基本分类的价格指数。之后根据各类别相应的权数，再计算类别价格指数及CPI。我国CPI中的权数主要是根据全国城乡居民家庭各类商品和服务的消费支出详细比重确定的。我国的消费者价格指数里面，食品占到了三成以上，是CPI里面权重占比最大的构成，如图1-5所示。这主要是因为我国总体上还是发展中国家，食品价格仍然是最能够直接反映居民生活成本变化的经济变量。

CPI在世界上有“观察消费价格变化的指标之王”之称。CPI之所以获得这样高的称誉，是因为在众多现有的数据中，它最能准确表现消费价格变动趋势和走向，到目前为

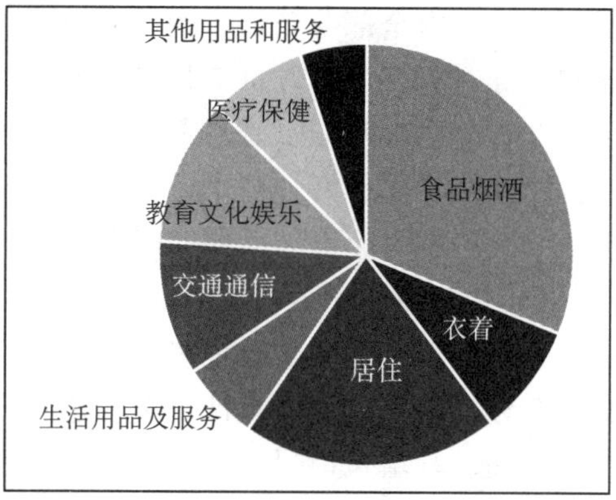

图 1-5　我国 CPI 指标主要权重构成

止，没有更好的统计数据能替代它。如果 CPI 升幅过大，而且仍持续上升，这表明通货膨胀已经来临。世界上很多国家对 CPI 的指示作用都很重视，美国联邦储备委员会也把 CPI 作为常规参考的指标，用来衡量和预警美国国内的通货膨胀。虽然 CPI 只是一个经济指标，它的跳涨不会直接影响股市变动，但是政府参考 CPI 而做出的决策会影响股市表现。例如，CPI 上升而导致政府决定升息，加上消费者会因为通货膨胀而感受到压力，因此会把资金运用得更妥当，造成股市流动收缩，资金也会从股市流出，就会导致股市下跌。反之，CPI 下降会让政府采取降息政策，这时的通货膨胀不会给消费者造成压力，反而让消费者能更大胆地运用资金，造成股市加速流通，资金会涌入市场而导致股市上升。

（二）通货膨胀率

通货膨胀是指经济社会在一定时期价格水平显著持续上涨，通常用通货膨胀率来表示通货膨胀的程度，通货膨胀率表示为从一个时期到另一个时期价格水平变动的百分比，计算公式如下：

$$\text{通货膨胀率}=\frac{\text{现期物价水平}-\text{基期物价水平}}{\text{基期物价水平}}\times 100\%$$

通货膨胀按照通货膨胀率的大小分类：①温和的通货膨胀，通货膨胀率在 10% 以内；②奔腾的通货膨胀，通货膨胀率在 10%～100% 之间；③超级通货膨胀，通货膨胀率大于 100%。

按照对价格影响的差别分类：①平衡的通货膨胀，每种商品的价格都按相同比率上升；②非平衡的通货膨胀，各种商品价格上升的比例并不完全相同。

按照人们的预料程度分类：①预期到的通货膨胀，指在人们预料之中的通货膨胀，具有自我维持的特点，又称为惯性的通货膨胀；②未预期到的通货膨胀，即价格上升的速度超出人们的预料，或者人们根本没有想到价格会上涨。

（三）失业率

失业率是指劳动力中有工作愿望而找不到工作的失业人数所占全部劳动人口的百分

比，通过该指标可以判断一定时期内全部劳动人口的就业情况。一直以来，失业率被视为一个反映整体经济状况的指标，它又是官方每个月最先发布的经济数据，所以失业率指标被称为所有经济指标的“皇冠上的明珠”，是市场上最敏感的月度经济指标。一般情况下，失业率下降，代表总体经济状况良好，利于货币升值；失业率上升，代表经济发展放缓衰退，不利于货币升值。若将失业率与同期的通胀指标结合起来分析，则可判断当时经济发展是否过热，是否构成加息的压力，或是否需要通过减息来刺激经济的发展。

失业率数据的反面是就业率数据，其中最有代表性的是非农业就业数据。非农业就业数据为失业率数据中的一部分，该项目主要统计从事农业生产以外的其他职位变化情形，反映制造业和服务业的发展及其增长情况。当社会经济发展较快时，消费自然随之增加，消费性及服务性行业职位增多，非农业就业数据就会提高。当非农业就业数据大幅增加时，理论上对汇率有利；反之，则对汇率不利。因此，非农业就业数据是观察社会经济和金融发展程度、状况的一项重要指标。

四、实操应用

可以借助东方财富软件查询相关宏观经济指标数据。具体步骤如下：

第一步，以游客身份登录东方财富电脑版（有注册账号的可以直接输入账号密码登录）。打开首页，点击宏观数据栏，左侧列表显示不同国家的宏观经济数据，如图 1-6 所示。

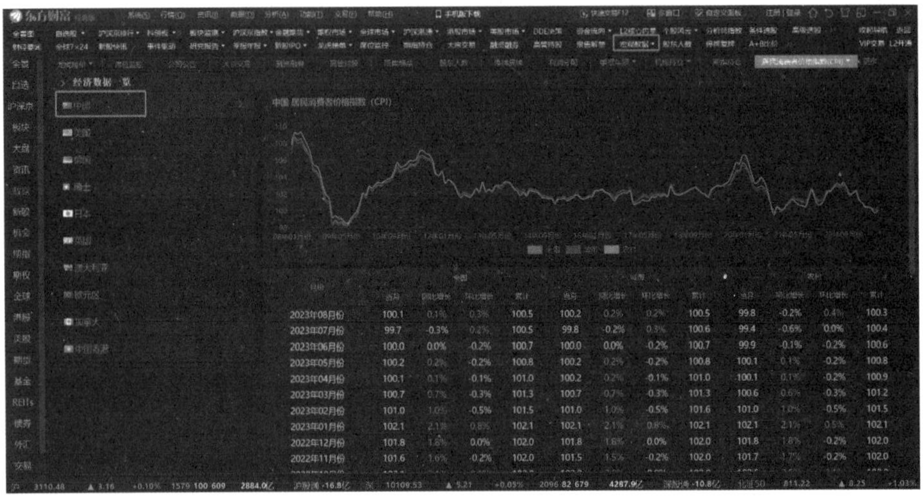

图 1-6　打开东方财富 软件

第二步，单击选择左侧国家，打开“中国”，如图 1-7 所示，显示的为中国各经济指标数据。可以根据需要进行相关指标数据的选取以及不同国家关键指标数据的切换。值得注意的是，东方财富软件相关指标的图数据滞后于表数据一年左右，在分析中需借助其他辅助工具补充图数据进行分析。

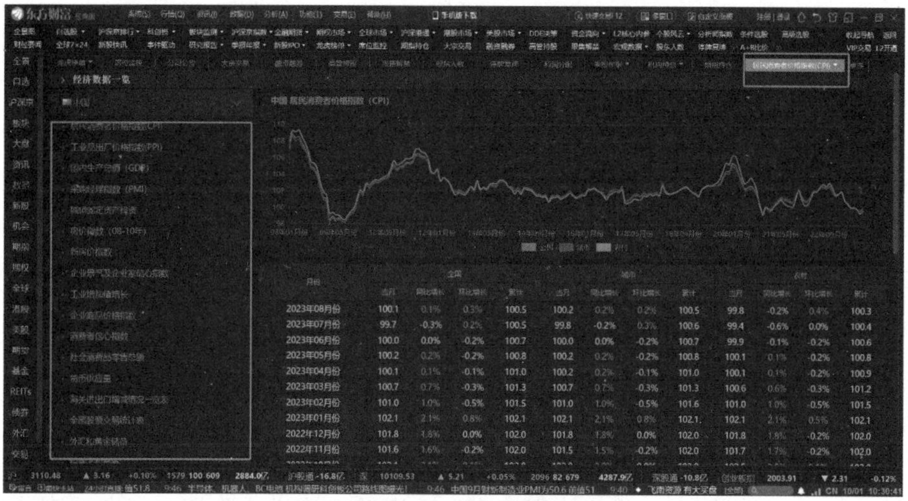

图 1-7　搜索主要经济指标数据

第三步，点击“采购经理人指数（PMI）”，如图 1-8 所示，上面是 2022 年 9 月份之前的图数据。可以直观地看到我国制造业 PMI 在 2008 年 11 月份与 2020 年 2 月份分别有两次峰底：一次是因为 2008 年金融危机导致外贸订单减少，导致制造业不景气；另一次则是新冠疫情对我国经济运行产生了严重冲击。

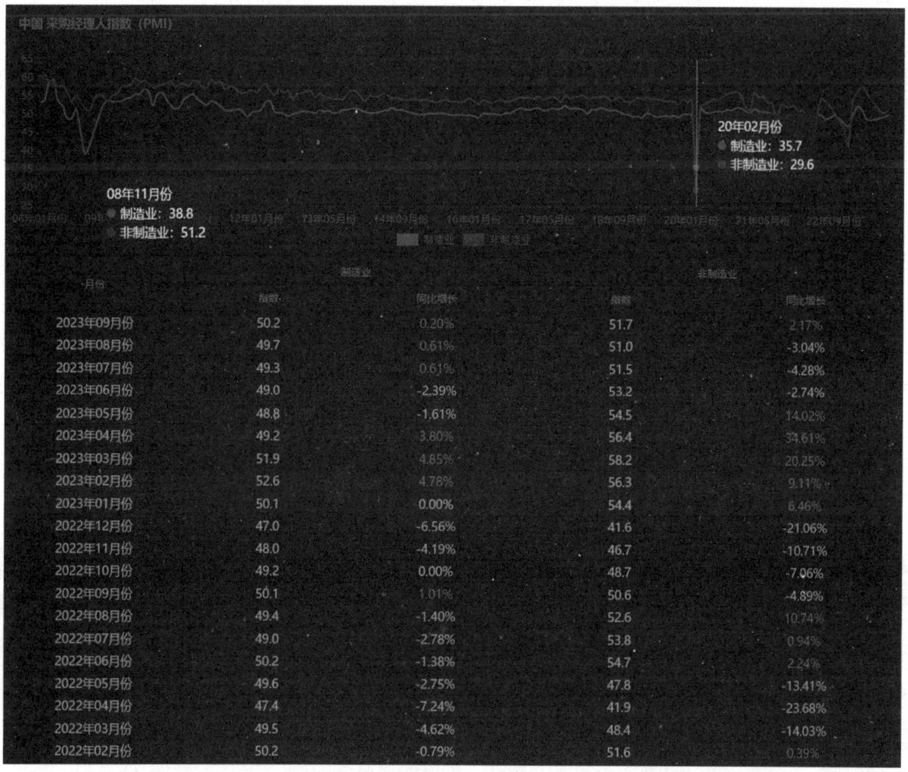

月份	制造业		非制造业	
	指数	同比增长	指数	同比增长
2023年09月份	50.2	0.20%	51.7	2.17%
2023年08月份	49.7	0.61%	51.0	-3.04%
2023年07月份	49.3	0.61%	51.5	-4.28%
2023年06月份	49.0	-2.39%	53.2	-2.74%
2023年05月份	48.8	-1.61%	54.5	14.02%
2023年04月份	49.2	3.80%	56.4	34.61%
2023年03月份	51.9	4.85%	58.2	20.25%
2023年02月份	52.6	4.78%	56.3	9.11%
2023年01月份	50.1	0.00%	54.4	6.46%
2022年12月份	47.0	-6.56%	41.6	-21.06%
2022年11月份	48.0	-4.19%	46.7	-10.71%
2022年10月份	49.2	0.00%	48.7	-7.06%
2022年09月份	50.1	1.01%	50.6	-4.89%
2022年08月份	49.4	-1.40%	52.6	10.74%
2022年07月份	49.0	-2.78%	53.8	0.94%
2022年06月份	50.2	-1.38%	54.7	2.24%
2022年05月份	49.6	-2.75%	47.8	-13.41%
2022年04月份	47.4	-7.24%	41.9	-23.68%
2022年03月份	49.5	-4.62%	48.4	-14.03%
2022年02月份	50.2	-0.79%	51.6	0.39%

图 1-8　历年采购经理人指数（PMI）数据

第三节 宏观经济政策分析

一、近年来的宏观政策解读

（一）政府工作报告解读

政府工作报告解读，重点观察四方面内容：经济增长预期、逆周期调控力度、包括地产在内的产业政策以及结构性政策布局。具体内容详见表 1-3。

2013 年：预期经济稳中有扩，政策重点落在长期。

经济增速预期乐观，逆周期调控诉求弱。2013 年 GDP 增速目标为 7.5%，持平于 2012 年。2013 年年初地产、基建热度较高，政府对经济增速预期也偏向乐观。逆周期政策诉求偏弱，财政扩支动能降低；货币政策力度则收敛，M2 预期增速低于 2012 年目标。

其他政策方面，地产政策调控收紧、支持新一代信息技术发展、中央着手管理地方政府性债务。

2014 年：年初预期经济平稳增长，政策年中加码。

年初预期经济平稳增长，政策年中加码。2014 年经济增速目标为 7.5%，与 2013 年目标持平，2014 年年初地产调控影响尚未显现，增速目标明显偏乐观，年初设定宏观政策力度偏弱。2014 年下半年宏观政策相继加码，货币、地产政策双双放宽。

其他政策方面，棚改进程加快、支持信息消费扩内需、明确规范地方政府举债融资行为。

2015 年：经济下行压力加大，强化逆周期政策力度。

经济下行压力加大，财政货币双双放松。2015 年经济增速目标为 7%，低于 2014 年 7.5% 目标，主要考虑地产尚未企稳，年内经济下行压力较大。宏观调控力度明显加大：财政赤字走高，支撑预算内扩支；货币政策力度放宽，且明确年中必要时可增加货币投放。

其他政策方面，棚改货币化安置模式推广、PPP 模式大范围推广、进一步规范财政预算管理。

2016 年：预期经济仍有压力，扩内需和去产能并重。

年初预期经济仍有下行压力，稳货币但宽财政。年初出口下行，2016 年经济存在不确定性，两会设置 2016 年 GDP 增速目标 6.5%～7%，低于 2015 年。当年财政政策偏宽，预算外支出扩张，货币政策则偏中性。

其他政策方面，棚改进程提速、鼓励互联网赋能传统产业、开启供给侧改革（去产能、去库存）。

表 1-3　历年政府工作报告确定的量化目标

政府预期目标	2022 年	2021 年	2020 年	2019 年	2018 年	2017 年	2016 年	2015 年	2014 年	2013 年
GDP 增速	5.5% 左右	6% 以上	—	6% ～6.5%	6.5%	7%	6.5% ～7%	7%	7.5%	7.5%
城镇新增就业	1 100 万人以上		900 万人以上	1 100 万人以上			1 000 万人以上			900 万人以上
城镇调查失业率	5.5% 以内	5.5% 左右	6% 左右	5.5% 以内	—					
城镇登记失业率	—	—	5.5% 左右	4.5% 以内					4.6%	
CPI 同比	5.5% 左右		3.5% 左右	3%					3.5%	
单位 GDP 能耗下降	—	3% 左右	完成“十三五”目标	3% 左右	3% 以上	3.4% 以上	3.4% 以上	3.1% 以上	—	—
财政赤字 / 万亿元	—	—	3.76	2.76	2.38	2.38	2.18	1.62	1.35	1.2
赤字率	2.8% 左右	3.2%	3.6% 以上	2.8%	2.6%	3%	3%	2.3%	2.1%	2%
中央对地方转移性支付同比	18%	7.8%	—	10.9%	10.9%	9.5%	12.2%	—	提高	完善制度
抗疫特别国债 / 万亿元		不再发行	1.00							
地方专项债券 / 万亿元	3.65	3.65	3.75	2.15	1.35	0.80	0.40	适当发行	—	—
减税降费规模	2.5 万亿元（减退税）	未设置（实际 1 万亿元）	超过 2.5 万亿元	2 万亿元左右	8 000 亿元	5 500 亿元	5 000 亿元	—	—	—
M2 和社融同比	均为与名义经济增速基本匹配		明显高于去年	与名义 GDP 匹配	合理增长	12%	13%	12% 或略高	13%	13%
其他预期目标	粮食产品连续两年保持在 1.3 万亿斤以上	全部完成脱贫	国际收支基本平衡、进出口稳中提升、贫困人口减少到 600 万以上、居民收入与经济增长基本同步							

2017 年：经济预期转为乐观，货币政策收紧。

经济预期转为乐观，逆周期政策收敛。2017 年 GDP 增速目标设定在 6.5%，并强调在实际工作中争取更好结果，反映政策当局对经济预期较为乐观。乐观预期下，逆周期调节力度收敛，虽然财政扩张力度与上年持平，减税降费规模进一步增扩；但货币宽松开始收敛，M2 预期增速低于 2016 年目标。

其他政策方面，“房住不炒”政策落实、推进 5G 战略、深化供给侧改革（去产能、去库存）。

2018 年：经济平稳运行，去杠杆大年。

年初预期经济平稳，逆周期政策再降温。2018 年 GDP 增速目标为 6.5% 左右，与 2017 年目标持平。2018 年逆周期政策再降温，财政支出力度走弱，货币政策趋紧。

其他政策方面，地产政策持续收紧、金融去杠杆、民生领域强化改革。

2019 年：预期内外需乏力，政策由紧转松。

下调经济增速目标，强化逆周期调节。2019 年下调经济增速至 6%～6.5%，低于“十三五”年均目标增速。逆周期调节力度加大：财政扩张力度明显上行，减税降费规模达 2 万亿，隐债监管边际放松；货币政策边际放宽，M2 增速与名义 GDP 增速基本匹配。

其他政策方面，地产表述淡化、个税改革刺激消费、去杠杆节奏边际放缓。

2020 年：应对疫情冲击，力保经济平稳运行。

不设经济增速目标，财政货币双宽松。2020 年没有设立经济增速目标，主因疫情对经济影响难在年初预判。当年宏观政策力度加码，财政宽松主要发力点在减税降费，规模达 2.6 万亿，隐债监管未有收紧；货币政策明显宽松，总量宽松和结构性工具并举。

其他政策方面，制造业、就业政策加码，全力保市场主体、保就业、保民生。

2021 年：经济预期向好，调结构政策密集出台。

预期经济修复，逆周期政策退坡。2021 年经济增速目标设定在 6% 以上，反映疫后经济修复的乐观预期。宏观调控力度退坡，其中财政支出力度明显减弱，减税降费规模降低；货币政策边际收紧，回归常态化。

其他政策方面，地产政策再收紧、“碳中和、碳减排”、防止资本无序扩张。

2022 年：经济下行压力大，稳住经济增长大盘。

经济增速目标超预期，宏观政策力度加码。2022 年经济增速目标 5.5% 左右，高于市场预期。宏观政策力度加码稳定经济大盘，财政政策力度加大，一方面扩大减收规模，另一方面通过准财政工具积极扩支。货币政策也有放松，更多体现在结构性货币工具扩容上。

其他政策方面，扩大有效投资、内需政策纠偏、鼓励数字经济发展。

［资料来源：周君芝、周恺悦，《政策研究系列（三）：十年回顾：两会中的政府工作报告》，2023 年 2 月 28 日］

（二）近年来的宏观经济政策

虽然 2022 年赤字率明显下降、专项债规模保持不变，但从中央支付、减退税规模来看，财政方面的力度整体上还是明显超预期的，其背景应是2022年的可用财力明显增多。

两大指标偏谨慎：赤字率降至2.80%、专项债保持3.65万亿元不变。相较于2021年，2022年将赤字率目标由2021年的3.20%降至2.80%，地方专项债发行规模维持在3.65万亿元的水平上不变，看起来比较谨慎，但实际上并非如此，这主要是因为2021年存在明显超收少支以及专项债额度没用完的问题（专项目标结转额度达到1.40万亿元）。例如，2021年财政赤字率目标虽然被设定为3.20%，但实际上只完成了3.10%。

因此2022年赤字和专项债目标的设定上是有支撑的，即可用财力明显增加，重点不在于支出端目标设定有多大，而在于是否有足够的项目来支撑。

实施组合式税费支持政策：减退税规模合计高达2.50万亿元，大超预期。稳就业的关键在于保市场主体，保市场主体的关键则在于减税退税与降费，而增值税留抵退税的提出是为了维持市场主体的现金流。2022年政府工作报告提出要实施组合式税费支持政策，即减税与退税并举，并提出全年减退税规模高达2.50万亿元，其中留抵退税1.50万亿元、减税1万亿元。可以看出，减税规模和2021年实际一致，亮点主要在退税上。提出的具体措施如下。

（1）延续实施减税降费政策，并提高减免幅度、扩大适用范围；

（2）对小规模纳税人阶段性免征增值税。对小微企业年应纳税所得额100万元～300万元部分，再减半征收企业所得税；

（3）综合考虑为企业提供现金流支持、促进消费投资、大力改进增值税留抵退税制度，对留抵税额实行大规模退税；

（4）优先安排对小微企业的存量留抵税额于6月底前一次性全部退还，增量留抵税额足额退还；

（5）全面解决制造业、科研和技术服务、生态环保、电力燃气、交通运输等行业留抵退税问题；

（6）加大研发费用加计扣除政策实施力度，将科技型中小企业加计扣除比例从75%提高到100%，对企业投入基础研究实行税收优惠，完善设备器具加速折旧、高新技术企业所得税优惠等政策。

中央转移支付大幅增加，明确提出省级财政也要加大对市县的支持。政府工作报告明确2022年中央对地方转移支付增加1.50万亿元，规模近9.80万亿元，同比增加18%，远高于2021年的7.80%，这样设置的背景主要是受减退税降费影响，地方财政压力较大，即通过转移支付来缓解地方财政压力。当然，还有一部分原因是因债务和基层运行所导致的财政压力，如政府工作报告提出省级财政也要加大对对市县的支持。转移支付大幅增加的背景在于可用财力明显增加，支出规模明显扩大，而新增财力要下沉基层。

政府工作报告在货币政策方面提出要加大稳健货币政策的实施力度，这种力度主要体现在两个表述上，即扩大新增贷款规模、推动金融机构降低实际贷款利率，这也符合稳信贷的政策导向。同时，降低实际贷款利率的提法也意味着年内全面降息或定向降息仍可期，可以说，以量补价不仅是过去几年，也将是未来几年的主旋律。

历年来的宏观经济政策见表 1-4。

表 1-4　历年来的宏观经济政策

	2019 年	2020 年	2021 年	2022 年
财政政策	（1）积极、加力提效；（2）适度提高赤字率至 2.80%，每月到 3% 主要是为了留出政策空间；（3）财政支出超过 23 万亿元（增长 6.50%），财政赤字为 2.76 万亿元	（1）更加积极有为；（2）赤字率 3.60% 以上，财政赤字规模增加 1 万亿元，发行 1 万亿元抗疫特别国债；（3）中央本级支出安排负增长，其中非急需非刚性支出压减 50% 以上；（4）减税降费 2.5 万亿元	（1）提质增效、更可持续；（2）赤字率 3.20% 左右，不再发行抗疫特别国债；（3）对地方一般性转移支付增长 7.80%，建立常态化财政资金直达机制并扩大范围（2.8 万亿元）；（4）小规模纳税人起征点从月销售额 10 万亿元提高至 15 万亿元，小微企业和个人工商户年应纳税所得额不到 100 万元部分减半征收	（1）积极、提升效能、增强有效性、更加注重精准和可持续；（2）赤字率 2.80% 左右、支出规模同比扩大 2 万亿元以上、安排中央本级支出增长 3.90%；（3）中央对地方转移支付增加 150 万亿元、规模近 9.8 万亿元、增长 18%；（4）省级财政也要加大对市县的支持；（5）地方专项债 3.65 万亿元
货币政策	（1）稳健、松紧适度；（2）保持流动性合理、充裕，降低实际利率水平	（1）稳健、灵活适度；（2）M2 和社融增速明显高于去年；（3）创新直达实体经济的货币政策工具；（4）推动企业便利获得贷款，推动利率持续下行	（1）灵活精准、合理适度；（2）M2 和社融增速与名义经济增速基本匹配；（3）保持流动性合理充裕、宏观杠杆率基本稳定；（4）延续普惠小微延本付息政策，加大再贷款再贴现支持力度；（5）推广随借随还贷款，大型银行普惠小微贷款增长 30% 以上；（6）优化存款利率监管，继续引导金融系统向实体让利	（1）稳健、灵活适度、保持流动性合理充裕；（2）扩大新增贷款规模，保持 M2 和社融增速与名义经济增速基本匹配，保持宏观杠杆率基本稳定，保持人民币汇率在合理均衡水平上的基本稳定；（3）推动金融机构降低实际贷款利率、减少收费
就业政策	（1）首次将就业优先政策置于宏观政策层面；（2）城镇新增就业力争达到近几年的实际规模；（3）巩固“三去一降一补”成果，提升产业链水平	（1）优先稳就业保民生；（2）加强高校毕业生、退役军人、零就业家庭等重点行业、重点群体就业支持；（3）今明两年职业技能培训 3 500 万人次以上，高职院校扩招 200 万人	（1）继续降低失业和工伤保险费率；（2）对不裁员少裁员企业继续给予必要的财税、金融等政策支持	（1）注重稳市场主体来稳就业，财税、金融等政策都要围绕就业优先实施；（2）实施新的组合式税费支持政策，即减税与退税并举，对留抵税额实施大规模退税；（3）全年退税减税约 2.5 万亿元

二、宏观经济政策对证券市场的影响

（一）财政政策对证券市场的影响

1. 税收对证券市场的影响

税收是国家为维持其存在、实现其职能而凭借其政治权力，按照法律事先规定的标准，强制地、无偿地、固定地取得财政收入的一种手段，也是国家参与国民收入分配的一种方式。国家财政通过分析税收总量和结构的变化，可以调节证券投资和实际投资规模，抑制社会投资总需求膨胀或者补偿有效投资需求的不足。

运用税收杠杆可对证券投资者的投资行为进行调节，对证券投资者投资所得规定不同的税种和税率将直接影响着投资者的税后实际收入水平，从而起到鼓励、支持或抑制的作用。一般来说，企业从事证券投资所得收益的税率应高于个人证券投资收益的税率，这样可以促使企业进行实际投资，即生产性投资。税收对股票种类选择也有影响，不同的股票有不同的客户受众，纳税级别高的投资者愿意持有较多的收益率低的股票，而纳税级别低和免税的投资者则愿意持有较多的收益率高的股票。

一般来讲，税征得越多，企业用于发展生产和发放股利的盈余资金越少，投资者用于购买股票的资金也越少，因而高税率会对股票投资产生消极影响，投资者的投资积极性也会下降。

2. 国债对证券市场的影响

国债是区别于银行信用的一种财政信用调节工具。国债对股票市场也具有不可忽视的影响。首先，国债本身是构成证券市场上金融资产池的一个重要部分。由于国债的信用程度高、风险水平低，如果国债发行量较大，会使证券市场风险和收益的一般水平降低。其次，国债利率的升降变动严重影响着其他证券的发行和价格。当国债利率水平提高时，投资者就会把资金投入安全、收益高的国债上。因此，国债和股票是竞争性金融资产，当证券市场资金一定或增长有限，过多的国债发行会影响股票的发行和交易量，导致股票价格的下跌。

（二）货币政策对证券市场的影响

1. 利率对证券市场的影响

中央银行调整基准利率，会对证券价格产生影响。一般来说，利率下降时，股票价格就上升，而利率上升时，股票价格就下降。其原因有两方面：一方面，利率水平的变动直接影响到企业的融资成本，从而影响到股价。利率低，可以降低企业的利息负担，直接增加企业盈利，证券收益增多，价格也随之上升；利率高，企业筹资成本也高，利息负担重，造成企业利润下降，证券收益减少，价格因此降低。另一方面，利率降低，投资者倾向于选择股票投资方式，而减少对固定利息收益金融品种的投资，同时，证券投资者能够以低利率拆借到资金，会增大股票需求，造成股价上升；反之，若利率上升，一部分资金将会从证券市场转向银行存款，致使股价下降。

除这两方面原因之外，利率还是人们借以折现股票未来收益、评判股票价值的依据。当利率上升时，投资者评估股票价值所用的折现率也会上升，股票价值因此会下降，股票价格从而相应下降；反之，则股票价格上升。

利率对股票价格的影响一般比较明显，市场反应也比较迅速。因此，要把握住股票价格的走势，首先要对利率的变化趋势进行全面掌握。有必要指出的是，利率政策本身是中央银行货币政策的一个组成内容，但利率的变动同时也受到其他货币政策因素的影响。如果货币供应量增加、中央银行贴现率降低、中央银行所要求的银行存款准备金比率下降，就表明中央银行在放松银根，利率将呈下降趋势；反之，则表示利率总的趋势在上升。

2. 中央银行的公开市场业务对证券市场的影响

当政府倾向于实施较为宽松的货币政策时，中央银行就会大量购进有价证券，从而使市场上货币供给量增加，这会推动利率下调，资金成本降低，从而使企业和个人的投资和消费热情高涨，生产扩张，利润增加，这又会推动股票价格上涨；反之，股票价格将下跌。

3. 调节货币供应量对证券市场的影响

中央银行可以通过调整法定存款准备金率和再贴现政策调节货币供应量，从而影响货币市场和资本市场的资金供求，进而影响证券市场。

如果中央银行提高法定存款准备金率，就会在很大程度上限制商业银行体系创造派生存款的能力，等于冻结了一部分商业银行的超额准备。法定存款准备金率对应数额庞大的存款总量，加之通过货币乘数的作用，货币供应量将更大幅度地减少，证券行情趋于下跌。

同样，如果中央银行提高再贴现率，对再贴现资格加以严格审查，商业银行资金成本增加，市场贴现利率上升，社会信用收缩，证券市场的资金供应减少，使证券行情走势趋软；反之，如果中央银行降低法定存款准备金率或降低再贴现率，通常都会导致证券市场行情上扬。

4. 选择性货币政策工具对证券市场的影响

为了实现国家的产业政策和区域经济政策，我国在中央银行货币政策通过贷款计划实行总量控制的前提下，对不同行业和区域采取区别对待的方针。

一般来说，货币政策会对证券市场行情整体走势产生影响，而且还会因为板块效应对证券市场产生结构性影响。当直接信用控制或间接信用指导降低贷款限额、压缩信贷规模时，从紧的货币政策会使证券市场行情呈下跌走势；但如果在从紧的货币政策前提下，实行总量控制，通过直接信用控制或间接信用指导区别对待，紧中有松，那么一些优先发展的产业和国家支柱产业以及农业、能源、交通、通信等基础产业及优先重点发展的地区的证券价格则可能不受影响，甚至逆势而上。

总体来说，贷款流向反映当时的产业政策与区域政策，并引导证券市场价格的比价关系作出结构性的调整。

（三）产业政策对证券市场的影响

产业政策是国家制定的，引导国家产业发展方向，推动产业结构升级，协调国家产业结构，使国民经济健康、可持续发展的政策。产业政策主要通过制定国民经济计划（包括指令性计划和指导性计划）、产业结构调整计划、产业扶持计划、财政投融资、货币手段、项目审批来实现。产业政策的功能主要是弥补市场缺陷，有效配置资源；保护幼小民族产业的成长；熨平经济震荡；发挥后发优势，增强适应能力。

产业政策正常的导向作用包括：调整商品供求结构，有助于实现市场上商品供求的平衡；通过差别利率等信贷倾斜政策对资金市场进行调节，有助于资金合理流动和优化配置；打破地区封锁和市场分割，促进区域市场和国内统一市场的发育和形成。

以半导体行业为例来分析，半导体行业在国民经济中具有举足轻重的作用，我国集成电路产业扶持资金及政策推动产业上下游国产化率不断提升。国家大基金二期于 2020 年 3 月底展开投资。2020 年 8 月 4 日，国务院印发《新时期促进集成电路产业和软件产业高质量发展的若干政策》（以下简称《政策》）。《政策》强调，集成电路产业和软件产业是信息产业的核心，是引领新一轮科技革命和产业变革的关键力量。而具体反映在市场上，可以表现为半导体及元件行业指数价格的上升。在图 1-9、图 1-10 中，通过开盘价可以直观看出在政策发布前后，半导体及元件行业指数价格的明显上升。

从新能源汽车可以更明显地看出变化。目前来看，新能源汽车产业已上升至国家发展战略的高度，成为了不可逆的发展方向。2020 年，国家出台多项政策鼓励新能源汽车发展，降低了新能源企业的准入门槛，提高了产品要求，完善了强制性标准，延长了新能源汽车财政补贴。2020 年 10 月，国务院常委会会议通过了《新能源汽车产业发展规划（2021—2035 年）》，为新能源汽车产业未来 15 年的发展打下了坚实的基础。同时，地方

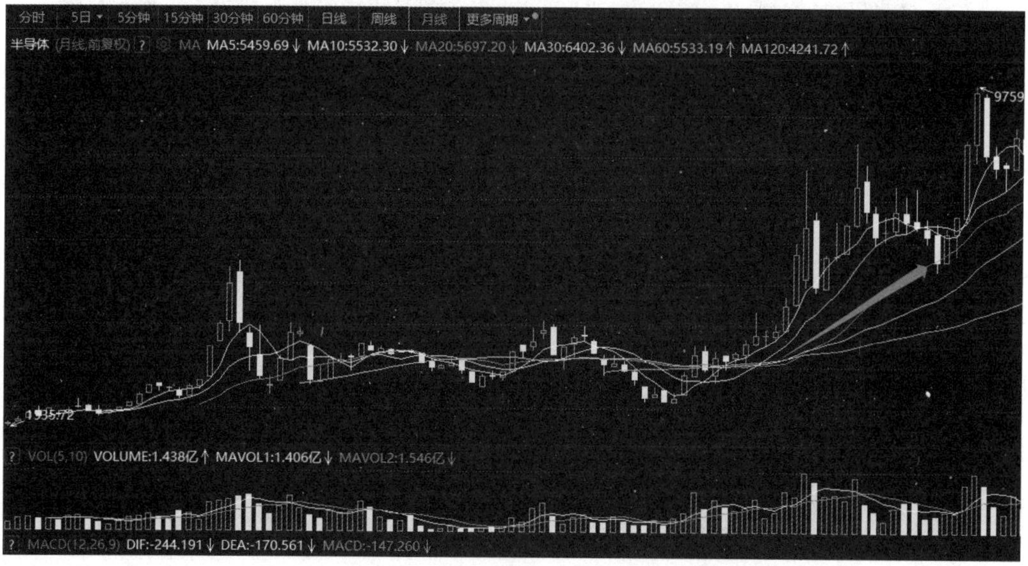

图 1-9　国家大基金投资前后半导体行业指数变化 1

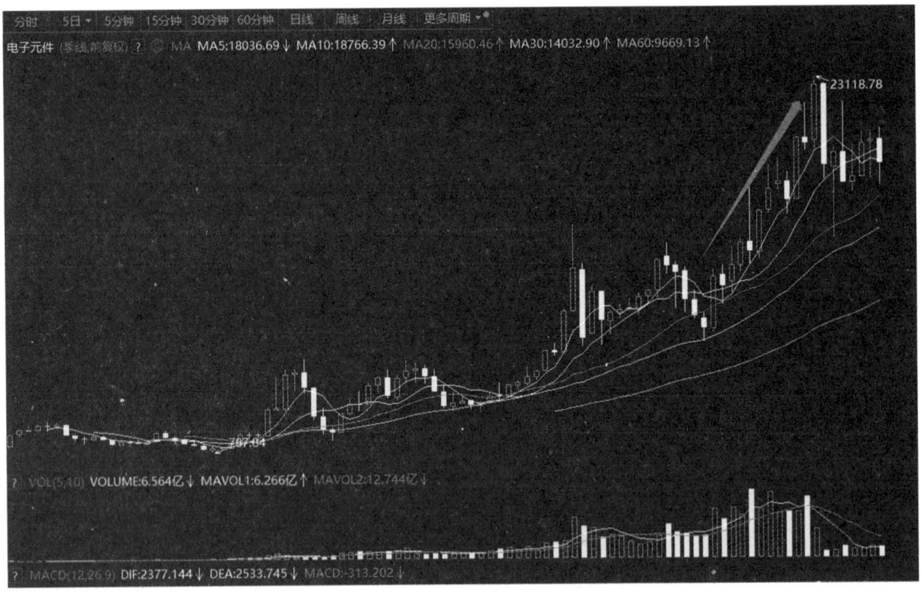

图 1-10　国家大基金投资前后电子元件行业指数变化 2

层面也纷纷出台政策鼓励新能源汽车消费。具体反映在市场上，也可以表现为新能源汽车行业指数价格的上升，如图 1-11 所示。

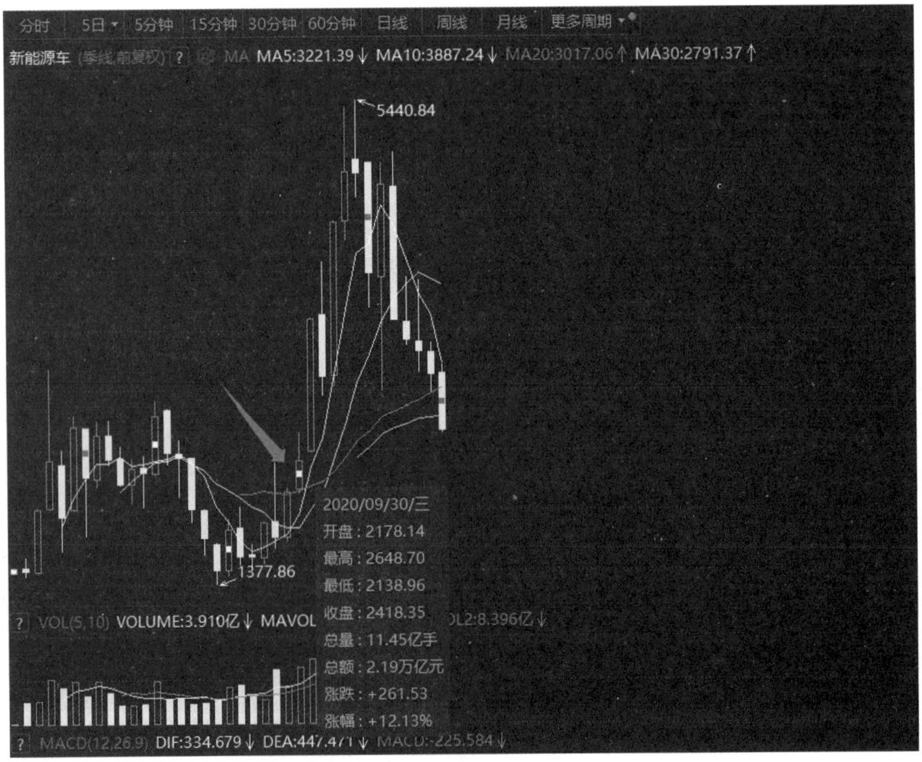

图 1-11　政策前后新能源汽车产业指数变化

三、实操应用

在股票交易中，除了关注个股本身外，还需要实时了解国内外宏观经济政策动向，以便更好地进行股票交易。下面以我国财政政策为例，借助东方财富平台来进行相关信息的搜索。具体步骤如下：

首先，以游客身份打开东方财富软件，点击“资讯”栏，找到“资讯大全”左列的“国内经济”栏，将“资讯大全”下的“日期”设置为“一年内”，“关键词”选择“正文”，并输入“财政政策”，内容部分将会展示出国内各大财经期刊媒体以及经济专家对这一年财政政策的观点及分析，如图 1-12 所示。

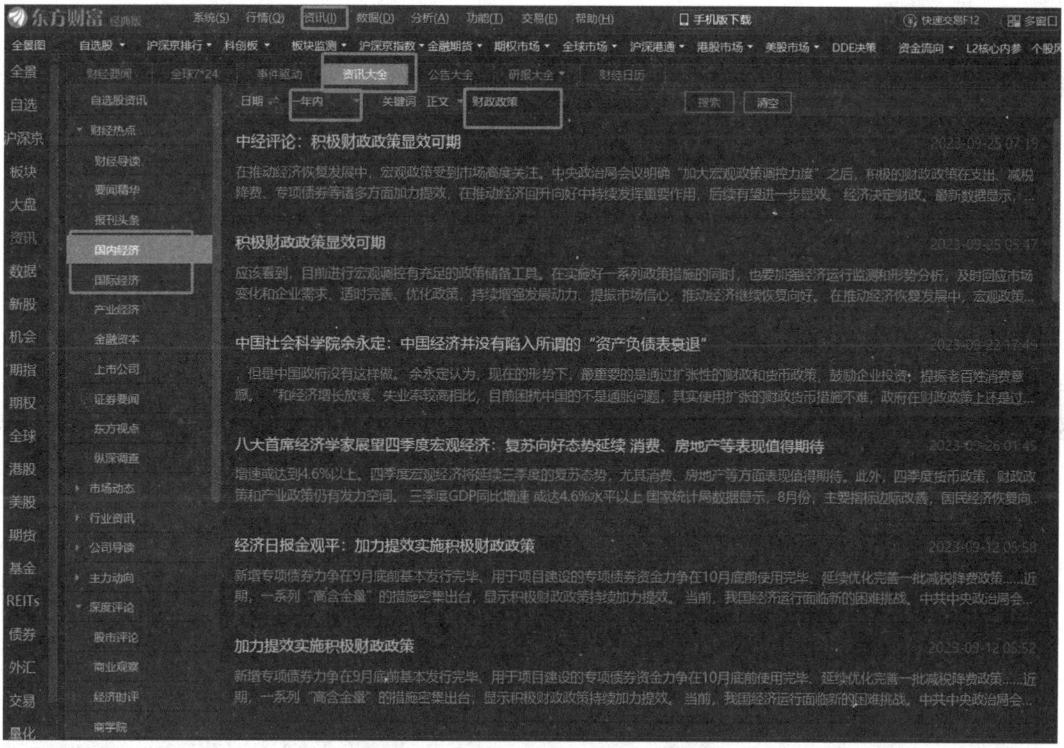

图 1-12　财政政策信息搜索指引

其次，通过内容栏的高频词汇基本可以了解到 2023 全年贯彻着“积极的”财政政策总基调，经济运行的第三季度，“加力提效”的政策信号十分明确，下一步，积极的财政政策还会为经济回升向好提供更强劲的动力。反映在 9 月 PMI 经济数据上如图 1-13 所示，制造业连续四个月回升，首次升至扩张区间，也体现了中国经济复苏背后的强大韧性。

从图 1-14 可以看出，在股市上，国庆节后，A 股就进入四季度交易时间。从 2023 年前三季度表现看，即便前三个季度有 AIGC 算力和华为等热点板块崛起，但受制于宏观经济和外资持续流出，A 股各大指数表现不佳，始终维持低位震荡态势。因此，对于

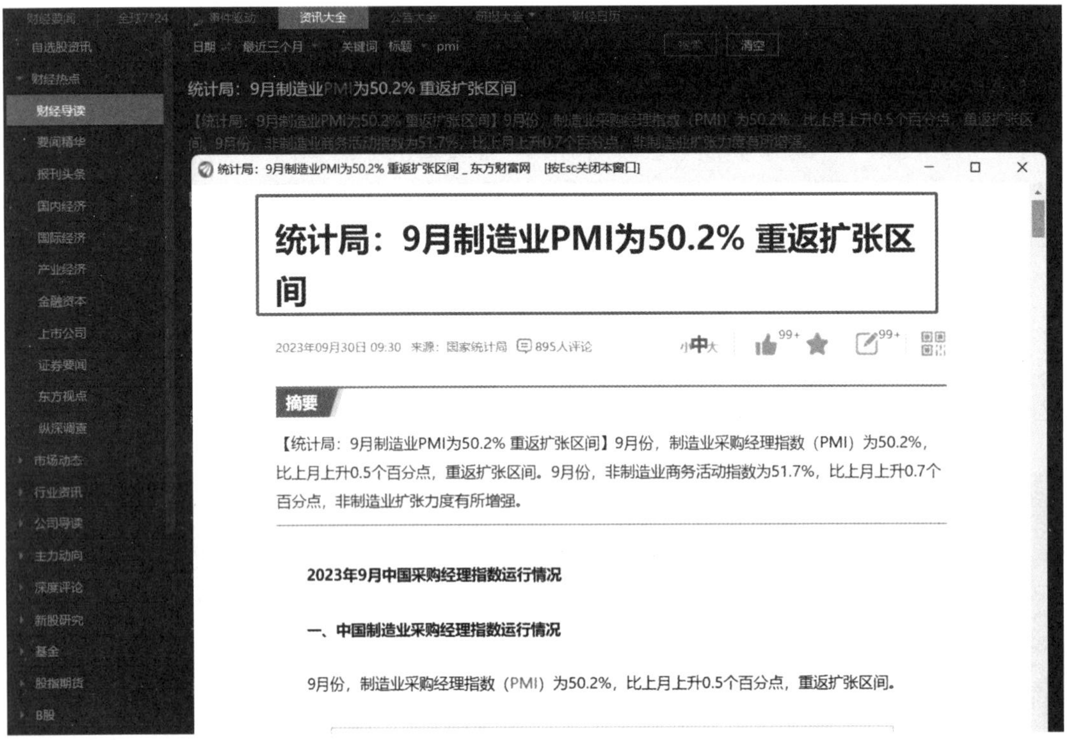

图 1-13　财经导读经济数据搜索指引

即将到来的第四季度，很多机构态度从偏谨慎到偏乐观，毕竟在各种利好因素的推动下，A 股继续大幅下探的空间不大。有多家实力机构分析认为，政策导向已经较为明确，只是市场在情绪主导下依旧缺乏上攻动力。因此，市场完全走出底部区域仍有待时日，第四季度大盘或以时间换空间的方式，逐步向上拓展。

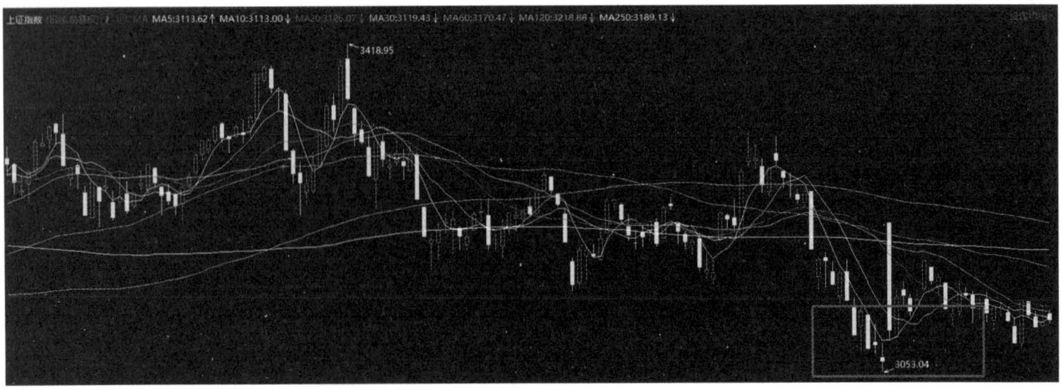

图 1-14　2023 年上证指数日 K 图

本章小结

- 宏观经济分析
  - 宏观经济分析框架
    - 宏观经济分析的内容
    - 宏观经济分析的方法
    - 宏观经济分析的意义
  - 宏观经济分析主要指标
    - 先行指标
    - 同步指标
    - 滞后指标
    - 实操应用
  - 宏观经济政策分析
    - 近年来的宏观政策解读
    - 宏观经济政策对证券市场的影响
    - 实操应用

课程思政

课程思政

课后练习题

一、单选题

1. 高通货膨胀下的 GDP 增长必将导致证券价格的（　　）。

A. 上涨　　B. 剧烈波动

C. 下跌　　D. 不确定

2. 以下不属于一般性货币政策工具的是（　　）。

A. 法定存款准备金　　B. 再贴现政策

C. 公开市场业务　　D. 直接信用控制

3.（　　）是影响股票市场供给的最直接、最根本的因素。

A. 宏观经济环境　　B. 制度因素

C. 上市公司质量　　D. 行业大环境

4. 在经济周期的下跌末期能发挥较强的抗跌能力的股票是（　　）。

A. 公共事业　　B. 能源　　C. 设备　　D. 房地产

5. 宏观经济运行对证券市场的影响通常不通过（　　）进行。

A. 公司经营效益　　B. 居民收入水平

C. 投资者对股价的预期　　D. 通货膨胀和国际收支等

6. 关于经济周期变动与股价波动的关系，以下表述错误的是（　　）。

A. 经济总是处在周期性运动中，股价伴随经济相应的波动，但股价的波动超前于经济运动，股价波动不是永恒的

B. 景气来临之时一马当先上涨的股票往往在衰退之时首当其冲下跌

C. 能源、设备类股票在上涨初期将有优异表现，但其抗跌能力差

D. 公用事业、消费弹性较小的日常消费部门的股票在下跌末期发挥较强的抗跌能力

二、多选题

1. 以下措施属于紧缩的货币政策的有（　　）。

A. 提高利率　　B. 降低利率

C. 减少货币供应量　　D. 加强信贷控制

2. 下列行为会推动股票价格的上涨的有（　　）。

A. 降低法定存款准备金率　　B. 降低再贴现率

C. 央行大量购买国债　　D. 控制信贷规模

3. 宏观经济运行对证券市场的影响通常通过（　　）进行。

A. 公司经营效益　　B. 居民收入水平

C. 投资者对股价的预期　　D. 资金成本

4. 实施积极财政政策对证券市场的影响包括（　　）。

A. 减少税收、降低税率，扩大减免税范围，促进股票价格上涨，债券价格也将上涨

B. 扩大财政支出，加大财政赤字，证券市场趋于活跃，价格自然上扬

C. 减少国债发行（或回购部分短期国债），推动证券价格上扬

D. 增加财政补贴，使整个证券价格的总体水平趋于上涨

5. 货币政策对证券市场的影响是（　　）。

A. 利率下降时，股票价格就上升，而利率上升时，股票价格就下降

B. 中央银行大量购进有价证券推动股票价格上涨；反之，股票价格将下跌

C. 中央银行提高法定存款准备金率，证券行情趋于下跌

D. 中央银行货币政策通过贷款计划实行总量控制的前提下，对不同行业和区域采取区别对待的方针

三、判断题

1. GDP 即国民生产总值，是指一定时期内在一国国内新创造的产品和劳务的价值总额。（ ）

2. 宏观经济因素对证券市场价格的影响是根本性的，也是全局性和长期性的。（ ）

3. 一国证券市场总是与该国的 GDP 呈正相关的变化。（ ）

4. 严重的通货膨胀能使股票和债券的价格同时下跌。（ ）

5. 股价的波动超前于经济运动，股价波动是永恒的。（ ）

6. 紧缩性财政政策将使得过热的经济受到控制，证券市场也将走弱，扩张性财政政策刺激经济发展，证券市场将走强。（ ）

四、案例分析题

请结合下表数据，对当月宏观经济走势进行点评。

2023 年 6 月

经济增长情况	官方公布值	北大国民经济研究中心预测值	Wind 市场预测均值
GDP 当季同比	6.3%	6.5%	6.8%
工业增加值累计同比	4.4%	1.6%	2.5%
社会消费品零售额累计同比	3.1%	3.5%	3.5%
固定资产投资累计同比	3.8%	3.3%	3.3%
出口同比	−12.45%	−8.5%	−10.2%
进口同比	−6.8%	−5.0%	−3.8%
贸易差额 / 亿美元	706.2	970	723.7
通货膨胀			
CPI 同比	0.0	0.1%	0.1%
PPI 同比	−5.4%	−5.3%	−5.0%
货币信贷			
新增人民币贷款 / 亿元	30 500	28 000	23 842.9
M2 同比	11.3%	11.3%	11.2%

第二章 行业基本面分析

学习目标

一、知识目标

- 能够陈述行业的含义；
- 能够正确匹配不同行业的类别；
- 能够查找到不同行业的结构与行业竞争关系；
- 能够描述行业分析的意义；
- 能够陈述行业生命周期一般特征，了解行业变迁与股价表现；
- 能够复述行业兴衰的影响因素。

二、能力目标

- 能够熟记行业分类、行业特点及行业分析的基本要点；
- 能够解读证券市场某个行业信息；
- 能够根据对东方财富行业咨询信息整理并撰写出相关行业的研究报告；
- 能够帮助客户进行证券市场的行业分析。

三、素质目标

- 能够养成勤动脑的习惯和创新意识；
- 能够具备一定的自主学习能力，树立对民族企业的自信心与自豪感。

教学案例

磷化工产业链从上游磷矿到下游草甘膦，近期有一些新事件在重塑产业供求预期。一方面，上游磷矿减产预期有所升温。2023 年 6 月 4 日，四川乐山市一磷矿附近发生山体滑坡，考虑到全国正处于主汛期，后续强降雨、山洪、滑坡以及泥石流等地质灾害将对采矿业安全性造成影响，四川锂矿主动减产意愿增加。若四川磷矿短期减产，或对国内磷化工的供给造成一定冲击，每 10% 的压减产能负荷预计将对国内造成 1% 左右的产能冲击。2022 年，四川省磷矿石产量约 800 万吨，约占国内 8%；2021 年，四川省磷肥（以磷酸一铵为例）产能 252 万吨，约占国内总产能的 13%。

另一方面，下游草甘膦供应遭遇扰动，国内价格一周反弹 7%。2023 年 7 月 15 日，美国陶氏化学的一家工厂发生爆炸，而陶氏恰好是全球最大的草甘膦企业——拜耳的主要供应商，因此这次爆炸可能会导致拜耳的草甘膦生产受限。草甘膦全球产能约 120 万吨，拜耳约占 31%。如果这次爆炸导致拜耳的生产停滞，那么将会对全球的草甘膦供应造成较大影响。参考 2021 年 9 月，拜耳工厂因为飓风的原因停产，国内草甘膦从 5 万元左右一路上涨至 8 万元，一个月价格涨幅高达 60%。并且我国草甘膦产能占了全球的 65%，是全球最大的生产市场，每年全国约 80% 的草甘膦都用于出口（尤其是销往美洲的占了大多数），因此海外企业的生产端扰动将带动国内草甘膦的出口需求好转。如果后续国内磷矿减产影响到了草甘膦的供应，导致供需缺口拉大，那么草甘膦价格有望进一步反弹。

[资料来源：在股海里抄网（网名），雪球网]

第一节 行业基本面分析概述

一、行业的含义

行业是指从事国民经济中同性质的生产或其他经济社会活动的经营单位和个体等构成的组织结构体系，如银行业、林业、汽车业等。

严格来说，行业与产业是有区别的，主要体现在范围不同，通常行业的范围大，产业的范围小。产业作为经济学的专门术语，有着严格的使用条件。产业的构成一般有三个特点：①规模性，即产业的企业数量、产品或服务的产出量达到一定规模；②职业化，即形成了专门从事这一产业活动的职业人员；③社会功能性，即产业在社会经济活动中扮演某些特定的角色，而且该角色是不可或缺的。行业虽然也拥有职业人员，也具有特定的社会功能，但一般没有规模上的要求。判断一个行业是否是一个产业，还要看其组成单位是否盈利，如果盈利，则是产业；如果不盈利，则不是产业。例如，教育在我国应属于行业，而非产业。

在国外，行业与产业的表述均是 industry，二者区别不大。在证券业内，一直约定俗成地把行业分析与产业分析视为同义语。

二、行业的分类

按照行业的定义，企业所属的行业是由其产品性质决定的，产品性质是行业划分的基本标准，但并不是唯一标准。依据的标准不同，行业分类方法也不同。例如，为了适应宏观经济管理和经济统计的需要，有传统的三次行业分类法、我国的国民经济行业分类法、联合国标准行业分类法；也可以根据行业的技术特点来进行分类。分析师和一般投资者通常不会直接参与公司的经营管理，也不了解公司里的一些专业技术，他们所关心的只是所投资证券的收益能力和相关的风险。因此，除非产业有非常明显的技术特征，在进行证券市场的行业分类时以技术特征为标准意义不大。同一公司在不同的分类方法下可能被划分到不同的行业，如一个从事铁矿石采选的上市公司，按国民经济行业分类法属于钢铁行业，而按照我国的上市公司分类方法则被划分为采掘业。与宏观经济管理要求不同，本书中的行业分类是为行业分析服务的，不同分类方法的核心区别在于其分类标准，如我国的《上市公司行业分类指引》以营业收入来源为分类标准，而经济研究中行业划分一般以投入要素密集度为标准。

在理解行业分类时一般要注意以下几点：首先，行业间的产品要有明显的区别，行业内各公司的产品有一定的替代性，而根据替代性大小、产品定义和企业经营内容的不同，在同一行业内部还可以划分出子行业，也就是行业细分。例如，钢铁行业按产品类型和生产工序可划分为金属铁、锰等的矿物采选业、炼铁业、炼钢业、钢加工业、铁合金冶炼业、钢丝及其制品业等。其次，进行行业分析的主要目的是预测其发展前景，而行业的发展前景又与多方面的因素有关，因此，行业的分类方法也有多重标准。例如，按行业发展与国民经济的周期的关系，可划分为成长型行业、周期型行业、防御型行业和成长周期型行业；按行业中所采用的技术先进程度，可划分为新兴行业和传统行业；按行业未来的发展前景，可分为朝阳行业和夕阳行业。与这些分类方法相关的行业分析方法会在后面详细讨论。最后，行业分类还必须考虑实际分析中数据和资料的可得性。

一些金融服务机构或证券交易所为了方便、完整地发布信息，常对上市的股票或其样本进行简要的行业分类。例如，道·琼斯指数将在纽约证券交易所上市的股票分成三类：工业、运输业和公用事业；上海证券交易所将在其上市的股票分成工业、商业、地产业、公用事业和综合类；深圳证券交易所则在以上五类的基础上增加了金融类。

美国有一套常用的行业分类方法，是由美国政府颁布实施的标准行业分类代码（Standard Industrial Classification Codes，SIC Codes），这套编码规则按一定的标准将各种公司划入不同的行业组，并给予特定的 4 到 5 位的行业代码，编码的原则是将行业按层次划分并为统计分析提供方便。在这一编码体系中，位数越靠前的编码代表的行业范畴越广。例如，代码的前两位是“15”的行业表示建筑承包业，而其中“152”开头的是住宅建筑承包商，更进一步，“1521”表示的是单户住宅建筑承包商。4 位行业代码都相同的厂商处于相同的行业内，而在一些大行业中，为了进行较细致的统计和分析也会用到 5 位的行业编码。这样的行业分类方法，特别是其所提供的行业数据，给行业研究的范围提供了很大的弹性。参照这一分类方法，中国证券监督管理委员会于 2001 年 4 月正式发布了《上市公司行业分类指引》，后于 2012 年进行了修订，这虽然不是强制性的标准，但却对证券市场的行业分类起到了很好的规范作用。《上市公司行业分类指引》以上市公司营业收入为分类标准进行行业划分，当公司某类业务的营业收入比重大于或等于 50%，则将其划入该业务相对应的行业类别；当公司没有一类业务满足该条件时，如果某类业务营业收入比重比其他业务收入比重均高出 30%，则将该公司划入此类业务相对应的行业类别；否则将其划为综合类。在编码方法上，该指引将上市公司的经济活动分为门类、大类两级，中类作为支持性类参考。由于上市公司集中于制造业，《上市公司行业分类指引》在制造业的门类和大类之间增设辅助性类别，也可称为次类。与此对应，总体编码采用了层次编码法，类别编码采取顺序编码法：门类为单字母升序编码，制造业下次类为单字母加一位数字编码，大类为单字母加两位数字编码，中类为单字母加四位数字编码。各主要行业代码及所包含公司数目见表 2-1。

表 2-1　2024 年上半年上市公司行业分类结果

行业代码	行业	上市公司数目	比率	行业代码	行业	上市公司数目	比率
A	农、林、牧、渔业	47	0.88%	K	房地产业	95	1.78%
B	采矿业	85	1.59%	L	租赁和商务服务业	79	1.48%
C	制造业	3 606	67.60%	M	科学研究和技术服务业	110	2.06%
D	电力、热力、燃气及水产业和供应业	145	2.72%	N	水利、环境和公共设施管理业	94	1.76%
E	建筑业	106	1.99%	O	居民服务、修理和其他服务业	1	0.02%
F	批发和零售业	192	3.60%	P	教育	12	0.23%
G	交通运输、仓储和邮政业	112	2.10%	Q	卫生和社会工作	19	0.36%
H	住宿和餐饮业	9	0.17%	R	文化、体育和娱乐业	55	1.03%
I	信息传输、软件和信息技术服务业	437	8.19%	S	综合	6	0.11%
J	金融业	124	2.33%	—	—	—	—
合计						**5 334**	**100%**

三、行业结构与行业竞争

（一）行业市场结构

不同行业具有不同的市场结构，市场结构是指一个行业内部买方和卖方的数量及其规模分布、产品差别的程度和新企业进入该行业的难易程度的综合状态。

根据行业内部的企业数目、行业内各企业生产者的产品差别程度以及行业进入障碍的大小，可以将市场划分为完全竞争市场、垄断竞争市场、寡头垄断市场和完全垄断市场四种市场类型。四种市场结构中，完全竞争市场竞争最为充分，完全垄断市场不存在竞争，垄断竞争市场和寡头垄断市场存在竞争，但竞争又不充分。行业市场结构的划分和特点见表 2-2。

表 2-2　行业市场结构的划分和特点

市场类型	企业数量	产品的差别程度	对价格的控制程度	行业进出的难易	示例
完全竞争	很多	完全无差别	没有	很容易	农产品
垄断竞争	较多	有差别	有一些	比较容易	轻工零售业
寡头竞争	几个	差别小	相当程度	比较困难	汽车制造
完全垄断	一个	唯一的产品	很大程度，但常受政府管制	很困难，几乎不可能	公用事业

在分析行业的市场结构时，行业集中度（Concentration Ratio，CR）是一个常用的指标。行业集中度又称为行业集中率或市场集中度，是指某行业相关市场内前 N 家大型企业所占市场份额（产值、产量、销售额、销售量、职工人数、资产总额等）的总和。行业集中度一般以某一行业排前 4 名或前 8 名的企业销售额（或生产量等数值）占行业总的销售额比例来度量，表示为 CR_4 或 CR_8。这一数值越大，说明这一行业的集中度越高，市场趋于垄断；反之，则说明市场集中度越低，越趋于竞争。行业集中度是衡量行业市场结构的一个重要指标。

根据美国经济学家贝恩（Bain）和日本通产省对行业集中度的划分标准，将行业市场结构粗分为寡占型（$CR_8 \geqslant 40\%$）和竞争型（$CR_8 < 40\%$）两类。其中，寡占型又细分为极高寡占型（$CR_8 \geqslant 70\%$）和低集中寡占型（$40\% \leqslant CR_8 < 70\%$）；竞争型又细分为低集中竞争型（$20\% \leqslant CR_8 < 40\%$）和分散竞争型（$CR_8 < 20\%$）。具体分类标准见表 2-3。

表 2-3　市场结构的分类标准

市场结构	CR_4	CR_8
寡占 I 型	$CR_4 \geqslant 85\%$	—
寡占 II 型	$75\% \leqslant CR_4 < 85\%$	$CR_8 \geqslant 85\%$
寡占 III 型	$50\% \leqslant CR_4 < 75\%$	$75\% \leqslant CR_8 < 85\%$
寡占 IV 型	$30\% \leqslant CR_4 < 50\%$	$45\% \leqslant CR_8 < 75\%$
寡占 V 型	$30\% \leqslant CR_4 < 35\%$	$40\% \leqslant CR_8 < 45\%$
竞争型	$CR_4 < 30\%$	$CR_8 < 40\%$

（资料来源：中国证券业协会，证券投资分析［M］. 北京：中国财政经济出版社，2008.）

（二）行业竞争分析

行业竞争分析注重特定行业内各公司之间的竞争结构和竞争状况，因为盈利的增长比销售增长更能刺激投资收益率的提高。在行业竞争分析中，“五力模型”是最常用的分析模型之一。

迈克尔·波特（Michael E. Porter）在《竞争战略》（Competitive Strategy）一书中，从行业组织理论的角度，提出了行业结构分析的基本框架——五种竞争力分析。波特认为，在每一行业中都存在五种基本竞争力量，即潜在进入者、替代品、买方、供方与现有竞争者之间的抗衡，如图 2-1 所示。

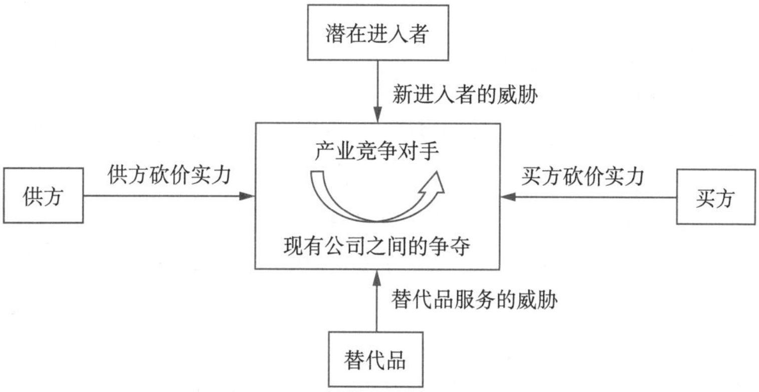

图 2-1　行业竞争结构分析示意图

“五力模型”的主要缺陷在于该分析模型基本上是静态的，但是在现实中竞争环境始终在变化；同时，该模型低估了企业与供应商、客户或分销商、合资企业之间可能建立长期合作关系以减轻相互之间威胁的可能性。

四、行业分析的意义

行业分析可以解释行业本身所处的发展阶段及其在国民经济中的地位，分析影响行业发展的各种因素并判断这些因素对行业的影响程度，预测并引导行业的未来发展趋势，判断行业投资价值，揭示行业投资风险，从而为政府部门、投资者及其他机构提供决策依据或投资依据。

行业经济是宏观经济的构成部分，宏观经济活动是行业经济活动的总和。宏观经济分析主要分析了社会经济的总体状况，但没有分析社会经济的各个组成部分。宏观经济的发展水平和增长速度反映了各行业经济的平均水平和速度，但各行业之间却有很大的差别。

从证券投资分析的角度来看，宏观经济分析的目的是了解证券投资的宏观环境，把握证券市场的总体趋势，但宏观经济分析并不能提供具体的投资领域和投资对象的建议，此时，深入的行业分析及企业分析就显得格外重要。行业分析又是企业分析的前提，行业有自己特定的生命周期。处在生命周期不同发展阶段的行业，其投资价值也不一样，企业的投资价值会由于所处行业的不同而有明显差异。可见，行业经济状况是决定企业投资价值的重要因素之一。

第二节 行业的发展历程

一、行业生命周期分析

（一）行业生命周期的不同阶段

行业生命周期分析将行业发展的整个过程分为几个不同的时期，并对各个阶段的行业销售增长趋势、股利政策等特点进行分析。生命周期可划分为几个阶段并没有统一的规范，一般是划分为四至五个阶段，本节以四个阶段划分法进行介绍。如图 2-2 所示，按照销售量的增长状况，将行业发展的过程划分为幼稚期、成长期、成熟期和衰退期四个阶段。纵轴代表的是销售额取对数，以表示增长率，也可以用销售额和毛收入表示；而横轴代表的是时间，虚线将其划分为时间间隔不同的几个阶段。生命周期分析中最关键也是最难的问题是确定行业所处的阶段及其在各阶段所处的时间，因为同一行业在不同的发展阶段有不同的发展特征。为了有效地应用行业生命周期来预测行业销售和利润，下面结合股票投资对行业生命周期中的不同时期进行介绍。

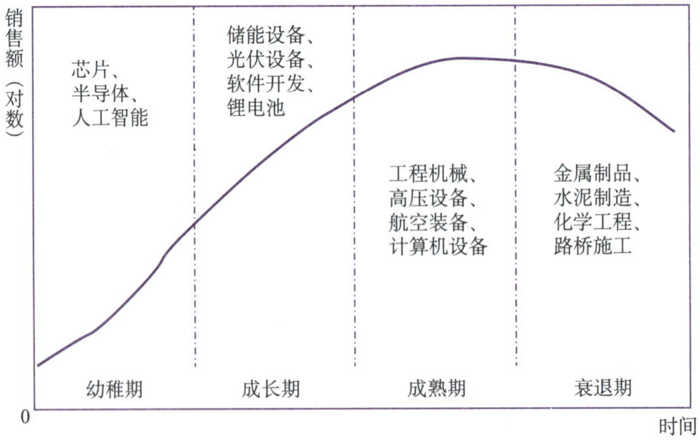

图 2-2 行业生命周期和各阶段代表行业

1. 幼稚期

在幼稚期，只有为数不多的风险基金投资于这个新兴的行业，由于幼稚期行业的创立投资和产品的研究、开发费用较高，而产品市场需求较低，销售收入较低，因此，这些创业公司在财务上可能不但没有盈利，反而普遍亏损。较高的产品成本和价格与较低的市场需求使这些创业公司面临很大的投资风险。企业还可能因财务困难而有破产的风险，因此，这类企业更适合投机者而非投资者。

在幼稚期后期，随着行业生产技术的提高、生产成本的降低和市场需求的扩大，新行业便逐步由高风险低收益的初创期转向高风险高收益的成长期。

2. 成长期

在成长期，新行业的产品经过广泛宣传和消费者的试用，逐渐以其自身的特点赢得了市场，市场需求开始上升，新行业也随之繁荣起来，拥有一定市场营销和财务力量的企业逐渐主导市场，这些企业往往是较大的企业，其资本结构比较稳定。与市场需求变化相适应，供给方面相应地出现了一系列的变化。产品逐步从单一、低质、高价向多样、优质和低价方向发展。新行业出现了生产厂商和产品相互竞争的局面。

随着市场竞争的不断发展和产品产量的不断增加，市场的需求日趋饱和。生产厂商不能单纯地依靠扩大生产量来提高市场的份额，增加收入，而必须依靠追加生产投资、提高生产技术、降低成本，以及研制和开发新产品的方法来争取竞争优势，战胜竞争对手和维持企业的生存。因而，这一时期企业虽然利润增长很快，但所面临的竞争风险也非常大，破产率与合并率相当高。

在成长期后期，在行业中生产厂商与产品竞争优胜劣汰规律的作用下，市场上生产厂商的数量在大幅度下降之后开始稳定。由于市场需求基本饱和，产品的销售增长率减慢，迅速赚取利润的机会减少，整个行业开始进入成熟期。

3. 成熟期

在成熟期，在竞争中生存下来的少数大厂商垄断了整个行业的市场，每个厂商都占有一定比例的市场份额。行业的利润由于一定程度的垄断达到了很高的水平，因市场比例比较稳定，新企业难以打入成熟期市场。行业增长速度降到一个适当的水平。在某些情况下，整个行业的增长可能会完全停止，其产出甚至会下降。由于行业丧失其资本的增长，致使行业的发展很难较好地保持与国内生产总值同步增长，当宏观经济陷入衰退、萧条时，行业甚至蒙受更大的损失。但是，由于技术创新，某些行业或许实际上会有新的增长。

在短期内很难识别行业何时进入成熟期，但总而言之，在这一阶段一开始，投资者便希望收回资金，因此，个股投资机会大多集中在行业的成长期后期和成熟期。

4. 衰退期

衰退期通常出现在较长的稳定期后。由于新产品和大量替代品的出现，原行业的市场需求逐渐减少，产品的销售量也开始下降，厂商的数目逐步减少，市场逐渐萎缩，利润率停滞或不断下降，某些厂商开始向其他更有利可图的行业转移资金。因而原行业出现了厂商数目减少、利润下降的萧条景象。至此，整个行业便进入了生命周期的最后阶段。当正常利润无法维持或现有投资折旧完毕后，整个行业便逐渐解体。

（二）行业所处生命周期的判断

一般可以从五个方面来判断行业所处的实际生命周期阶段。一是行业规模变化趋势。

行业的市场容量和行业资产规模总会经历一个“小—大—小”的阶段。二是产出增长率。该指标在成长期高而在成熟期和衰退期较低，经验数据一般以15%为界。三是利润水平。该指标是一个行业兴衰过程的综合反映，在整个生命周期中，行业的利润水平会经历一个“低—高—稳定—低—亏损”的过程。四是技术进步率、技术熟练程度和开工率。随着行业的发展，行业的创新能力会经历一个由强增长到逐步衰弱的过程，技术成熟程度会经历一个“低—高—老化”的过程，而开工率的高低与行业发展景气程度正相关。五是资本进退。行业生命周期中的每个阶段都会有企业的进退发生。在成熟期以前，进入行业的企业数量及资本量要大于退出量；进入成熟期以后，进入量和退出量有一个均衡过程；在衰退期，退出量明显超过进入量，整个行业开始萎缩、转产，企业倒闭多有发生。行业生命周期各阶段特征见表2-4。

表 2-4 行业生命周期各阶段特征

因素	幼稚期	成长期	成熟期	衰退期
组织	企业少，集中度低	企业增加，集中度较低	集中度高	企业减少
产品	技术弱，产品单一	产品差异化	产品同质化	产品竞争力下降
规模	规模小，增长慢	规模增加，增长快	增速减缓	规模降
利润	利润微薄	利润高	利润最高	利润降低
竞争	壁垒低，竞争小	壁垒低，价格竞争	壁垒高，非价格竞争	壁垒高，竞争激烈

（资料来源：兴业证券经济与金融研究院整理）

二、行业变迁与股价表现

技术的变革带动了生产力的发展，并带动了整个经济的发展，大量的投资机会孕育其中。通常情况下，“超级牛股”大部分出自引领时代潮流的行业，随着时代的变化，代表时代发展方向的行业也在不断发生更迭。行业变迁的趋势往往暗示着市场行情主线的变化，而新兴行业则是孕育“超级牛股”的摇篮，通过研究美国和中国的行业变迁的轨迹和股市领涨板块的更替，可以更深刻地认识到这一点。

（一）美国2009—2020年（11年长牛）

金融危机结束以来的美股市场中，长达11年的历史最长“牛市”可以说是其最醒目的主角。从2007年8月美国次贷危机全面爆发，到2008年9月雷曼兄弟破产，并最终演变为历史屈指可数的严重危机席卷全球。金融危机期间，标普500指数巨幅回撤56.8%，成为美股百年历史第三大幅度的下跌。此后，随着美国政府入场救市，财政部注资甚至接管大型金融企业，美联储启用包括量化宽松等多种危机工具，美股最终于2009年3月见底。此后，美股开启长达11年的历史最长牛市，直至2020年2月在新冠疫情冲击中告结。期间，标普 500 指数大涨 408%，仅次于 1990 年 10 月—2000 年 3 月的 417%。道·琼斯指数累计涨了 357%，纳斯达克指数涨了 669%，中间几乎没有出现过重大调整。在这个过程中，有超过 30 万亿美元的财富被“创造”出来，美股也因此成为全球投资回报率最高的资本市场。

这场盛宴的主角是互联网巨头，Facebook、苹果、亚马逊、谷歌等公司取代了埃克森美孚、沃尔玛，成为美国经济的新龙头，美国股市 10 年长牛代表性公司与行业见表 2-5。

表 2-5　美国股市 10 年长牛代表性公司与行业

序号	代码	公司	总市值 / 十亿美元	2009 年 12 月 24 日—2019 年 12 月 24 日股价增长率	动态市盈率	所属行业
1	NFLX.O	奈飞公司（NETFLIX）	146.03	3 999.90%	103.28%	互联网零售
2	DPZ.N	达美乐比萨	11.85	3 832.54%	30.93%	餐饮
3	NBIX.O	神经分泌生物科学	10.04	3 767.38%	476.23%	生物科技
4	MKTX.O	MARKETAXESS	14.13	3 059.02%	70.50%	特殊金融服务
5	EXAS.O	精密科学	12.55	2 864.42%	−58.11%	生物科技
6	DXCM.O	德康医疗	19.81	2 699.48%	−115.63%	医疗保健设备
7	LNG.A	CHENIERE 能源	15.77	2 272.41%	−70.42%	石油与天然气的储存和运输
8	TSLA.O	博通（BROADCOM）	127.49	2 200.27%	47.31%	半导体产品
9	TDG.N	TRANSDIGM	31.73	2 146.00%	40.75%	航天航空与国防
10	TAL.N	好未来	28.16	1 921.22%	139.57%	教育服务
11	TSLA.O	特斯拉	76.65	1 680.03%	−92.67%	汽车制造
12	FICO.N	FAIR ISAAC	10.88	1 669.47%	56.63%	应用软件
13	PAYC.N	PAYCOM SOFTWARE	15.45	1 624.04%	92.81%	应用软件
14	URI.N	美国联合租赁	12.66	1 541.72%	11.05%	贸易公司与工业品经销商
15	REGN.O	再生元制药（REGENERON）	41.34	1 522.89%	19.28%	生物科技
16	ALGN.O	艾利科技	21.90	1 459.43%	52.28%	医疗保健用品
17	SHOP.N	SHOPIFY	44.09	1 455.26%	−568.70%	互联网软件与服务

（续表）

序号	代码	公司	总市值/十亿美元	2009年12月24日—2019年12月24日股价增长率	动态市盈率	所属行业
18	LULU.N	露露乐蒙（Lululemon）	29.84	1 414.75%	52.72%	服务、服饰与奢侈品
19	EPAM.N	亿磐系统公司（EPAM SYSTEMS）	11.64	1 411.86%	47.21%	信息科技咨询与其他服务
20	TYL.N	泰勒科技	11.63	1 394.19%	88.61%	应用软件
21	AMZN.O	亚马逊（AMAZON）	887.09	1 192.13%	78.18%	互联网零售
22	AAPL.O	苹果公司（APPLE）	1 263.09	994.03%	22.86%	电脑硬软

（资料来源：Wind，华盛证券）

根据上涨驱动力的变化，本轮美股以科技成长板块为主导的大牛市，大致分为五个阶段：第一阶段，2009年危机冲击下的估值拉动时期。2009年年内，尽管企业盈利状况在金融危机冲击下继续恶化，但市场已逐渐走出危机后的阴霾，估值拉动下指数开始底部抬升。第二阶段，2010—2012年危机影响渐消的盈利推动时期。2010年至2012年期间，随着经济逐渐回暖，企业盈利快速上升，推动市场继续上涨并实现估值切换，奠定了此轮牛市形成的基础。第三阶段，2013—2017年估值扩张期。2013年后美国经济强势复苏，带动EPS（每股收益）稳步上升，但增长率变化不大，市场上涨的动能为估值的提升。第四阶段，2018年，美股上涨动能再次转为EPS拉动，但内在动能有所变化。首先，减税成为盈利改善的核心动力；其次，牛市由各行业共同推动转为部分行业推动；再次，牛市由整体普涨变为依靠部分少数企业拉动；最后，股票回购对EPS提升贡献较大。第五阶段，2019年以来，美国重回宽松周期，估值驱动美股上行。

（二）中国历次牛市与领涨行业

中国股市起步较晚，其30年的历史中也曾出现数次牛市，而每次牛市中的领涨板块无一不体现着中国经济结构的重大变化。1992年社会主义市场经济体制改革目标确定，A股刚开市就激发了全民热情；1996年以家电为代表的耐用消费品全面普及，带动了家电板块的发展；1999年消费升级，从普通家电升级到家用电脑和电信，从而使得网络股在短短数月间快速上涨；2003年我国加入世界贸易组织，汽车和住宅消费市场的大幅增长，带动了汽车、钢铁、金融等“五朵金花”的绽放；2006年固定资产投资的加速增长以及房地产市场的持续火爆，拉动了钢铁、水泥、电解铝等数十个地产链上的产业，中国整体经济出现过热迹象，期间，有色金属、煤炭、机械等板块涨幅领先于市场其他板块；2008 年年底“四万亿”经济计划的出台使得固定资产投资增速再度上行，带动了有色、煤炭、汽车、家电板块的大幅反弹；2013—2015 年的创业板牛市则体现了我国经济转型的大方向，第三产业占比逐渐上升，以互联网等为代表的电商和娱乐产品需求增长迅速，各种新兴消费方式不断涌现，而上涨行情的主线也从 2013 年的传媒、手游，扩散到 2015 年的“互联网 +”；2019—2020 年围绕着“消费升级”“科技强国”两大方向，加之疫情下流动性充分、“雨露均沾”的市场环境，A 股市场迎来了一波普涨行情，以白酒、医疗保健、食品饮料为代表的消费，以及元器件、半导体、软件服务的发展反映着科技强国的诞生。2024 年 9 月 24 日，中华人民共和国国务院新闻办公室就金融支持经济高质量发展有关情况举行新闻发布会。会上，中国人民银行、国家金融监管总局、中国证监会三个部门宣布一系列重磅利好政策。会后，A 股强势回归，三大指数集体跳空高开，多个板块携手并进，新能源、有色金属涨幅居前，券商、白酒掀起涨停潮。中国股市历次牛市行业背景及领涨板块见表 2-6。

表 2-6　中国股市历次牛市行业背景及领涨板块

时间	背景	领涨板块
1992—1993 年	社会主义市场经济体制改革目标确定	百货公司
1996—1997 年	“九五”计划，新一轮消费升级	家电
1999 年	中美世贸双边贸易，家用电脑开始普及	网络
2003—2004 年	重工业发展，汽车和住宅消费大幅增长	汽车、电力、钢铁
2006—2007 年	股权分置改革，固定资产投资驱动	有色金属、煤炭、机械、券商
2009—2010 年	“四万亿”经济计划，“国十三条”	水泥、汽车、家电
2013—2015 年	“一带一路”建设，《中国制造 2025》出台	互联网、传媒、科技、电子
2019—2020 年	科创板开板，创业板注册制改革	新能源、芯片、半导体、白酒
2020 年至今	“一行一局一会”重磅组合拳	新能源、有色金属、券商

第三节　影响行业兴衰的主要因素

一、技术进步

在众多技术因素中，最重要的也是首先考虑的是产品的稳定性。历史资料只能说明过去的行业产品需求，通过分析产品稳定性，检验产品的性质及技术复杂性有助于判断产品的未来需求是否保持不变，或是否有可能出现大幅度变化。例如，仅以一时风行的产品为基础的行业很快会被淘汰；产品性质较稳定的行业，如钢铁工业和化学工业，其产品需求则有着较长期的稳定性。然而，由于价格构成的变动及其产品需求的不同，这些产品需求较稳定的行业在不同的年份获利能力仍有波动。技术进步对行业的影响是巨大的。例如，电灯的出现极大地削减了对煤气灯的需求，蒸汽动力行业逐渐被电力行业取代。显而易见，投资于衰落的行业是一种错误的选择。投资者还必须不断地考察一个行业产品生产线的发展前景，分析其被优良产品或其他消费需求替代的趋势。

行业追求技术进步也是时代的要求。目前人类社会所处的时代正是科学技术日新月异的时代，不仅新兴学科不断涌现，而且理论科学朝实用技术的转化过程也被缩短，速度大大加快。战后工业发展的一个显著特点是，新技术在不断地推出新行业的同时，也在不断地淘汰旧行业。例如，在较短的时间里，喷气飞机就代替了螺旋桨飞机；大规模集成电路计算机代替了一般的电子计算机；通信卫星代替了海底电缆；等等。这些新产品在定型和大批量生产后，市场价格大幅度下降，从而很快就能被消费者选择。

上述这些特点使得新兴行业能够很快地超过并代替旧行业，或严重威胁原有行业的生存。例如，彩色电视机代替黑白电视机；激光唱片代替普通唱片；电子表超过机械表；以及日本研究成功的数字式高保真磁带对普通磁带行业产生自下而上的严重威胁；等等。因此，充分了解各种行业技术发展的状况和趋势，对投资者来说是至关重要的。

二、产业政策

我国目前主要产业政策

同一产业是指具有相同使用功能和替代功能的产品和劳务的集合。政府对于行业的管理和调控主要是通过产业政策来实现的。产业政策是国家干预或参与经济的一种形式，是国家（政府）系统设计的有关产业发展的政策目标和政策措施的总和。产业政策包括产业结构政策、产业组织政策、产业技术政策、产业布局政策等，其中，产业结构政策和产业组织政策是产业政策的核心。

（一）产业结构政策

产业结构政策是选择行业发展重点的优先顺序的政策措施，其目标是使行业之间的关系更协调、社会资源配置更合理，使产业结构更高级化。产业结构政策是一个政策系统，主要包括以下三方面。

1. 产业结构长期构想

产业结构长期构想即根据现阶段发展水平和进一步发展的要求，遵循产业发展演变的规律，提出在较长一段时间内产业发展的目标和方向。

2. 对战略产业的保护和扶持

对战略产业的保护和扶持是产业结构政策的重点，战略产业一般是指具有较高需求弹性和收入弹性，能够带动国民经济其他部门发展的产业。对战略产业的保护政策包括限制所保护的产业的同类国外产品的进口，限制国外私人直接投资等；对战略产业的扶持政策主要包括财政政策、倾斜金融、倾斜税收及行政干预等，比较常用的手段是政府直接投资、差别税率、优惠税率、保护性关税、补贴、折旧和成本控制等。

3. 对衰退产业的调整和援助

对衰退产业的调整和援助主要包括限制进口、财政补贴、减免税等。对衰退产业及时进行调整和援助，有利于减少经济损失、避免社会动乱。

（二）产业组织政策

产业组织政策是调整市场结构和规范市场行为的政策，以“反对垄断、促进竞争、规范大型企业集团、扶持中小企业发展”为主要核心，其目的在于实现同一产业内企业组织形态和企业关系的合理化。产业组织政策主要包括市场秩序政策、产业合理化政策和产业保护政策。

（三）产业技术政策

产业技术政策是指促进产业技术进步的政策，是产业政策的重要组成部分。主要包括两方面的内容：产业技术结构的选择和技术发展政策，促进资源向技术开发领域投入的政策。

（四）产业布局政策

产业布局政策是产业存在和发展的空间形式。产业布局正常的目标是实现产业布局的合理化。产业布局政策一般遵循以下原则：①经济性原则，即保证那些投资效率高、经济效益好、发展速度快的地区优先发展；②合理性原则，即鼓励各地区根据自身资源、经济和技术条件，发展具有相对优势的产业；③平衡性原则，即在加快先进地区发展的同时，逐步缩小先进地区与落后地区的差距。

三、产业组织创新

产业组织是指同一产业内企业的组织形态和企业间的关系，包括市场结构、市场行为、市场绩效三方面的内容。产业组织创新是指同一产业内企业的组织形态和企业间关系的创新。产业组织的创新过程实际上是对影响产业组织绩效的要素进行整合优化的过程，是使产业组织重新获得竞争优势的过程。

从效果来看，产业政策的调控与产业组织的创新都是优化产业组织的功效，但产业政策在产业组织合理化过程中的作用是一种经济过程中的“被组织”力量，而产业组织创新则往往是产业及产业内企业的“自组织”过程。一方面，产业组织与产业结构息息相关，是连接产业结构与产业政策的纽带，因此，产业组织创新是推动产业结构升级的重要力量之一；另一方面，产业组织又与企业组织密切相关，是具有某种同一性的互动范畴。产业组织的创新不仅仅是产业内与企业之间垄断抑或竞争关系平衡的结果，更是企业组织创新与产业组织创新协调互动的结果。

实践证明，产业组织创新的直接影响包括实现规模经济、专业化分工与协作、提高产业集中度、促进技术进步和有效竞争等；间接影响包括创造产业增长机会、促进产业增长、构筑产业赶超效应、适应产业经济增长等多项功效，产业组织创新能在一定程度上引起产业（或行业）生命周期运行轨迹或生命周期阶段持续时间的变化。

与其他创新活动一样，产业组织的创新没有固定的模式。在不同行业或同一行业的不同发展时期，产业组织创新有着与行业本身固有的行业属性、行业所处生命周期的阶段特征、行业内企业组织变革乃至整个社会经济演进相关联的各种形式。例如，产业化经营旨在延长产业链，增加附加值，加深产业与相关产业的融合发展，解决产品的产供销衔接问题。使商业资本与产业资本相对集中，产生聚合的规模效益；产融结合旨在通过产业部门与金融部门的资本融合，使产业资本加速集中，充分发挥金融对产业发展的融资作用，使产业结构的调整得以迅速有效地进行；服务体系建设旨在加强产业的服务体系建设，完善产业市场信息体系、产业质量标准体系及产业自律体系；大规模数字化经济旨在改变产业内企业的管理形式、企业与消费者的关系、竞争者之间的竞争方式，以及企业间乃至产业间的分工协作方式等。以我国农业为例，家庭承包制、一体化经营、农业产业化等成为我国农业在不同发展时期的产业组织创新的尝试，构筑了传统农业向现代化农业演进的产业升级之路。

此外，产业组织创新与产业技术创新等密不可分。产业技术创新在很大程度上由产业组织创新的过程和产业组织创新的结果所驱动。技术创新是组织创新在技术方面的体现，组织创新是技术创新的有效载体，二者是相互促进的互动关系。具有创新活力且通过组织创新不断优化了的产业组织能最大限度地、系统地为产业技术创新配置资源，如资本资源、人力资源、环境资源等。因此，产业组织创新和产业技术创新共同成为产业不断适应外部竞争环境或者内部增强产业核心能力的关键。

四、社会习惯改变

在当今社会中，消费者和政府越来越强调经济行业应担负的社会责任，越来越注重工业化给社会带来的种种影响。这种日益增强的社会意识或社会倾向对许多行业已经产生了明显的作用。近年来，许多西方国家，特别是产品责任法最为严格的美国，在公众的强烈要求和压力下，纷纷对许多行业的生产及产品作出了种种限制性规定。例如，美国政府要求汽车制造商加固汽车保险杠，安装乘员安全带，改善燃油系统，提高防污染系统的质量等；医药行业也受到政府的专门管制，接受美国的仪器与药品管理委员会和消费者的监督。

防止环境污染、保持生态平衡目前已成为工业化国家的一个重要的社会趋势，在发展中国家也日益受到重视。现在发达国家的工业部门每年都要花费大量经费来研制和生产与环境保护有关的各种设备，以使工业排放的废物、废水和废气能够符合规定的标准。其他环境保护项目包括对有害物质（如放射性废料）和垃圾的处理等。

从上面的分析可知，社会倾向对企业的经营活动、生产成本和利润收益等方面都会产生一定的影响。

本章小结

- 行业基本面分析
  - 行业基本面分析概述
    - 行业的含义
    - 行业的分类
    - 行业的结构与行业竞争
    - 行业分析的意义
  - 行业的发展历程
    - 行业生命周期分析
    - 行业变迁与股价表现
  - 影响行业兴衰的主要因素
    - 技术进步
    - 产业政策
    - 产业组织创新
    - 社会习惯改变

课程思政

课程思政 1　　课程思政 2

课后练习题

一、单选题

1. 行业中主导性公司指的是（　　）。

A. 销售额在整个行业中占前几位的公司

B. 对外融资在整个行业中占前几位的公司

C. 净利润在整个行业中占前几位的公司

D. 固定资产投资在整个行业中占前几位的公司

2. 如果经济即将走向萧条，则具有吸引力的投资行业是（　　）。

A. 汽车行业　　B. 医疗服务行业

C. 建筑业　　D. A 和 C

3. 处于生命周期（　　）阶段的产业是蓝筹股的集中地，其证券价格一般呈现稳步攀升之势。

A. 幼稚　　B. 成长　　C. 成熟　　D. 衰退

4. 不属于防御性行业的是（　　）。

A. 食品业　　B. 耐用消费品生产

C. 制药公司　　D. 公共事业

5. 成长型行业、周期型行业、防御型行业、成长周期型行业的分类标准是（　　）。

A. 行业未来可预期的发展前景

B. 行业的发展与国民经济周期性变化的关系

C. 行业所采用技术的先进程度

D. 行业的要素集约度

6. 行业分析属于一种（　　）。

A. 微观分析　　B. 中观分析　　C. 宏观分析　　D. 三者兼有

7. 我国先行的国民经济行业分类采取（　　）。

A. 点分类法　　B. 面分类法

C. 线分类法　　D. 产业分类法

8. 上海证券交易所将上市公司分为（　　）。

A. 4 类　　B. 5 类　　C. 6 类　　D. 7 类

9. 完全竞争的根本特点是（　　）。

A. 产品无差异　　B. 生产资料完全流动

C. 生产者自由进出市场　　D. 消费者自由进出市场

10. 下列行业中属于典型的周期性行业的是（　　）。

A. 耐用品制造业　　B. 计算机行业

C. 食品业　　D. 公用事业

11. 在进行行业增长比较分析时，利用该行业的历年统计资料与国民经济综合指标进行对比，不能够做出的判断是（　　）。

A. 确定该行业是否属于周期性行业

B. 比较该行业的年增长率与国民生产总值、国内生产总值的年增长率

C. 计算各观察年份该行业销售额在国内生产总值中所占比重

D. 该行业内的市场结构

12. 政府实施管理的主要行业都是直接服务于公共利益，或与公共利益有密切联系的，如（　　）。

A. 信息行业　　B. 食品行业　　C. 微电子行业　　D. 金融行业

13.《上市公司行业分类指引》将上市公司共分成（　　）个门类。

A. 6　　B. 10　　C. 13　　D. 20

14. 遗传工程、太阳能等行业正处于行业生命周期的（　　）。
A. 幼稚期　B. 成长期　C. 成熟期　D. 衰退期

二、多选题

1. 深圳证券交易所将上市公司分为（　　）。
A. 工业、商业　B. 金融业、地产业
C. 运输业、地产业　D. 公用事业、综合类

2. 行业通常可分为（　　）这几种市场结构。
A. 完全竞争　B. 垄断竞争　C. 完全垄断　D. 寡头垄断

3. 不完全竞争市场的特点有（　　）。
A. 各种生产资料可以完全流动　B. 产品之间存在差异
C. 生产者对产品有一定控制能力　D. 生产的产品属于不同的种类

4. 根据行业与经济周期的关系，可以将行业分为（　　）。
A. 增长型行业　B. 周期型行业
C. 主动型行业　D. 防守型行业

5. 行业的生命周期分为（　　）。
A. 幼稚期　B. 成长期　C. 成熟期　D. 衰退期

6. 影响行业兴衰的主要因素有（　　）。
A. 社会进步　B. 技术进步
C. 政府政策　D. 产业组织创新

7. 下列行业中，属于政府管理，受政府影响的行业有（　　）。
A. 公用事业　B. 金融业（特别是银行）
C. 交通运输业　D. 高科技领域

8. 衡量增长型行业的常用方法有（　　）。
A. 行业增长与国民经济增长比较
B. 利用历史数据分析预测未来发展趋势
C. 利用市场约定俗成的有关分析
D. 参考国际经验数据

三、案例分析题

充电便利性不足是阻碍消费者选择购买新能源汽车最重要的因素。一般来说，油车加油时间仅需几分钟，而电车即便是快充也要半个小时到一个小时，二者补能体验目前差距较大。为了解决电车补能不够便捷的问题，政府正在大力推广直流充电桩的建设，行业中各企业也正在采取新的技术手段更新充电技术，其中高压快充与液冷散热是充电桩行业的两个发展趋势。

1. 高压快充带动更快充电效率

相对于慢充而言，快充特点是功率更高、充电更快。当前国家电网公司快充充电桩功率一般有 60 kW、120 kW，充满带电量 60 度电最多需要一个小时，而慢充则一般只有 7 kW，充满需要约八个小时；此外，决定充电桩盈利能力的主要是运营的利用率，据测算，功率越高的充电桩达到盈亏平衡所需要的时间越少，据统计，30 kW 充电桩需要达到 10% 以上的利用率，而 120 kW 充电桩仅需 7% 左右的利用率就可盈亏平衡，这也是厂商推广高功率直流快充的原因之一。

直流快充技术路线方面，目前国内车企更偏好高压快充，即提高充电电压的方式。目前受限于 IGBT 功率器件的耐压能力，车企普遍采取的是 400 V 电压平台，充电功率可达到 100 kW；保时捷、小鹏等车企采取 800 V 电压平台，充电功率分别达到 300 kW、480 kW，后者能够在 15 分钟内将电量从 10% 充到 80%，可实现充电 5 分钟，续航 200 公里，进一步缩短补能差距；据媒体报道，华为已经研发出了 1 000 V 电压平台的充电桩，最高充电效率可达 600 kW。截至 2023 年 4 月，充电联盟成员公司上报公共充电桩共计 202.5 万台，其中直流充电桩 85.5 万台，占 42%，而公共充电桩占比约 40%，意味着直流快充桩仅占比约 16%，需求有明显的提升空间。

2. 液冷散热性能更好

液冷快充即在电缆和充电枪之间设置一个专门的液体循环通道，通道内加入起散热作用的液冷却液，通过动力泵推动冷却液循环，从而把充电过程中产生的热量带出来；系统功率部分采用液冷散热，不与外界空气进行接触，可做到 IP65 防护等级，安全性更高、噪声更小，维护成本更低。

效率方面，充电桩的输出功率受限于充电枪线，采用液冷散热的充电枪，可以采用很细的电缆。由于电缆的发热与电流的平方成正比，充电电流越高，发热越多，降低发热需要增加导线的横截面积，那么线缆就更重，对手持很不友好，采用液冷充电枪则可以减重 30%～40%。

全液冷充电桩采用液冷充电模块，液冷模块正面及背面无任何风道，模块靠液冷板内部循环的冷却液与外界进行热交换，从而可以实现充电桩功率部分全封闭设计。充电桩体内的液冷充电模块、电气配件等不与外界环境接触，从而可以实现 IP65 的防护，可靠性更高。同时，传统风冷充电桩内置高转速小风扇，运行噪声很大，夜晚充电会影响周边居民，液冷充电桩则没有这个问题。

请结合新能源充电桩的技术趋势，对整个行业的投资价值进行分析。

第三章 公司基本面分析

学习目标

一、知识目标

- 能够列举公司分析的主要内容；
- 能够识别上市公司的行业地位、所属区位、公司产品、经营能力等；
- 能够陈述公司重大事项的基本范围。

二、能力目标

- 能够辨识上市公司的基本特点；
- 能够分析上市公司的行业地位。

三、素质目标

- 能够具备一定的宏观统筹、辩证思维、系统思考的能力，培养严谨的专业态度和精益求精的职业道德；
- 能够做理性的投资人，回归价值投资，从证券交易中领悟自然规律和人生哲理。

教学案例

股民小张炒股时以长线为主，他也经常看一些股评帮助他选股。这次，他选定了以下几只股票：海螺水泥、比亚迪、贵州茅台、国新能源。请你从专业的角度帮助小张分析，应该在上述几只股票中选择哪只股票进行投资。

第一节 公司基本分析

投资者进行投资决策前离不开对公司的基本分析，通过基本分析，投资者能够对公司行业地位、区位、公司产品、公司的经营能力等方面进行全面的了解，进而为投资者进行正确的投资决策提供依据。

一、公司行业地位分析

公司的行业地位决定了公司在整个行业中所处的竞争水平，衡量公司行业地位主要有以下三个指标。

（一）年销售额及其增长率

年销售额是衡量一个公司在同行业中相对竞争地位的综合指标。一般来说，年销售额越大，说明公司竞争能力越强，对市场影响力越大。年销售额的增长率则动态反映了公司销售额的变动情况，增长率越高，说明公司的成长性越好。因此，投资者往往优先选择年销售额增长速度较高的公司进行投资。

（二）市场占有率

市场占有率也能说明公司在行业中所处的地位。市场占有率越高，公司对市场的影响力越大，公司的竞争力也越强。在分析公司的市场占有率时，不仅要关注当前的市场占有率，还应该结合年销售额进行综合分析，只有当公司的销售额处于长期稳定增长的状态时，高市场占有率才代表公司的竞争力强。

（三）公司的盈利能力

公司的盈利是指销售收入减去成本费用后的余额。一般来说，在其他条件不变时，销售额上升，公司的盈利也会增加；如果销售额不变，则成本费用的下降也会导致公司盈利增加。只有盈利能力较强的公司才具有较强的竞争能力。

二、公司区位分析

区位也称为经济区位，是指地理范畴上的经济增长带或经济增长点及其辐射范围，是资本、技术和其他经济要素高度集聚和经济快速发展的地区。通过对上市公司所处的区位进行分析，可以判断上市公司发展的优势和后劲，确定上市公司的发展前景以及投资价值。

（一）区位内的自然条件和基础条件

区位内的自然条件和基础条件包括矿产资源、水资源、能源、交通、通信设施等，这些条件对于区位内上市公司的发展非常重要，公司从事的行业一定要和当地的自然条件和基础条件相符，否则，公司的发展就会受到很大的制约。例如，在矿产资源稀缺的地区从事矿产冶炼等相关项目，其项目的发展前景就会受到限制。

（二）区位内政府的产业政策和其他相关政策支持

为了进一步促进区位经济的发展，当地政府一般会制定相应的经济发展战略规划，颁布相应的产业政策，确定区位优先发展和扶持的产业，并给予一定的财政、信贷和税收的优惠支持，这些政策有利于推动相应产业的发展。区位内上市公司可以利用相关政策条件取得更好的经营效益。

（三）区位内的比较优势和特色

区位内的比较优势和特色是指本区位经济与区位外经济的联系和互补性、龙头作用以及发展活力和潜力的比较优势，是相对于区位外而言的，主要包括经济发展环境、经济发展条件和水平等区别于其他区位的特色。特色在某种程度上意味着优势，利用自身的优势发展本区位的经济，能够促进上市公司的发展。

三、公司产品分析

产品是公司获取收入并实现利润的主要载体，其市场认可度和竞争力直接决定了公司的盈利能力和竞争能力。公司的产品要在激烈的市场竞争中取胜，就必须有其独特优势。

（一）成本优势

成本优势是指公司的产品依靠低成本获得高于同行业其他企业的盈利。换言之，就是指公司通过规模经济、专有技术、廉价劳动力等手段降低生产成本以获得同其他竞争公司相比更低的产品价格，从而增加其销量。成本优势往往是决定公司竞争优势的关键因素。如果公司可以以较低的成本生产出与竞争对手价值相当或者相近的产品，那么只要把价格控制在行业平均水平，公司就能获得优于平均水平的经营业绩。

（二）技术优势

技术优势是指公司拥有比同行业其他竞争对手更强的技术实力及研究与开发新产品的能力。技术优势的建立和维持一般是通过产品的创新来实现的。产品的创新一般包括：①研制出新的核心技术，设计出新的产品；②研究出新的工艺，降低现有生产成本；③根据细分市场进行产品细分，实行差异化生产。除此之外，技术创新还包括创新型人才，很多上市公司对于人才都非常重视，在激烈的市场竞争中，谁能抢占“智力资本”的制高点，谁就有决胜机会。

（三）质量优势

质量优势是指公司的产品以高于其他公司同类产品的质量赢得市场，从而取得竞争优势。质量是产品信誉的保证，只有高质量的产品才能赢得消费者的信赖。不断提升公司产品的质量是提高公司产品竞争力的有效方法，尤其是在与其他同类产品公司成本相差不大的情况下，具有质量优势的公司往往会在该行业中占据优势地位。

四、公司经营能力分析

公司的经营能力直接影响到公司的盈利能力，进而影响投资者的选择。一般而言，经营能力水平较高的上市公司往往会受到投资者的追捧，而经营能力较差的公司则往往不被投资者看好。因而对公司的经营能力的分析显得尤为重要。

（一）公司法人治理结构分析

公司法人治理结构有狭义和广义之分。狭义的法人治理结构是指有关公司董事会的功能、结构和股东的权利等方面的制度安排；广义的法人治理结构是指有关企业控制权和剩余索取权分配的一整套法律、文化和制度安排，包括人力资源管理、收益分配和激励机制、财务制度、内部制度和管理等。健全的公司法人治理机制至少应该具备以下特征：第一，规范的股权结构。规范的股权结构包含降低股权集中度、适度集中的流通股股权和股权的普遍流通性。第二，完善的独立董事制度。独立的董事制度有利于董事会对公司的经营决策作出独立的判断。第三，监事会的独立和监督责任。一方面，应该巩固监事会的地位，增强监督制度的独立性，加大监督的力度，限制大股东提名监事候选人和监事会召集人；另一方面，应该加大监事会的监督责任。第四，相关利益人的公共治理。相关利益人包括员工、债权人、供应商和客户等主要利益相关人。相关利益人共同参与的共同治理机制可以有效地建立公司外部治理结构，弥补公司内部治理机制的不足。

（二）公司员工的素质和能力分析

素质是指一个人的品质、性格、学识、能力、体质等各方面特性的总和。公司中员工的素质和能力常常对该公司的经营管理状况起到重要的作用。

1. 决策层

决策层是公司的最高权力机构，负责制定公司的经营目标和发展方向。决策的正确与否决定着公司的盈利状况，因此，决策层应具备较高的企业管理能力、丰富的工作经验和良好的经济素养，具有清晰的战略思维和良好的综合判断能力，能在复杂多变、竞争激烈的环境中运筹帷幄，决胜千里。同时，他们应该具备较强的法治观念，严格按照国家的法律法规及政策行事，保证公司合法经营。

2. 管理层

管理层是公司的核心力量，负责决策层制定的战略的具体实施。公司管理层的素质是决定公司能否取得成功的一个重要因素。在一定意义上，是否有优秀的经理人和管理层直接决定着公司的经营成果。对经理人员的素质分析是公司分析的重要组成部分。一般而言，公司的经理人应该具备如下素质：一是从事管理工作的愿望；二是专业技术能力；三是良好的道德品质修养；四是人际关系协调能力。

3. 执行层

执行层是公司的基本层。公司的经营过程必须通过执行人员直接操作实施加以完成。因此，执行层人员的素质也对公司的发展具有重要的作用。公司的员工应该具备如下素质：专业技术能力、对公司的忠诚度及责任感、团队合作精神和创新能力等。对员工的素质进行分析可以判断该公司发展的持久力和创新能力。

（三）公司管理风格和经营理念分析

管理风格是公司在管理过程中一贯坚持的原则、目标及方式的总称。经营理念是公司发展一贯坚持的一种核心思想，是公司员工坚守的基本信条，也是公司制定战略目标及实施战术的前提条件和基本依据。

一般而言，公司的管理风格和经营理念包括稳健型和创新型两种。稳健型公司的特点是以稳健为核心，一般不会轻易对现行的管理风格和经营理念进行较大的改变，公司保持着平稳的发展趋势，较少出现大起大落的情况，但是也难以获得超额利润，甚至可能会错失发展良机。创新型公司的特点是以创新为核心，公司在经营过程中不断开拓创新，寻求新的利润增长点。因此，创新型公司有可能在行业中率先崛起，获得超额利润，但是创新并不意味着一定能够成功，激进式的创新也可能导致公司经营受挫。

（四）公司经营效率分析

对公司经营活动效率的分析应重点评价以下内容：经营人员的整体观念和奉献精神，经营人员的开拓能力和应变能力，经营人员的业务精通程度和效益意识，经营人员的工作效率和工作业绩，以及经营人员的职业道德和进取精神。

（五）公司内控机制效率分析

公司内部应当建立完善的管理制度，并严格执行相关的办事程序和行为准则。科学有效的管理制度是公司成功的基础。考察公司的管理制度时，可根据公司的具体经营目标，了解公司内部各项规章制度是否完善、是否切实可行、员工能否遵守，了解各部门是否都有自己的办事程序、分工是否明确、职责是否清楚、权利是否享受、义务是否履行等。根据这些情况对公司内部调控机制作出总体评价。

第二节 公司重大事项分析

公司重大事项包括公司重大事件公告、公司的资产重组与兼并、上市公司的增持与回购等。

一、公司重大事件公告

（一）关于股票的重大事件

发生可能对上市公司、股票在国务院批准的其他全国性证券交易场所交易的公司的股票交易价格产生较大影响的重大事件，投资者尚未得知时，公司应当立即将有关该重大事件的情况向国务院证券监督管理机构和证券交易场所报送临时报告，并予公告，说明事件的起因、目前的状态和可能产生的法律后果。

关于股票的重大事件包括：

（1）公司的经营方针和经营范围的重大变化；

（2）公司的重大投资行为，公司在一年内购买、出售重大资产超过公司资产总额百分之三十，或者公司营业用主要资产的抵押、质押、出售或者报废一次超过该资产的百分之三十；

（3）公司订立重要合同、提供重大担保或者从事关联交易，可能对公司的资产、负债、权益和经营成果产生重要影响；

（4）公司发生重大债务和未能清偿到期重大债务的违约情况；

（5）公司发生重大亏损或者重大损失；

（6）公司生产经营的外部条件发生的重大变化；

（7）公司的董事、三分之一以上监事或者经理发生变动，董事长或者经理无法履行职责；

（8）持有公司百分之五以上股份的股东或者实际控制人持有股份或者控制公司的情况发生较大变化，公司的实际控制人及其控制的其他企业从事与公司相同或者相似业务的情况发生较大变化；

（9）公司分配股利、增资的计划，公司股权结构的重要变化，公司减资、合并、分立、解散及申请破产的决定，或者依法进入破产程序、被责令关闭；

（10）涉及公司的重大诉讼、仲裁，股东大会、董事会决议被依法撤销或者宣告无效；

（11）公司涉嫌犯罪被依法立案调查，公司的控股股东、实际控制人、董事、监事、高级管理人员涉嫌犯罪被依法采取强制措施；

（12）国务院证券监督管理机构规定的其他事项。

（二）关于债券的重大事件

发生可能对上市交易公司债券的交易价格产生较大影响的重大事件，投资者尚未得知时，公司应当立即将有关该重大事件的情况向国务院证券监督管理机构和证券交易场所报送临时报告，并予公告，说明事件的起因、目前的状态和可能产生的法律后果。

关于债券的重大事件包括：

（1）公司股权结构或者生产经营状况发生重大变化；

（2）公司债券信用评级发生变化；

（3）公司重大资产抵押、质押、出售、转让、报废；

（4）公司发生未能清偿到期债务的情况；

（5）公司新增借款或者对外提供担保超过上年末净资产的百分之二十；

（6）公司放弃债权或者财产超过上年末净资产的百分之十；

（7）公司发生超过上年末净资产百分之十的重大损失；

（8）公司分配股利，作出减资、合并、分立、解散及申请破产的决定，或者依法进入破产程序、被责令关闭；

（9）涉及公司的重大诉讼、仲裁；

（10）公司涉嫌犯罪被依法立案调查，公司的控股股东、实际控制人、董事、监事、高级管理人员涉嫌犯罪被依法采取强制措施；

（11）国务院证券监督管理机构规定的其他事项。

在刊登澄清公告时，首先要说明“根据国务院《股票发行与交易管理暂行条例》第61条‘在任何公共传播媒介中出现的消息可能对上市公司股票的市场价格产生误导性影响时，该公司知悉后应立即对该消息作出公开澄清’的规定，对新闻媒介提到的某事特作如下说明”，接着叙述事件，之后要注明“以上内容已书面报告中国证监会”。公告最后要注明公司名称以及公告的日期。

若公司发布警告性公告，公告题目应标明本公告是警告性公告。公告内容一是就某事向公司股东及广大投资者的声明；二是表示做出该警告性公告的目的，如“公开、公平、公正”，规范披露信息等；三是注明该公告的披露履行了信息披露义务，其对公司股票价格的影响由投资者自行判断；最后要注明公司名称以及公告日期。

由于普通股民获取信息的不对称，对股价的判断也往往比较简单。而上市公司的重要事项直接影响到公司股票的市场表现。所以，投资者应经常有意识地去获取有关这些方面的信息，以便从蛛丝马迹中发现新的市场机会。

二、公司的资产重组与兼并

资产重组作为公司资本经营的重要内容，已成为国有企业深化改革的热点。在中国资本市场深化发展的背景下，公司资产重组是企业资产（主要是存量资产）优化组合、社会资源优化配置的一种必然选择，公司进行资产重组可以壮大自身实力，实现社会资源优化配置，提高经济运行效率。

（一）并购的优点

（1）与公司自身积累相比，公司并购能够在短期内迅速实现生产集中和经营规模化；

（2）有利于减少同一产品的行业内过度竞争，提高产业组织效率；

（3）与新建一个公司相比，公司并购可以减少资本支出；

（4）有利于调整产品结构，淘汰劣势产品，加强支柱产业形成，促进产品结构的调整；

（5）有利于实现公司资本结构的优化，在国家产业政策指导下，公司并购可以实现国有资产的战略性重组，使国有资本的行业分布更为合理。

（二）并购的类型

1. 大型非上市公司入驻小型上市公司

这实质上是一种“借壳上市”或“买壳上市”的方式。由于上市条件非常严格，上市公司作为“壳资源”是非常受实力雄厚的大公司青睐的，大型非上市公司可以借此快速实现上市的目的。例如，2018 年 2 月，奇虎 360 借壳江南嘉捷上市成功。

2. 上市公司内部资产重组或资产置换

一些上市公司由于经营业绩不佳，但又不想出让控股权，为达到国家规定的增资配股的条件可以通过资产剥离和资产置换，将一些不良资产剥离出去，并注入一些成长性很强的优质资产来提高上市公司的业绩。

3. 上市公司兼并收购非上市公司

这种方式也是很普遍的，由于上市公司实力雄厚，他们可以通过兼并和收购非上市公司来达到扩大自身规模的目的。例如，2020 年 10 月 19 日，阿里巴巴在港交所公告显示，已同意透过其子公司淘宝中国投资总计约 280 亿港元（36 亿美元）收购吉鑫控股有限公司的合共 70.94% 股权，成为其控股股东，至此阿里巴巴成为大润发的控股公司。

（三）并购的局限性

上述三种类型的资产重组，与成熟市场经济国家的公司重组相比，表现出很强的局限性和不足。

1. 政府在公司重组中的作用带有明显的计划经济痕迹

政府通过各种优惠政策，鼓励公司并购。地方本着“多并购，少破产”的原则，制定一系列的政策来鼓励并购。

2. 资产重组仍然有搞“圈钱运动”的嫌疑

部分上市公司或母公司进行重组仅仅是为了达到配股的最低标准，短期行为较严重，真正以转换经营机制、实现资源优化配置为目的的资产重组较少。这样的资产重组可能会成为炒作的题材，但整个社会的实际生产并没有增加，股市持久发展缺乏坚实的基础。

3. 资本市场法治建设严重滞后

除了现有的《中华人民共和国公司法》，市场上缺乏对当前资本经营的指导性法规，一些现有的法规相互摩擦现象，给资产重组的非规范运作创造了机会。

从国际经验看，虽然并购在一定程度上能够促使公司实现超常发展，但是也容易出现各种风险，公司在兼并热潮中必须保持高度冷静，应站在国民经济和公司自身战略性发展的高度看待兼并重组，提高运作质量。

三、上市公司的增持与回购

上市公司增持与回购的主要作用是稳定股价、提升信心。上市公司回购或增持股份的原因有四个方面：①增加每股收益和每股净资产，提升股东价值；②提高公司的经营杠杆比例；③因个人避税方面的原因，红利税低于资本利得税；④管理层将股份回购作为一种信号，向投资者表明公司的股票被低估。在实践中，上市公司回购或者增持股份的原因主要是第四种。

增持与回购对股价的影响长期不显著但短期显著。增持和回购虽然可以从财务的角度来改变股东价值，但是并不能改变上市公司的宏观背景，所以这种资本运作很难使得股价获得长期支撑，故增持与回购不改变股价的长期走势。

增持可能成为普遍现象，但是回购并不一定能普遍实施，主要原因可能是公司治理的问题。不少外资企业持有银行股的股权，如果采取回购措施，可能使得外资持股比例过高，影响国家控股。另外，中小企业目前增持的比例较小，未来中小板的增持可能主要集中在持股比例较低的公司中。

本章小结

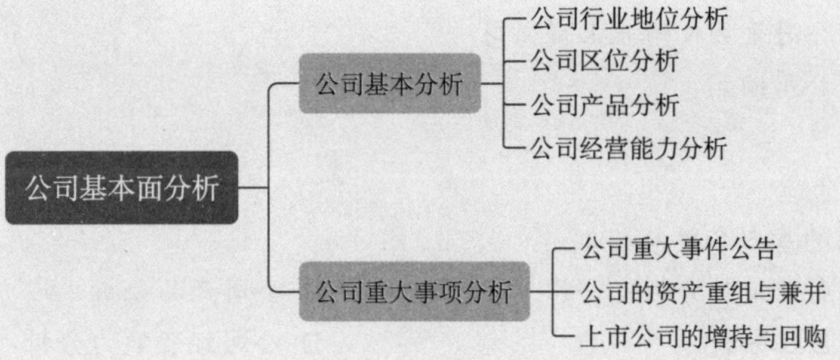

课程思政

课程思政

课后练习题

一、单选题

1. 对一个公司在同行业中的竞争地位进行评定的标准不包括（　　）。

A. 年销售额或年收入额　　B. 销售额或收入额的增长

C. 销售额的确定性　　D. 净利润

2.（　　）指公司的产品依靠降低成本获得高于同行业其他企业的盈利能力。

A. 成本优势　　B. 技术优势

C. 质量优势　　D. 价格优势

3. 公司管理人员的素质和能力分析不包括（　　）。

A. 从事管理工作的愿望　　B. 专业技术能力

C. 良好的道德品质修养　　D. 创新能力

4.（　　）是指公司在管理过程中一贯坚持的原则、目标及方式等方面的总称。

A. 管理风格　　B. 经营理念

C. 综合能力　　D. 专业技术能力

5. 并购的类型不包括（　　）。

A. 大型非上市公司入驻小型上市公司

B. 上市公司内部资产重组或资产置换

C. 上市公司兼并收购非上市公司

D. 上市公司回购

二、多选题

1. 公司的基本分析包括（　　）。

A. 公司行业地位分析　　B. 公司产品分析

C. 公司区位分析　　D. 公司经营能力分析

2. 公司重大事件公告包括（　　）。

A. 公司的经营方针或经营范围发生重大变化

B. 公司发生重大债务

C. 公司资产遭受重大损失

D. 公司进入清算、破产状态

3. 上市公司增持或回购股份的原因有（　　）。

A. 增加每股收益和每股净资产，提升股东价值

B. 提高公司的经营杠杆比例

C. 因个人避税方面的原因，红利税低于资本利得税

D. 管理层将股份回购作为一种信号，向投资者表明公司的股票被低估

4. 并购的局限性的有（　　）。

A. 政府在公司重组过程中的作用带有明显的计划经济痕迹

B. 资产重组仍然有搞“圈钱运动的嫌疑”

C. 资本市场法治建设严重滞后

D. 与新建公司相比，并购可以减少资本支出

三、判断题

1. 公司的年销售额是衡量一个公司在同行业中的相对竞争地位的一个重要标准。（　　）

2. 董事长、20% 以上的董事或者总经理发生变动属于公司的重大事件。（　　）

3. 公司业务人员的素质对公司的发展作用不大。（　　）

4. 区位内的自然条件和基础条件包括矿产资源、水资源、能源、公共交通等。（　　）

5. 公司一般通过规模经济、专有技术、优惠的原材料和廉价的劳动力实现成本优势。（　　）

6. 公司规模变动特征与扩张潜力与其所处的行业发展阶段、市场结构、经营战略等无关。（　　）

7. 警告性公告应在标题中标明是警告性公告。（　　）

8. 并购可以实现公司资本结构的优化。（　　）

9. 公司的经营管理能力分析包括对公司盈利的预测。（　　）

10. 在对一家公司进行基本分析时，只需要分析其盈利能力。（　　）

四、简答题

1. 公司的区位分析包含哪些内容？

2. 公司的产品分析包含哪些内容？

3. 公司的增持与回购有哪些影响？

五、案例分析题

比亚迪股份有限公司，简称比亚迪（002594），属于汽车制造业，主要业务涉及二次充电电池业务、手机部件及组装、传统燃油汽车及新能源汽车业务，截至 2022 年 10 月，公司的总股份 29.11 亿股，每股收益 1.24 元，每股净资产 33.19 元，利润总额 46.41 亿元。

请回答以下问题：

（1）分析该公司的行业特点，该行业属于朝阳行业还是夕阳行业？
（2）分析该公司的产品特点，其投资价值如何？
（3）从该公司的股本结构来看，该公司适合投资还是投机策略？

第四章 公司财务分析

学习目标

一、知识目标

- 能够列举公司财务分析的主要内容；
- 能够识别各种财务指标的计算方法。

二、能力目标

- 能够分析上市公司的财务状况；
- 能够计算上市公司的财务指标。

三、素质目标

- 能够树立遵纪守法、诚信为本的职业道德；
- 能够树立正确的价值投资理念，具备合法合规的职业操守。

教学案例

2020 年 4 月 2 日，瑞幸咖啡主动发布公告：公司首席运营官刘剑及其部分下属员工从 2019 年第二季度开始从事某些不当行为，伪造交易相关的销售额约 22 亿元，该事件在资本市场上引发了强烈反响。大家可以思考一下：瑞幸为什么要财务造假？瑞幸财务造假的手段高明吗？审计师在此造假事件中是否应该承担责任？

第一节 财务报表的内容

财务分析是公司分析中一项非常重要的内容，投资者通过对公司的财务指标进行分析和比较，能够全面地掌握公司的财务状况和运营情况，并判断公司未来的发展前景，为投资者做出正确的投资决策提供依据。

一、资产负债表

（一）资产负债表的内容

资产负债表是反映公司在某一特定日期全部资产、负债和所有者权益情况的会计报表。它表明企业在某一特定日期所拥有或控制的经济资源、所承担的现有义务和所有者对净资产的要求权，是企业经营活动的静态体现，可以反映企业在一定时点的财务水平。资产负债表是根据“资产 = 负债 + 所有者权益”这一平衡公式，依照一定的分类标准和一定的次序，将某一特定日期的资产、负债、所有者权益的具体项目予以适当的排列编制而成。通过资产负债表，投资者可以很清楚地了解公司在特定日期的资产结构、负债结构及所有者权益情况。此外，还可以通过资产负债表计算出相应的财务指标，为分析公司的财务状况提供基本资料。

（二）资产负债表的结构

我国资产负债表主要是账户式结构，报表分为左右两栏，资产在左侧，负债和所有者权益在右侧。具体见表 4-1。

表 4-1　资产负债表

编制单位：　　　　年　月　日　　　　单位：万元

资产	期末余额	期初余额	负债和所有者权益（或股东权益）	期末余额	期初余额
流动资产：			流动负债：		
货币资金			短期借款		
交易性金融资产			交易性金融负债		
应收票据			应付票据		
应收账款			应付账款		
预付账款			预收账款		
应收利息			应付职工薪酬		
应收股利			应交税费		
其他应收款			应付利息		
存货			应付股利		
一年内到期的非流动资产			其他应付款		
其他流动资产			一年内到期的非流动负债		
流动资产合计			其他流动负债		

（续表）

资产	期末余额	期初余额	负债和所有者权益（或股东权益）	期末余额	期初余额
非流动资产：			流动负债合计		
可供出售金融资产			非流动负债：		
持有至到期投资			长期借款		
长期应收款			应付债券		
长期股权投资			长期应付款		
投资性房地产			专项应付款		
固定资产			预计负债		
在建工程			递延所得税负债		
工程物资			其他非流动负债		
固定资产清理			非流动负债合计		
生产性生物资产			负债合计		
油气资产			所有者权益（或股东权益）：		
无形资产			实收资本		
开发支出			资本公积		
商誉			减：库存股		
长期待摊费用			盈余公积		
递延所得税资产			未分配利润		
其他非流动资产			所有者权益（或股东权益）合计		
非流动资产合计					
资产总计			**负债和所有者权益（或股东权益）总计**		

二、利润表

（一）利润表的内容

利润表是反映公司一定会计期间内生产经营成果的会计报表，可以反映公司的盈利能力。公司一定会计期间的经营成果既可能表现为盈利，也可能表现为亏损，因此，利润表也被称为损益表，它是一种动态报告，全面揭示了公司在某一特定时期实现的各种收入、发生的各种费用、成本或支出，以及公司实现的利润或发生的亏损情况。通过利润表，投资者可以了解公司利润的主要来源和构成，帮助投资者判断公司经营的好坏以及未来的发展趋势，为投资者做出正确决策提供参考。

（二）利润表的结构

利润表的格式有两种：单步式利润表和多步式利润表。单步式利润表是将当期所有的收入列在一起、所有的费用列在一起，二者相减得出当期净损益。多步式利润表是通过对当期的收入、费用、支出项目按性质加以归类，按利润形成的主要环节列示一些中间性利润指标，如营业利润、利润总额、净利润，分步计算当期净损益。具体见表 4-2。

表 4-2　利润表

编制单位：　　　　　　　　　　年　月　　　　　　　　　　单位：万元

项目	本期金额	上期金额
一、营业收入		
减：营业成本		
营业税金及附加		
销售费用		
管理费用		
财务费用		
加：公允价值变动收益（损失以“—”号填列）		
投资收益（损失以“—”号填列）		
其中：对联营企业和合营企业的投资收益		
资产减值损失（损失以“—”号填列）		
二、营业利润（亏损以“—”号填列）		
加：营业外收入		
减：营业外支出		
其中：非流动资产处置损失		
三、利润总额（亏损总额以“—”号填列）		
减：所得税费用		
四、净利润（净亏损以“—”号填列）		
五、每股收益		
（一）基本每股收益		
（二）稀释每股收益		
六、综合收益总额		
（一）其他综合收益		
（二）综合收益总额		

三、现金流量表

（一）现金流量表的内容

现金流量表是反映是公司在一定会计期间内现金和现金等价物流入和流出的报表，包括了公司经营活动、筹资活动和投资活动三个部分的内容，能够很全面地反映公司的现金流变动情况，在一定程度上弥补了资产负债表和利润表的不足，为预测公司的未来现金流量提供了有力依据。

（二）现金流量表的结构

现金流量表主要分为经营活动产生的现金流量、投资活动产生的现金流量和筹资活动产生的现金流量三个部分内容，并且每一部分内容又细分为不同的项目。具体见表 4-3。

表 4-3 现金流量表

编制单位： 年 月 单位：万元

项目	本期金额	上期金额
一、经营活动产生的现金流量：		
销售商品、提供劳务收到的现金		
收到的税费返还		
收到的其他与经营活动有关的现金		
经营活动现金流入小计		
购买商品、接受劳务支付的现金		
支付给职工以及为职工支付的现金		
支付的各项税费		
支付的其他与经营活动有关的现金		
经营活动现金流出小计		
经营活动产生的现金流量净额		
二、投资活动产生的现金流量：		
收回投资所收到的现金		
取得投资收益所收到的现金		
处置固定资产、无形资产和其他长期资产所收回的现金净额		
处置子公司及其他营业单位收到的现金净额		
收到的其他与投资活动有关的现金		

（续表）

项目	本期金额	上期金额
投资活动现金流入小计		
构建固定资产、无形资产和其他长期资产所支付的现金		
投资所支付的现金		
取得子公司及其他营业单位支付的现金净额		
支付的其他与投资活动有关的现金		
投资活动现金流出小计		
投资活动产生的现金流量净额		
三、筹资活动产生的现金流量：		
吸收投资所收到的现金		
取得借款所收到的现金		
收到的其他与筹资活动有关的现金		
筹资活动现金流入小计		
偿还债务所支付的现金		
分配股利、利润或偿付利息所支付的现金		
支付的其他与筹资活动有关的现金		
筹资活动现金流出小计		
筹资活动产生的现金流量净额		
四、汇率变动对现金及现金等价物的影响		
五、现金及现金等价物净增加额		
补充资料：		
1. 将净利润调节为经营活动现金流量：		
净利润		
加：计提的资产减值准备		
固定资产折旧		
无形资产摊销		
长期待摊费用摊销		
处置固定资产、无形资产和其他长期资产的损失（收益以“—”号填列）		
固定资产报废损失（收益以“—”号填列）		

（续表）

项目	本期金额	上期金额
公允价值变动损失（收益以“—”号填列）		
财务费用（收益以“—”号填列）		
投资损失（收益以“—”号填列）		
递延所得税资产减少（增加以“—”号填列）		
递延所得税负债增加（减少以“—”号填列）		
存货的减少（增加以“—”号填列）		
经营性应收项目的减少（增加以“—”号填列）		
经营性应付项目的增加（减少以“—”号填列）		
其他		
经营活动产生的现金流量净额		
2. 不涉及现金收支的重大投资和筹资活动：		
债务转为资本		
一年内到期的可转换公司债券		
融资租入固定资产		
3. 现金及现金等价物净增加情况：		
现金的期末余额		
减：现金的期初余额		
加：现金等价物的期末余额		
减：现金等价物的期初余额		
现金及现金等价物净增加额		

第二节　财务比率分析

财务比率分析也叫财务指标分析，它根据同一时期财务报表中两个或多个项目之间的关系，计算其比率，以评价公司的财务状况和经营成果。单一的财务比率分析并不具有很大的意义，应该结合公司历年的财务数据、行业背景以及主要竞争对手的发展状况进行分析。财务比率分析覆盖了公司管理的各个方面，综合来说，主要有偿债能力、营运能力、盈利能力、投资收益以及现金流量分析等几个方面。

一、偿债能力分析

公司的偿债能力是指公司偿还各种到期债务的能力，如果公司的债务结构不合理，导致公司无法偿还到期债务，就有可能陷入财务危机。

（一）短期偿债能力

1. 流动比率

流动比率是流动资产对流动负债的比率，用来衡量公司流动资产在短期债务到期以前可以变为现金用于偿还负债的能力。计算公式如下：

流动比率 = 流动资产 ÷ 流动负债

一般认为，流动比率为 2 是比较合理的，但也没有绝对的标准，不同行业的流动比率通常会有一定的差别，在分析流动比率时，应该和公司历史和行业的平均水平进行比较，如果发现公司的流动比率和去年相比发生较大变动，或和行业平均水平相差较远，就应该对流动比率进行具体分析，找出原因。当然，流动比率也不是越高越好，较高的流动比率说明公司没有充分利用其现金，或者公司存货过多，因此，流动比率高不能反映公司的财务状况好，还应该结合公司的营业周期、流动资产中的应收账款数额和存货周转速度等因素进行分析。

2. 速动比率

速动比率又称“酸性测验比率”，是指速动资产对流动负债的比率，用来衡量公司流动资产中可以立即变现用于偿还流动负债的能力。计算公式如下：

速动资产 = 流动资产 − 存货

速动比率 = 速动资产 ÷ 流动负债

速动资产是流动资产扣除存货的那部分资产，如现金、有价证券、应收账款及预付账款等。之所以要扣除存货，是因为存货的变现速度是最慢的。和流动比率一样，速动比率的大小也没有统一的标准，虽然人们通常认为速动比率为 1 比较合理，但是由于不同行业之间存在差异，不能局限于 1 来进行分析。例如，有些公司采用的是现金销售，不产生应收账款，其速动比率就会远大于 1，这也是正常的。

3. 现金比率

现金比率通过计算公司现金以及现金等价资产总量与当前流动负债的比率，来衡量公司资产的流动性。现金比率相对于流动比率和速动比率来说是最保守的，因为现金比率度量的资产是流动性最强的、可以直接偿债的资产。计算公式如下：

现金比率 =（货币资金 + 有价证券）÷ 流动负债

（二）长期偿债能力

1. 资产负债率

资产负债率是负债总额与资产总额的比率，可以衡量公司能够在多大程度上保护债权人的权益。计算公式如下：

$$资产负债率 = 负债总额 \div 资产总额 \times 100\%$$

该比率越低，公司的偿债能力越强，债权人就越安全。如果该比率过高，债权人就可能遭受损失，如果比率超过 100%，则表明公司已经资不抵债了，债权人面临的风险非常大。

2. 产权比率

产权比率是负债总额与所有者权益总额的比率，是为评估资金结构合理性的一种指标。该比率的高低反映了股东所持股权的多少，也是衡量公司长期偿债能力的指标之一。计算公式如下：

$$产权比率 = 负债总额 \div 股东权益 \times 100\%$$

该比率越高，表明自有资本占总资产的比重越小，偿债能力越弱。

3. 权益乘数

权益乘数是总资产与股东权益的比率。权益乘数与产权比率是资产负债率的另外两种表现形式，是反映公司财务杠杆水平的指标。负债比率越大，则权益乘数越高。计算公式如下：

$$权益乘数 = 总资产 \div 股东权益$$

4. 利息保障倍数

利息保障倍数反映支付利息的利润来源（息税前利润）与利息支出之间的关系，该比率越高，长期偿债能力越强。国际上通常认为，该比率为 3 时比较合适，从长期看至少应该大于 1，当该比率为负时没有意义。计算公式如下：

$$利息保障倍数 = 息税前利润 \div 利息费用 =（利润总额 + 利息费用）\div 利息费用$$

其中，息税前利润 = 净利润 + 利息费用 + 所得税。

【例 4-1】 宁德时代主要从事动力电池、储能电池和电池回收利用产品的研发、生产和销售，是全球领先的动力电池和储能电池企业。根据宁德时代 2022 年的财务报表，其流动资产为 38 773 485.7 万元，流动负债为 29 576 141.93 万元，存货为 7 666 889.88 万元，现金资产为 19 104 340.95 万元，股东权益为 17 690 916.2 万元，总资产为 60 095 235.19 万元，总负债为 42 404 318.99 万元，利润总额为 3 667 285.62 万元，利息费用为 213 237.54 万元。

请根据上述数据分析宁德时代的偿债能力。

流动比率＝流动资产 ÷ 流动负债＝38 773 485.7 ÷ 29 576 141.93＝1.31

速动比率＝速动资产 ÷ 流动负债＝(38 773 485.7－7 666 889.88)÷ 29 576 141.93＝1.05

现金比率＝(货币资金＋有价证券)÷ 流动负债＝19 104 340.95 ÷ 29 576 141.93＝0.65

资产负债率＝负债总额 ÷ 资产总额 × 100%＝42 404 318.99 ÷ 60 095 235.19 × 100%＝70.56%

产权比率＝负债总额 ÷ 股东权益 × 100%＝42 404 318.99 ÷ 17 690 916.2 × 100%＝239.70%

权益乘数＝总资产 ÷ 股东权益＝60 095 235.19 ÷ 17 690 916.2＝3.40

利息保障倍数＝息税前利润 ÷ 利息费用＝(3 667 285.62＋213 237.54)÷ 213 237.54＝18.20

从短期偿债能力来看，宁德时代的流动比率、速动比率都大于 1，现金比率也超过了 50%，相对来说短期偿债能力尚可；从长期偿债能力来看，宁德时代的资产负债率为 70.56%，处于比较低的水平；产权比率为 239.70%，有点偏高；权益乘数为 3.4，且利息保障倍数远远大于 3，说明宁德时代的长期偿债能力还不错。综合来看，宁德时代具有较强的偿债能力。

二、营运能力分析

（一）应收账款周转率

应收账款周转率是销售收入与平均应收账款的比率，即一定时期内企业应收账款转为现金的平均次数，该比率能够反映公司在应收账款管理方面的效率。该比率越高，说明该公司的应收账款回款速度快，否则，公司的营运资金将会过多地滞留在应收账款上，影响资金的周转速率。除了应收账款周转率外，还会使用应收账款周转天数来衡量，它等于 360 除以应收账款周转率，表示公司的应收账款转为现金所需的时间。计算公式如下：

平均应收账款＝(期初应收账款余额＋期末应收账款余额)÷ 2

应收账款周转率＝销售收入 ÷ 平均应收账款

应收账款周转天数＝360 ÷ 应收账款周转率

应收账款周转率的影响因素有：季节性经营、大量使用分期付款结算方式、大量的销售使用现金结算、年末销售额大幅度增加或下降。财务报表的外部使用者可以将该指标与该公司前期、行业平均水平或其他类似企业进行比较，以此判断该指标的高低。

（二）存货周转率

存货在公司的流动资产中占比较大，存货变动将直接影响公司的流动比率，因此，对存货的分析非常有必要。存货的流动性一般用存货周转率或存货周转天数来衡量。计算公式如下：

平均存货 =（期初存货余额 + 期末存货余额）÷ 2
存货周转次数 = 销货成本 ÷ 平均存货
存货周转天数 = 360 ÷ 存货周转率

存货周转率指标可以反映公司存货管理的水平，是公司管理的重要内容，该指标越高，企业的存货占用水平越低，流动性就越强，存货转为现金的速度就越快，存货周转率的提高可以使公司的变现能力提高。对该指标进行分析，可以发现公司存货管理中存在的问题，进而提高公司的存货管理水平，提升公司的资金使用效率。

（三）流动资产周转率

流动资产周转率是销售收入与全部流动资产的平均余额的比值。该比率反映的是流动资产的周转速度。计算公式如下：

平均流动资产 =（期初流动资产 + 期末流动资产）÷ 2
流动资产周转率 = 销售收入 ÷ 平均流动资产
流动资产周转天数 = 360 ÷ 流动资产周转率

流动资产周转速度越快，则公司的资产利用率越高，盈利能力越强；反之，则会造成资金浪费，降低公司的盈利能力。

（四）总资产周转率

总资产周转率是销售收入与平均资产总额的比值。该指标反映的是资产总额的周转速度。计算公式如下：

平均资产总额 =（期初资产总额 + 期末资产总额）÷ 2
资产周转率 = 销售收入 ÷ 平均资产总额

总资产周转率越高，则公司的销售能力越强，公司的获利能力越强。

【例 4-2】根据宁德时代 2022 年的财务报表数据，宁德时代的销售收入为 32 859 398.75 万元，销售成本为 29 374 563.20 万元，期初应收账款为 2 375 354.82 万元，期末应收账款为 5 796 651.69 万元，期初存货余额为 4 019 969.19 万元，期末存货余额为 7 666 889.88 万元，期初流动资产为 17 773 493.87 万元，期末流动资产为 387 773 485.7 万元，期初资产总额为 30 766 686.09 万元，期末资产总额为 60 095 235.19 万元。

试分析宁德时代的营运能力情况。

平均应收账款 =（2 375 354.82 + 5 796 651.69）÷ 2 = 4 086 003.26（万元）
应收账款周转率 = 销售收入 ÷ 平均应收账款 = 32 859 398.75 ÷ 4 086 003.26 = 8.04
平均存货 =（4 019 969.19 + 7 666 889.88）÷ 2 = 5 843 429.54（万元）

存货周转次数 = 销货成本 ÷ 平均存货 = 29 374 563.20 ÷ 5 843 429.54 = 5.03

平均流动资产 =（17 773 493.87 + 387 773 485.7）÷ 2 = 202 773 489.79（万元）

流动资产周转率 = 销售收入 ÷ 平均流动资产 = 32 859 398.75 ÷ 202 773 489.79 = 0.16

平均资产总额 =（30 766 686.09 + 60 095 235.19）÷ 2 = 45 430 960.64（万元）

总资产周转率 = 销售收入 ÷ 平均资产总额 = 32 859 398.75 ÷ 45 430 960.64 = 0.72

从上述数据可以看出，宁德时代的应收账款周转率、存货周转次数都较高，说明宁德时代的营运能力较好，资金的流动性较大。但是宁德时代的流动资产周转率和总资产周转率都偏低，说明宁德时代的获利能力还有待进一步加强。

三、盈利能力分析

盈利能力分析是对公司的获利能力进行评价，但是公司除了正常的经营活动，其他的非营业活动也可能会给公司带来收益，因此，在分析时应当排除以下一些因素：证券买卖等非正常项目、已经或将要停止的营业项目、重大事故或法律更改等特别项目、会计准则和财务制度变更带来的累计影响等。

（一）销售毛利率

销售毛利率是销售毛利与销售收入之比，简称毛利率。计算公式如下：

销售毛利 = 销售收入 − 销售成本

销售毛利率 = 销售毛利 ÷ 销售收入 × 100%

销售毛利率反映的是每销售 1 元产品所带来的毛利润是多少，即销售收入扣除销售成本后还有多少剩余可用于各期费用和形成利润。该比率越高，说明公司的盈利能力越强。

（二）销售净利率

销售净利率是净利润与销售收入之比。计算公式如下：

销售净利率 = 净利润 ÷ 销售收入 × 100%

销售净利率反映的是每 1 元销售收入中有多少净利润，可以反映公司最终的盈利能力。公司要使销售净利率保持不变，必须使净利润与销售收入同步增加，通过对该指标进行分析，可以促使公司改进自身的经营管理，提高盈利水平。

（三）资产收益率

资产收益率是净利润与平均资产总额的比值。计算公式如下：

平均资产总额 =（期初资产总额 + 期末资产总额）÷ 2

资产收益率 = 净利润 ÷ 平均资产总额 × 100%

资产收益率是衡量资产利用效果的指标，该指标越高，说明公司的资产利用效率越高。资产收益率是一个综合指标，为了正确评价公司经济效益的高低，挖掘提高利润水平的潜力，可以将该指标与公司前期、行业平均水平和相近水平公司进行对比。影响该指标的因素有产品的价格、单位成本、产品的产量和销售的数量、资金占用量的大小等。

（四）净资产收益率

净资产收益率又称权益净利率或权益报酬率，是净利润与平均所有者权益的比值，表示每 1 元股东资本赚取的净利润，反映资本经营的盈利能力。计算公式如下：

净资产收益率 = 净利润 ÷ 平均所有者权益 × 100%

该指标是公司盈利能力指标的核心，也是杜邦财务指标体系的核心，更是投资者关注的重点。一般来说，净资产收益率越高，股东和债权人的利益保障程度越高。如果公司的净资产收益率在一段时期内持续增长，说明资本盈利能力稳定上升。但净资产收益率不是越高越好，分析时要注意公司的财务风险。

（五）主营业务利润率

主营业务利润率是主营业务利润与主营业务收入的比值。计算公式如下：

主营业务利润率 = 主营业务利润 ÷ 主营业务收入 × 100%

主营业务利润率反映企业主营业务的获利水平，该指标越高，说明企业的盈利能力越强。

【例 4-3】根据宁德时代 2022 年的财务报表数据，宁德时代的销售收入为 32 859 398.75 万元，销售成本为 29 374 563.20 万元，净利润为 3 345 714.35 万元，期初资产总额为 30 766 686.09 万元，期末资产总额为 60 095 235.19 万元，期初所有者权益为 9 262 217.45 万元，期末所有者权益为 17 690 916.20 万元，利润总额为 3 667 285.62 万元。

试分析宁德时代的盈利能力情况。

销售毛利率 = 销售毛利 ÷ 销售收入 × 100% =（32 859 398.75－29 374 563.20）÷ 32 859 398.75 × 100% = 10.61%

销售净利率 = 净利润 ÷ 销售收入 × 100% = 3 345 714.35 ÷ 32 859 398.75 × 100% = 10.18%

平均资产总额 =（60 095 235.19 + 30 766 686.09）÷ 2 = 45 430 960.64（万元）

资产收益率 = 净利润 ÷ 平均资产总额 × 100% = 3 345 714.35 ÷ 45 430 960.64 × 100% = 7.36%

平均所有者权益 =（9 262 217.45 + 17 690 916.20）÷ 2 = 13 476 566.83（万元）

净资产收益率 = 净利润 ÷ 平均所有者权益 × 100% = 3 345 714.35 ÷ 13 476 566.83 × 100% = 24.83%

从上述数据可以看出，宁德时代的销售毛利率为 10.61%，销售净利率为 10.18%，资产收益率为 7.36%，净资产收益率为 24.83%，指标值整体相对较高，总体来说其盈利能力较好。

四、投资收益分析

（一）普通股每股收益

普通股每股收益是净利润与公司发行在外的普通股总数的比值。计算公式如下：

普通股每股收益 =（净利润 − 优先股股利）÷ 发行在外的加权平均普通股股数

该指标反映了普通股的获利水平，指标值越高，每一股份可得的利润越多，股东的投资效益越好；反之，则利润越低，效益越差。

（二）股利支付率

股利支付率是普通股每股股利与每股净收益的比值。计算公式如下：

股利支付率 = 每股股利 ÷ 每股净收益 × 100%

该指标与公司的股利政策有关，可以反映公司的普通股股东从每股的全部净收益中分得的股利多少。就单独的普通股投资人来讲，这一指标比每股净收益更能直接体现当前利益。股利支付率的高低跟公司的股利支付策略息息相关，如果公司对资金的需求量大，则股息发放率就低，公司可以将资金用于扩大再生产，或者投资于好的发展项目以获得更高的利润，给投资带来更高的收益。因此，公司要综合考虑经营扩张资金需求、财务风险高低、最佳资本结构后决定支付股利的比例。

（三）普通股获利率

普通股获利率是每股股利与每股市价的百分比。计算公式如下：

普通股获利率 = 每股股利 ÷ 每股市价 × 100%

普通股获利率是衡量普通股股东当期股利收益率的指标。在使用这一指标时须注意，在分析股东投资收益时，每股市价应该采用投资者购买股票时的支付价格；而在将要对某股票进行投资时，分析普通股获利率，每股市价应该使用当时的市价。普通股获利率既可以揭示投资该股票可能获得股利的收益率，也可反映出售或放弃投资这种股票的机会成本。当然，也可以用普通股获利率的倒数（本利比）来进行衡量，计算每股股票的价格是每股股利的多少倍，以此来判断股价是否被高估。

（四）市盈率

市盈率是每股市价与每股收益的比率，也称本益比。计算公式如下：

市盈率＝每股市价÷每股收益

其中，每股市价是指普通股每股在证券市场上的买卖价格。

市盈率是衡量股份制公司盈利能力的重要指标，用每股盈余与股价进行比较，反映投资者对每元净利润愿意支付的价格。这一比率越高，意味着公司未来成长的潜力越大。但在使用该指标的时候应该注意：在每股收益很小或亏损时，市盈率往往非常高，此时的市盈率没有太大的参考意义；此外，如果市场存在操控行为，或者市场投机氛围较强，市盈率的参考意义也不大。

（五）每股净资产

每股净资产是净资产与发行在外的普通股股数的比值。计算公式如下：

每股净资产＝净资产÷发行在外的普通股股数

其中，净资产是资产与负债总额的差额，也即所有者权益。该指标反映的是每股普通股所代表的股东权益额，可以帮助投资者了解每股的权益。

（六）市净率

市净率是每股市价与每股净资产的比值。计算公式如下：

市净率＝每股市价÷每股净资产

市净率表明股价在以每股净资产的若干倍流通转让，同样也可以通过该指标来判断股价是否被高估，市净率越高，说明股票价格越被高估，股票的投资价值越低。

【例 4-4】根据宁德时代 2022 年的财务报表数据，其净利润为 3 345 714.35 万元，每股净利润为 12.92 元，每股股利（每股收益）为 2.52 元，股利支付率为 25.21%，每股市价为 217.17 元，发行在外的普通股股数为 24.43 亿股，资产总额为 60 095 235.19 万元，负债总额为 42 404 318.99 万元。

试分析宁德时代的投资收益情况。

普通股获利率＝每股股利 ÷ 每股市价 × 100%＝2.52 ÷ 217.17 × 100%＝1.16%

市盈率＝每股市价 ÷ 每股收益＝217.17 ÷ 2.52＝86.18

每股净资产＝净资产 ÷ 发行在外的普通股股数＝（6 009.52－4 240.43）÷ 24.43＝72.41（元）

市净率＝每股市价 ÷ 每股净资产＝217.17 ÷ 72.41＝3.00

从上述数据可以看出，宁德时代的普通股获利率为 1.16%，有些偏低；股利支付率为 25.21%，说明普通股股东从每股的全部净收益中分得的股利较高，分红较多；市盈率为

86.18，每股净资产较高，说明该公司的发展潜力较大，市净率比较低，从数值来看股价被低估了。总体来说宁德时代的投资收益情况较好。

五、现金流量分析

（一）流动性分析

流动性是指资产的变现能力，公司真正能够用于偿还债务的是现金流量，所以现金流量和债务的比较结果可以很好地反映公司的偿债能力。

1. 现金到期债务比

现金到期债务比是经营现金净流量与本期到期债务的比值。计算公式如下：

现金到期债务比 = 经营现金净流量 ÷ 本期到期的债务

2. 现金流动负债比

现金流动负债比是经营现金净流量与流动负债的比值。计算公式如下：

现金流动负债比 = 经营现金净流量 ÷ 流动负债

3. 现金债务总额比

现金债务总额比是经营现金净流量与债务总额的比值。计算公式如下：

现金债务总额比 = 经营现金净流量 ÷ 债务总额

（二）获取现金能力分析

获取现金能力是指经营现金净流入与投资资源的比值。

1. 营业现金比率

营业现金比率 = 经营现金净流量 ÷ 营业收入

其中，营业收入是营业收入和应向购买者收取的增值税进项税额。

2. 每股营业现金净流量

每股营业现金净流量 = 经营现金净流量 ÷ 普通股股数

每股营业现金净流量反映公司最大的分红派息能力。

3. 全部资产现金回收率

全部资产现金回收率 = 经营现金净流量 ÷ 资产总额

全部资产现金回收率反映公司资产产生现金的能力。

（三）财务弹性分析

财务弹性是指公司适应经济环境变化和利用投资机会的能力。

1. 现金满足投资比率

现金满足投资比率＝近5年经营活动现金净流量÷（近5年资本支出＋近5年存货增加＋近5年现金股利）

该比率越大，说明现金自给率越高。该比率大于或等于1时，说明该公司的经营活动所获取的现金满足其扩充所需资金；若该比率小于1，说明该公司需要靠外部融资来弥补所需资金。

2. 现金股利保障倍数

现金股利保障倍数＝每股营业现金净流量÷每股现金股利

该比率越大，说明公司支付现金股利的能力越强。

3. 营运指数

收益质量是指报告收益与公司业绩之间的关系。如果收益能够如实反映公司的业绩，则说明公司的收益质量较好。收益质量分析可以用营运指数来衡量。计算公式如下：

经营所得现金＝经营净收益＋非付现费用＝净利润－非经营收益＋非付现费用

营运指数＝经营现金净流量÷经营所得现金

如果该指标小于1，说明公司一部分的收益并未获得现金，停留在实物或债务形态，而实物和债务的风险大于现金，所以未收现的收益质量低于已收现的收益。此外，该指标还可以反映公司为了取得同样的收益占用了更多的营运资金，所以同样的收益代表着较差的业绩。

【例4-5】根据宁德时代2022年的财务报表数据，其经营现金净流量为6 120 884.33万元，到期债务为1 760 577.05万元，经营所得现金为30 577 524.84万元，流动负债为29 576 141.93万元，债务总额为42 404 318.99万元，资产总额为60 095 235.19万元，营业收入为32 859 398.75万元，普通股股数为24.43亿股。

试分析宁德时代的现金流量情况。

现金到期债务比＝经营现金净流量÷本期到期的债务＝6 120 884.33÷1 760 577.05＝3.48

现金流动负债比＝经营现金净流量÷流动负债＝6 120 884.33÷29 576 141.93＝0.21

营业现金比率＝经营现金净流量÷营业收入＝6 120 884.33÷32 859 398.75＝0.19

每股营业现金净流量＝经营现金净流量÷普通股股数＝612.09÷24.43＝25.05

全部资产现金回收率＝经营现金净流量÷资产总额＝6 120 884.33÷60 095 235.19＝0.10

营运指数＝经营现金净流量÷经营所得现金＝6 120 884.33÷30 577 524.84＝0.20

从上述数据可以看出，宁德时代的现金到期债务比为3.48，说明宁德时代的资产流动性较好；且其每股营业现金净流量也极高，说明其获取现金能力也较好，但是宁德时代的全部资产现金回收率和营运指数都偏低，说明其财务弹性较差，面临着一定的风险。

第三节 杜邦分析法

杜邦分析法是综合利用几种主要的财务比率之间的关系来分析企业的财务状况的方法。具体来说，杜邦分析法是一种用来评价公司盈利能力和股东权益回报水平的分析方法，是从财务角度评价公司绩效的一种经典方法。其基本思想是将公司净资产收益率逐级分解为多项财务比率乘积，来深入分析和比较公司经营业绩。由于这种分析方法最早由美国杜邦公司使用，故名杜邦分析法。

在杜邦体系中，包括以下几种主要的指标关系：

1. 净资产收益率

净资产收益率是整个分析系统的起点和核心。净资产收益率的高低反映了投资者的净资产获利能力的大小。净资产收益率是由销售报酬率、总资产周转率和权益乘数决定的。

2. 权益乘数

权益乘数表明了企业的负债程度。权益乘数越大，表示公司的负债程度越高。权益乘数是资产权益率的倒数。

3. 总资产收益率

总资产收益率是销售利润率和总资产周转率的乘积，是公司销售成果和资产运营的综合反映，要提高总资产收益率，必须增加销售收入，降低资金占用额。

4. 总资产周转率

总资产周转率反映公司资产实现销售收入的综合能力。分析时必须综合销售收入分析公司资产结构，即流动资产和长期资产的结构比率关系是否合理。同时还要分析流动资产周转率、存货周转率、应收账款周转率等有关资产使用效率指标，找出总资产周转率高低变化的确切原因。

杜邦分析法体系下各财务指标之间的关系如图 4-1 所示。

第四节 财务分析中应该注意的问题

一、财务报表本身的局限性

财务报表是按《企业会计准则》编制的，有特定的假设前提，并要执行统一的规范，不一定能够反映该公司的客观实际。财务报表存在以下局限性：

（1）报表数据未按通货膨胀或物价水平调整；

（2）非流动资产的余额是按历史成本减折旧或摊销计算的，不代表现行成本或变现价值；

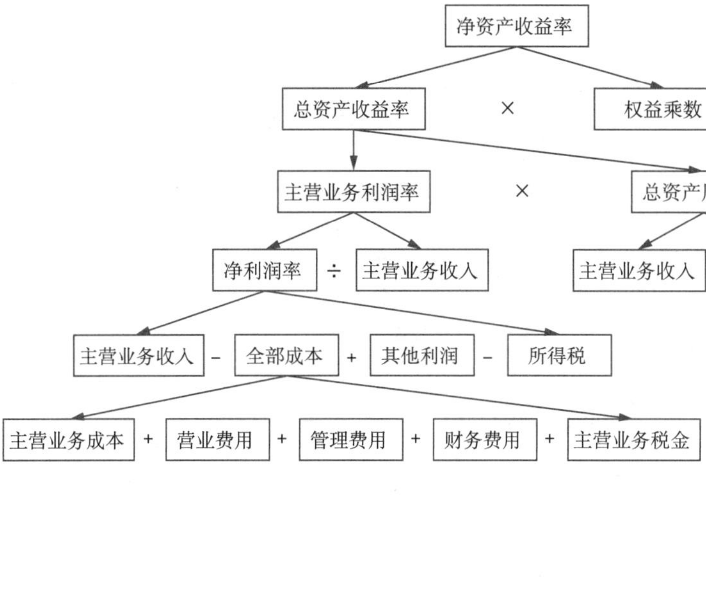

图 4-1　杜邦分析法

（3）有许多项目，如科研开发支出和广告支出，从理论上看是资本支出，但发生时列作了当期费用；

（4）有些数据是估计的，如无形资产摊销和开办费摊销，但这种估计未必准确；

（5）发生了非常的或偶然的事项，如财产盘盈或坏账损失，可能影响本期的净收益，使之不能反映盈利的正常水平。

二、根据不断变化的经济环境和经营条件进行适当的调整

公司的经济环境和经营条件是在不断发生变化的，因此，公司的财务数据也应该适时地进行变化，否则就不具备比较的基础。例如，某公司之前是以零售为主，现在改为批发销售，则其应收账款数额可能会增加，应收账款周转率会变慢，这些在进行财务分析的时候都需要注意，否则就会做出错误的判断。

三、进行具体现实的分析

财务报表所反映出来的数据只是一个粗略的数字，要想对公司的财务状况进行具体分析，还需要对财务报表的数据进行细化分析。例如，假设两家公司的财务数据是完全一样的，但是其中一个公司应收账款账龄均在 1 年以内，而另一个公司的应收账款账龄有 50% 以上超过 2 年，很显然，后者的应收账款管理水平会比前者更差，其流动性更差，发生坏账的可能性更大。因此，要准确地把握公司财务状况，还要透过现象看本质，对报表数据背后反映的情况进行具体分析。

本章小结

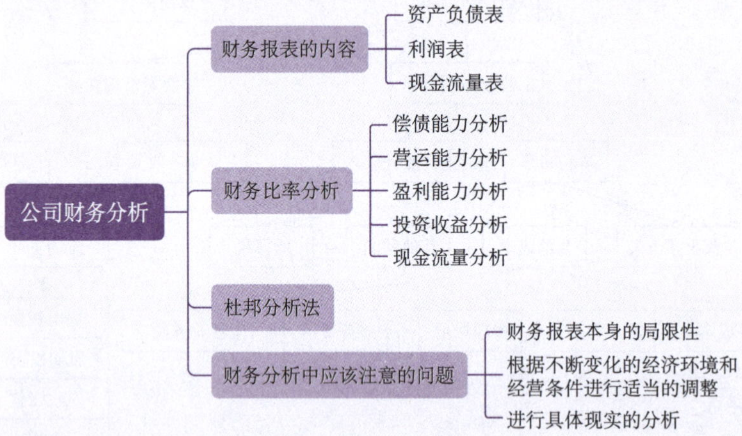

课程思政

课程思政

课后练习题

一、单选题

1. 某公司 2021 年和 2022 年的流动资产分别为 100 万元和 110 万元，流动负债分别为 80 万元和 90 万元，则 2021 年和 2022 年的流动比率分别是（　　）。

A. 1.25 和 1.11　　B. 1.25 和 1.22

C. 1.38 和 1.11　　D. 1.38 和 1.22

2. 某公司 2021 年和 2022 年的流动资产年均占用额分别为 100 万元和 110 万元，流动资产周转率分别为 5 次和 6 次，则 2022 年比 2021 年的销售收入增加（　　）万元。

A. 100　　B. 160　　C. 100　　D. 110

3. 某公司 2022 年流动资产平均余额为 50 万元，流动资产周转率为 10 次，若该公司 2022 年的销售净利率是 30%，则其净利润是（　　）万元。

A. 150　　B. 100　　C. 200　　D. 250

4.（　　）是指公司偿还各种到期债务的能力。

A. 偿债能力　　B. 营运能力

C. 盈利能力　　D. 投资收益能力

5. 下列不属于偿债能力分析指标的是（　　）。

A. 流动比率　　B. 速动比率

C. 现金比率　　D. 应收账款周转率

6. 下列不属于营运能力分析指标的是（　　）。

A. 应收账款周转率　　B. 存货周转率

C. 利息保障倍数　　D. 流动资产周转率

7. 下列属于投资收益分析指标的是（　　）。

A. 现金到期债务比　　B. 股利支付率

C. 销售净利率　　D. 总资产周转率

8.（　　）是每股市价与每股净资产的比值。

A. 市净率　　B. 市盈率

C. 市销率　　D. 每股净资产

9. 总资产周转率与（　　）无关。

A. 销售收入　　B. 平均资产总额

C. 销售成本　　D. 年末总资产

10.（　　）是反映公司在一定会计期间的经营成果的会计报表，表明该公司运用所拥有的资产进行获利的能力。

A. 现金流量表　　B. 资产负债表

C. 利润表　　D. 所有者权益变动表

二、多选题

1. 财务报表分析的方法主要有（　　）。

A. 比较分析法　　B. 因素分析法

C. 财务比率分析法　　D. 杜邦分析法

2. 长期偿债能力分析的常用指标包括（　　）。

A. 资产负债率　　B. 产权比率

C. 利息保障倍数　　D. 流动比率

3. 盈利能力分析的常用指标主要有（　　）。

A. 销售毛利率　　B. 销售净利率

C. 资产收益率　　D. 净资产收益率

4. 现金流量分析主要包含（　　）。

A. 流动性分析　　　　B. 收益质量分析

C. 获取现金能力分析　　　　D. 财务弹性分析

5. 财务分析中应该注意（　　）。

A. 财务报表本身的局限性

B. 根据不断变化的经济环境和经营条件进行适当的调整

C. 进行具体现实的分析

D. 不需要执行统一的规范

三、判断题

1. 财务报表是对公司财务状况、经营成果和现金流量的结构性表述。（　　）

2. 利润表多采用单步式结构。（　　）

3. 营运资本越多，说明不能偿还债务的风险越大。（　　）

4. 一般来说，应收账款周转率越高，平均收账期越短，应收账款的收回越慢。（　　）

5. 资产收益率是企业净利润与销售收入的百分比。（　　）

6. 市盈率是衡量股份制公司盈利能力的重要指标，表明投资者对每元净利润所愿意支付的价格。（　　）

7. 净资产收益率是杜邦分析法的核心内容。（　　）

四、简答题

1. 公司的财务报表包含哪些内容？

2. 公司的财务比率包含哪些内容？

3. 使用财务比率应该注意哪些问题？

五、综合分析题

请选择一家上市公司，查阅该上市公司的年报，对其进行全面的财务分析，并作出结论。

第五章 技术分析理论

学习目标

一、知识目标

- 能够理解主要技术分析理论的基本原理；
- 能够掌握主要技术分析理论的应用法则。

二、能力目标

- 能够有效识别每种技术分析理论的应用局限；
- 能够灵活运用主要技术分析理论分析证券市场的行情。

三、素质目标

- 能够树立正确的世界观；
- 能够具备一定的自我保护和风险防范意识。

教学案例

一位入门投资者经朋友介绍，去某证券公司营业部现场咨询技术分析问题，投资顾问为其介绍了道氏理论、波浪理论、缺口理论等经典理论，该投资者听完后大有感悟，打算先购买相关书籍，学习了解技术分析基本理论。

技术分析是以证券市场过去和现在的市场行为为分析对象，应用数学统计和逻辑归纳的手段，探索出一些典型变化规律，并据此预测证券市场未来变化趋势的技术方法。由于技术分析运用了广泛的数据资料，并采用了各种不同的数据处理方法，因此，受到了投资者的重视和青睐。技术分析法不但用于证券市场，还广泛应用于外汇、期货和其他金融市场。

第一节 道氏理论

道氏理论是历史最久远、最著名的股票分析方法，首创者为查尔斯·亨利·道（Charles Henry Dow），经过后继者的不断总结和补充，该理论得到进一步的丰富和完善。

一、道氏理论概述

（一）道氏理论的形成

道氏理论是所有市场技术研究的基础。该理论的创始人查尔斯·亨利·道于1884年7月3日首创了股票市场平均价格指数——道·琼斯指数，他没有为其理论著书，全部作品都发表在《华尔街日报》上。1903年，在查尔斯逝世一年后，他的文章被收编到《股市投机常识》一书中，得以集中出版，这本著作中首次使用了“道氏理论”这一概念。1922年，威廉姆·皮特·汉密尔顿（William Peter Hamilton）归纳整理了查尔斯的理论，出版了《股票市场晴雨表》一书；1932年，罗伯特·雷亚（Robert Rhea）又把道氏理论进一步加以提炼，出版了《道氏理论》一书。道氏理论在20世纪30年代的发展达到了巅峰。

（二）道氏理论的基本原理

道氏理论有三个核心思想，即三重运动原理、相互验证原则和投机原理。

1. 三重运动原理

简单来讲，三重运动是指股市中存在着三种运动：基本运动（股价长期涨跌）、次级运动（股价急剧上升和急剧下跌）和日常波动（随机因素作用较多）。因此，根据运动时间长短，可以预测市场的基本运动，使其能够为我们所把握；次级运动具有一定的欺骗性；日常波动这样小级别的运动具有很强的随机性，难以把控。这个原理告诉我们，市场的主趋势是可以被预测的，但具体运动轨迹又是测不准的，每天是涨还是跌，是没有办法被预测的。

2. 相互验证原则

尽管基本运动能够为我们所把握，但是通过一种方式得出的结果，必须用另一种方式得出的结果来验证，两个指标一致，才能体现结果的科学性。而这个原则的思想是通过带有强相关指标（或品种）的相互背离来否定错误的结论，并通过结果的一致性来验证市场走势，只有市场走势被证明是正确的，结论才是正确的。

3. 投机原理

市场之所以可以被投资者预测，是由于市场具有投机性，投机性是市场的基本属性之一，如果没有投机的投资者，市场也就不存在了。道氏理论中的投机原理是投资者一直所忽略的，或者说投资者一直将投机视为非市场属性。自然经济中的错误导致市场按一定的不规则的周期运动，但是政府总是想对市场中的错误进行纠正，而政府的干预通常酿造更大的错误，结果反而加重了市场的大起大落。

二、道氏理论实践应用

（一）道氏理论的应用法则

1. 123 法则

（1）趋势线被突破。上升趋势中，股价突破了上升趋势线；下降趋势中，股价反弹跌破了下降压力线，这都是趋势发生转变的基础。

（2）上升趋势不再创新高，下降趋势也不再创新低。原本的支撑线变成了压力线，而原本的压力线反过来变成了支撑线，趋势开始反转了。这里需要注意，有的时候价格会出现短暂的假突破（新高或者新低），但很快又回到前高以下或前低以上。

（3）原有的趋势已经被打破，股价反弹之后也无法回到原有的趋势当中。此时，在上升趋势中，价格在反弹无力后再次向下跌破先前短期回档的最低点；而在下降趋势中，原本的压力线反过来变成了支撑线，在反弹之后的回踩中，股价尚未踩到支撑线，股价已再次向上穿越先前的短期反弹的高点。此时，可以确认，股价的趋势彻底反转了。

2. 2B 法则

（1）在上升趋势中，如果价格已经穿越先前的高价而未能持续上升，稍后又跌破先前的高点，则趋势很可能会发生反转。

（2）在下降趋势中，如果价格已经穿越先前的低价而未能持续下跌，稍后又涨回先前的低点，则趋势很可能会发生反转。

（二）道氏理论的应用局限

（1）道氏理论仅对趋势进行定性的说明，没有进行定量的说明。道氏理论只推断趋势，却不能推断趋势的升幅或者跌幅的程度。

（2）道氏理论只对预测股票市场的长期趋势有较大的帮助，对时刻发生的小波动却无能为力。因此，对于采取短期投资策略的投资者来说，道氏理论并不能为其提供即时的指导和帮助。

（3）道氏理论缺少基本面的交易参考，会导致投资交易出现基本面风险。

此外，道氏理论中的趋势信号有可能会有滞后性，这样会导致交易参考性较低。而且，道氏理论中缺乏明确的时间间隔定义，导致价格趋势需要逐步确认。

第二节 波浪理论

一、波浪理论概述

（一）波浪理论的形成

20 世纪 30 年代，拉尔夫·纳尔逊·艾略特（Ralph Nelson Elliott）发现股票市场指数以可识别的模式趋势运动和反转。他辨认出的这些模式在形态上不断重复，但并不一定在时间上或幅度上重复。艾略特分离出了十三种这样在市场数据中反复出现的价格运动模式或“波浪”，他称这种现象为“波浪理论”。

（二）波浪理论的基本原理

（1）一个完整的循环包括八个波浪，五升三跌，如图 5-1 所示。

（2）波浪可合并为高一级的浪，亦可以再分割为低一级的小浪。

（3）跟随主流行走的波浪可以分割为低一级的五个小浪。

（4）第 1、第 3、第 5 三个推动浪中，第 3 浪不可以是最短的一个波浪。

（5）假如三个推动浪中的任何一个浪成为延伸浪，其余两个波浪的运行时间及幅度会趋向一致。

（6）调整浪通常以三个浪的形态运行。

（7）黄金分割率奇异数字组合是波浪理论的数据基础。

（8）经常出现的回吐比率为 0.382、0.5 及 0.618。

（9）第 4 浪的底不可以低于第 1 浪的顶。

（10）波浪理论包括三部分：形态、比率及时间，其重要性以排行先后为序。

（11）波浪理论主要反映群众心理。越多人参与的市场，其准确性越高。

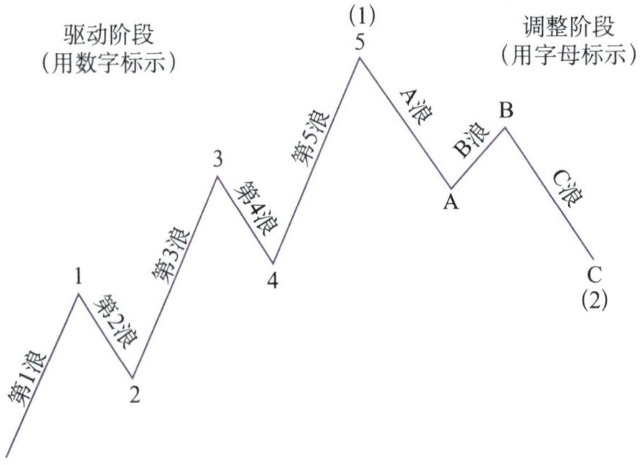

图 5-1　波浪理论的八浪循环

二、波浪理论实践应用

（一）波浪理论的应用法则

1. 交替法则

在波浪运动中各种形态往往交替出现，尤其是在调整浪中，第 2 浪与第 4 浪、A 浪与 C 浪往往交替出现，如果第 2 浪是复杂调整结构，则第 4 浪常是简单调整结构，反之亦然。如果第 2 浪调整幅度较大，则第 4 浪调整可能以横向盘整为主，反之亦然。

2. 延伸浪法则

一般情况下，三个推动浪中有且仅有一个浪出现延伸浪。例如，如果第 1 浪出现延伸浪，则第 3 浪和第 5 浪就不会出现延伸浪，反之亦然。

3. 黄金分割法则

两个相邻的波浪之间通常会呈现黄金比例关系。黄金分割率（0.382 和 0.618）是一组自然和谐的比率，在技术分析上，0.382 和 0.618 作为回调或反弹的关键位，准确度较高。例如，第 2 浪经常调整第 1 浪幅度的 61.8%，而第 4 浪调整第 3 浪的 38.2%、50%、61.8% 等。

（二）波浪理论的应用局限

（1）波浪理论家对现象的看法并不统一。每一个波浪理论家，包括艾略特本人，很多时候都会受一个问题的困扰，就是一个浪是否已经完成而另外一个浪已经开始了呢？有时甲看是第 1 浪，乙看是第 2 浪，正所谓“差之毫厘，谬以千里”，看错的后果却可能十分严重。一套不能确定的理论如果用在风险奇高的股票市场，运作错误足以使人损失惨重。

（2）怎样才算是一个完整的浪也无明确定义，在股票市场的升跌次数绝大多数不按“五升三跌”这个机械模式出现。但有的波浪理论家则认为有些升跌不应该计算在浪里面，数浪具有很强的随意主观性。

（3）波浪理论有所谓的延长浪，有时五个浪可以伸展成九个浪。但在什么时候或者在什么准则之下波浪可以伸展？艾略特却没有明言，数浪变成了投资者需要自行思考的事。

（4）波浪理论的浪可以无限延伸，即只要升势未完就仍然是上升浪，跌势未完就仍然是下跌浪，在实践中的指导意义不大。

（5）波浪理论是一套主观分析工具，缺少客观准则。而市场运行却是受情绪影响，并非机械运行的。波浪理论套用在变化万千的股市会十分危险，出错机会大大提高。

（6）波浪理论不能运用于个股的选择上。

（7）波浪理论只考虑了价格形态上的因素，忽视了成交量方面的影响，这给人为制造形态提供了机会。

第三节 缺口理论

一、缺口理论概述

（一）缺口理论的含义

若股价在快速大幅变动中有一段没有任何交易，价格显示在股价趋势图上是一个真空区域，这个区域即为“缺口”，通常又称作“跳空”。当股价出现缺口，经过几天甚至更长时间的变动后反转过来回到原来缺口的价位时，称为缺口的封闭。缺口分普通缺口、突破性缺口、持续性缺口与消耗性缺口四种，如图 5-2 所示。从缺口发生的部位大小可以预测走势的强弱，确定该趋势是突破，还是已到尽头。它是研判各种形态时最有力的辅助指标。

（二）缺口理论的基本原理

1. 普通缺口

一般缺口都会填补。因为缺口是一段没有成交的真空区域，反映出投资者当时的冲动行为，当投资情绪平静下来时，投资者会反省过去的行为，于是缺口便告补回。并非所有类型的缺口都会填补，其中突破性缺口、持续性缺口未必会填补，至少不会马上填补。只有消耗性缺口和普通缺口才可能在短期内补回，所以缺口填补与否对分析者观察后市的帮助不大。

2. 突破性缺口

突破性缺口出现后会不会马上填补，投资者可以从成交量的变化中观察出来。

如果在突破性缺口出现之前有大量成交，而缺口出现后成交量相对减少，那么立即填补缺口的机会在一半左右；但假如缺口形成之后成交大量增加，股价在继续移动远离形态时仍保持大量的成交，那么缺口短期填补的可能便很低了。就算出现回抽，也会在缺口以外。

3. 持续性缺口

股价在突破其区域时急速上升，成交量在初期较大，然后在上升中不断减少，当股价停止原来的趋势时又迅速增加，这是多空双方激烈争持的结果。其中一方得到压倒性胜利之后，便形成一个巨大的缺口，这时候成交量又开始减少了。这就是持续性缺口形成时的成交量变化情形。

4. 消耗性缺口

消耗性缺口通常是形成缺口的一天成交量最高（但也有可能在成交量最高的翌日出现），接着成交量减少，显示市场购买力（或沽售力）已经消耗殆尽，于是股价很快便告回落（或回升）。

在一次上升或下跌的过程里，缺口出现愈多，表示其趋势愈快接近终结。例如，当升市出现第三个缺口时，暗示升市快告终结；当出现第四个缺口时，短期下跌的可能性更多。

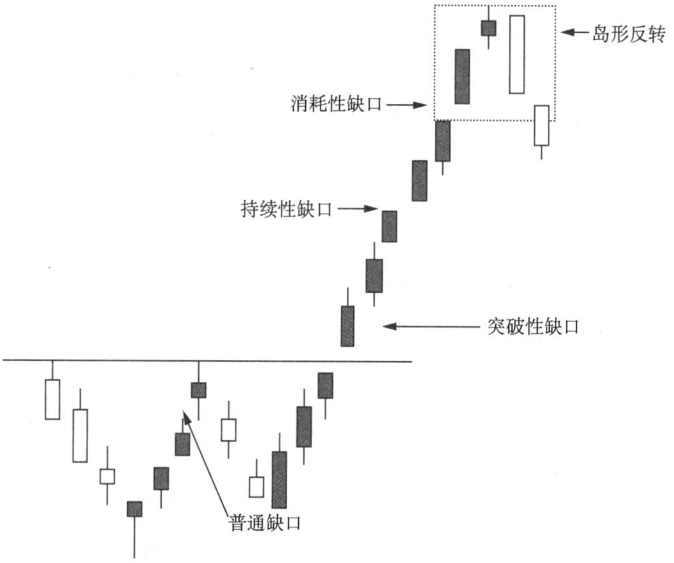

图 5-2 缺口理论

二、缺口理论实践应用

（一）缺口理论的应用法则

缺口是行情延续过程中经常出现的一种技术图形。当缺口出现以后，行情往往会朝着某个方向快速发展，该缺口也成为日后较强的支撑或阻力区域，如图 5-3 所示。

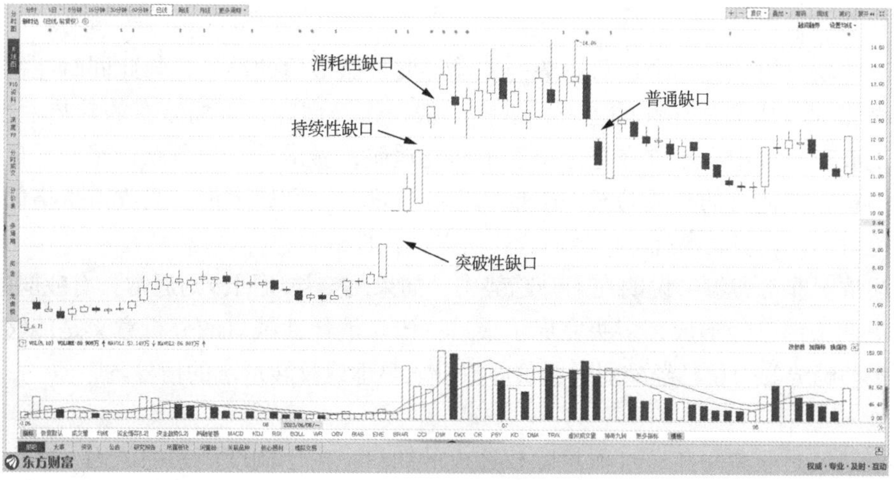

图 5-3 缺口理论图例

1. 普通缺口

普通缺口是指没有特殊形态或特殊功能的缺口，它可以出现在任何走势形态之中，但大多数是出现在整理形态的行情中。它具有一个比较明显的特征，即缺口很快就会被回补。当向上方向的普通缺口出现之后，投资者可在缺口上方的相对高点附近做卖出交易，待缺口封闭之后再平仓买回；而当向下方向的普通缺口出现之后，投资者可在缺口下方的相对低点附近做买入交易，待缺口封闭之后再平仓卖出。

这种操作方法的前提是，必须判明缺口是否是普通缺口，而且必须是在宽幅振荡整理行情中，才能采取这种高抛低吸的策略。

2. 突破性缺口

突破性缺口是指行情向某一方向急速运动，脱离原有形态所形成的缺口。突破性缺口的出现预示着后市将会出现一波爆发性的行情，因此针对突破性缺口的分析意义极大。突破性缺口有两种，一是向上的突破性缺口，二是向下的突破性缺口。

（1）向上突破性缺口。该缺口的特点是向上突破时成交量明显增大，且缺口不被封闭。该缺口出现后，投资者可以大胆买入中线持有，并以缺口作为风险控制的止损价位。

（2）向下突破性缺口。该缺口的特点是向下突破时成交量明显增大，且缺口不被封闭。由于行情的下跌力量往往比较凶猛，所以一旦向下突破性缺口形成，应该引起投资者足够的重视。

3. 持续性缺口

持续性缺口是指涨升或下跌过程中出现的缺口，持续性缺口常在股价剧烈波动的开始与结束之间一段时间内形成。持续性缺口又称测量缺口，即股价到达缺口后，可能继续变动的幅度一般等于股价从开始跳空到这一缺口的幅度。此类跳空反映出市场正以中等的交易量顺利地发展。在上升趋势中，测量缺口的出现表明市场坚挺；而在下降趋势中，则表示市场疲软。正如突破跳空的情况一样，在上升趋势中，持续跳空在此后的市场调整中将构成支撑区，它们通常也不会被填回，而一旦价格重新回到中继跳空之下，就成为对上升趋势的不利信号。

4. 消耗性缺口

消耗性缺口出现在一个运行趋势的末端，股价做最后的冲刺，与此同时往往产生因恐慌性抛售而造成的消耗性的上升，缺口一般很快被回补，市场原有的趋势发生逆转。在大幅度波动过程中，股价在奄奄一息中回光返照，做最后一次跳跃，然而，最后的挣扎好景不长，在随后的几天乃至一个星期里的价格马上开始下滑。当收市价格低于这种最后的跳空后，表明衰竭跳空已经形成，所以消耗性缺口也称衰竭缺口。

上述情况非常典型，说明在上升趋势中，如果跳空被填回，则通常具有疲弱的意味，代表着短期头部已经形成，多头完成了最后一击。消耗性缺口的分析意义是能够找到维持原有变动趋势的力量已经减弱，股价即将进入整理或反转形态的信号。

5. 除权缺口

除权缺口是股票每年分红派息除权造成的缺口。由于制度因素的原因，在上市公司送配后，股价会出现除权、除息缺口，表现在除权价与股权登记日的收盘价之间的跳空。

这种缺口的出现为股价在新的一轮波动中提供了上升空间，诱发填权行情。

（二）缺口理论的应用局限

（1）普通缺口和除权缺口在实战时没有分析的意义；突破性缺口标志着一轮行情升跌的开始，向上突破后其成交量必须继续放大，向下突破则不一定要求放大。缺口越大，后市趋势的力道越强；持续缺口标志行情趋势加速和接近行情的中点，即未来升跌幅度很可能会达到该缺口与突破性缺口的距离那么长；消耗性缺口是行情尾声和终点的标志，判断最好的依据是缺口发生当天或隔天成交量放出剧烈的天量，随后不能再维持和扩大，这是与持续性缺口最大的区别。

（2）从突破性缺口到消耗性缺口实际上反映的是市场股价多空趋势，即由产生到强盛到消亡的过程，因此它们是按次序出现的。对于个股而言，热门股的分析意义和效果比较明显，但在冷门或全控盘庄股中，缺口分析的意义虽不可忽视，但较难作为判断股价趋势的指标，因为冷门或全控盘庄股较少出现多空争斗情况，走势往往“一边倒”，完全由庄家控制。

（3）缺口往往是在外界突发因素刺激下，由于多空双方的冲动情绪造成的，事后经过市场时间对刺激因素的逐步消化，以及买卖双方理智的逐渐恢复，理论上缺口都会出现回补现象，一般而言，缺口若不被下一个次级行情封闭，则有可能由下一个中级行情回补，若未回补的时间更长，将由下一个原始趋势所封闭。

本章小结

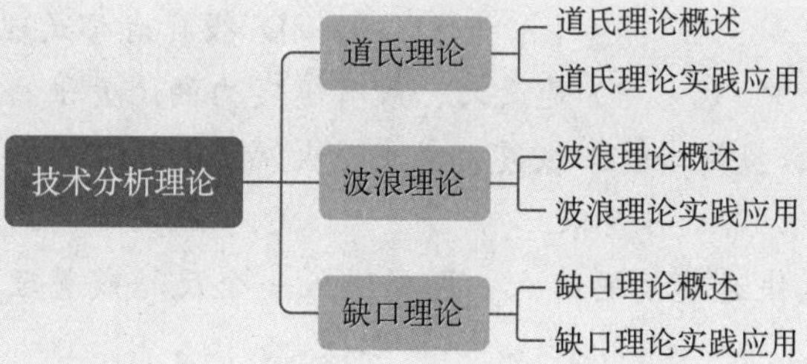

课程思政

课程思政

课后练习题

一、单选题

1. 下列关于道氏理论的说法，正确的是（　　）。

A. 道氏理论对大形势的判断有较大的作用，但对小波动显得无能为力

B. 道氏理论是用来指出应该买卖哪只股票的理论

C. 道氏理论的信号领先于价格变化，信号较早

D. 道氏理论对单只股票的实际操作具有重要意义

2. 道氏理论的创始人是（　　）。

A. 艾略特　　B. 威廉姆·江恩

C. 葛兰威尔　　D. 查尔斯·亨利·道

3. 道氏理论的目标是判定市场主要趋势的变化，所考虑的是趋势的（　　）。

A. 期间　　B. 幅度　　C. 方向　　D. 逆转

4. 技术分析中，波浪理论是由（　　）提出的。

A. 索罗斯　　B. 斐波那契

C. 艾略特　　D. 道·琼斯

5. 针对证券市场本身变化规律进行分析的方法通常被称为（　　）。

A. 技术分析　　B. 定量分析

C. 基本分析　　D. 宏观经济分析

6. 进行证券投资技术分析的假设中，从人的心理因素方面考虑的是（　　）。

A. 市场行为涵盖一切信息　　B. 价格沿趋势运动

C. 历史会重演　　D. 投资者都是理性的

7. 在波浪理论中，（　　）是最大、最有爆发力的上升浪，行情持续的时间与幅度经常是最长的，投资者信心恢复，成交量大幅上升。

A. 1 浪　　B. 2 浪　　C. 3 浪　　D. A 浪

8. 在股价已达快速变动的终点，即将进入一个反转或整理形态时的缺口叫作（　　）。

A. 普通缺口　　B. 突破性缺口

C. 消耗性缺口　　D. 持续性缺口

9. 技术分析的理论基础是（　　）。

A. 缺口理论　　B. 道氏理论

C. 波浪理论　　D. 江恩理论

10. 艾略特波浪理论的数学基础来自（　　）。

A. 周期理论　　B. 黄金分割数

C. 时间数列理论　　D. 斐波那契数列

二、多选题

1. 道氏理论的主要原理有（　　）。

A. 市场价格平均指数可以解释和反映市场的大部分行为

B. 市场波动具有某种趋势

C. 趋势必须得到交易量的确认

D. 一个趋势形成后将持续，直到趋势出现明显的反转信号

2. 艾略特波浪理论考虑的因素主要有（　　）。

A. 形态　B. 比例　C. 时间　D. 价格

3. 经典的道氏理论将股价运行的趋势分为（　　）。

A. 上升趋势　B. 长期趋势　C. 中期趋势　D. 日常波动

4. 缺口的类型有很多种，除了常见的普通缺口，还有（　　）。

A. 突破性缺口　B. 持续性缺口　C. 终止缺口　D. 岛形缺口

三、判断题

1. 道氏理论认为平均价格涵盖一切因素，所有可能影响供求关系的因素都可由平均价格来表现。（　　）

2. 道氏理论认为开盘价是最重要的价格，并利用开盘价计算平均价格指数。（　　）

3. 无论是对大形势还是每天的小波动进行判断，道氏理论都有较大的作用。（　　）

4. 技术分析中缺口的形成必是当日开盘价出现跳空高开继续高走或是出现跳空低开继续低走。（　　）

5. 波浪理论中的波浪形态可无穷伸展和压缩，但它的基本形态不变。（　　）

6. 波浪理论中的延长浪是在某一推动波浪中发生次一级的五浪走势。（　　）

7. 技术分析中市场行为涵盖一切信息的假设与有效市场假说不一致。（　　）

8. 股价运动具有趋势性，一旦上涨则将保持较长时间的上升，中途不会出现下跌的修正。（　　）

9. 道氏理论将价格的波动分为超级趋势、主要趋势、次要趋势、短期趋势四种。（　　）

10. 价格随机波动不是技术分析的假设。（　　）

四、简答题

1. 谈谈你对证券投资基本分析法与技术分析法的理解，并分析二者的关系。

2. 试阐述技术分析的操作原则。

第六章 K 线理论

学习目标

一、知识目标

- 能够知道K线的起源；
- 能够复述K线的几种常见基本形态；
- 能够熟记K线的组合形态。

二、能力目标

- 能够正确区分K线的不同形态；
- 能够分析任意股票的K线形态；
- 能够熟练运用K线理论进行实际操作。

三、素质目标

- 能够认识到证券投资过程中的收益与风险并存；
- 能够树立对国家的责任担当意识。

教学案例

在证券公司营业部，一位客户目前对证券市场进行短期投资，但对证券投资的K线分析了解甚少。客户经理和投资顾问耐心指导该客户在证券投资分析中怎么看K线图以及如何熟练运用。

第一节 K线概述

一、K线的起源

K线被称为“阴阳线”或“蜡烛线”，因其起源于日本，也叫“日本线”，据传是日本德川幕府时代的本间宗久发明的。当时，日本没有股票市场，K线只是在米市交易中用来记录稻米交易的价格变化，判断稻米行情的涨跌。经过上百年的运用和变更，目前已经形成了一整套K线分析理论。

二、K线的画法

K线是一条柱状的线条，由影线和实体组成。影线在实体上方的部分叫上影线，在实体下方的部分叫下影线，实体分阳线和阴线两种。一根K线记录的是某股票一天的价格变动情况。两种常见的K线形状如图6-1所示。

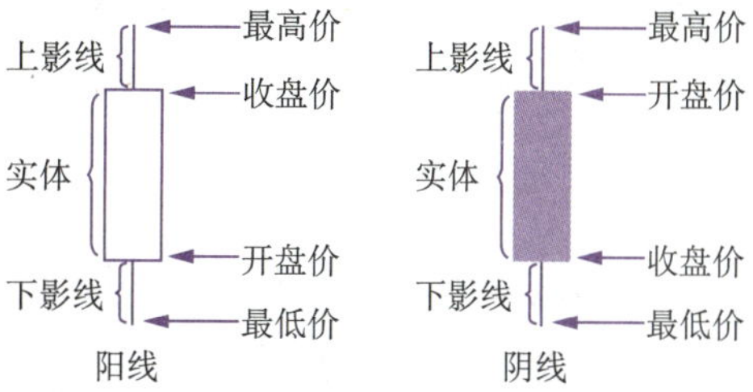

图6-1 常见的K线形状

图6-1中，中间的矩形长条叫实体，向上、向下伸出的两条细线分别为上、下影线。如果开盘价高于收盘价，则实体为阴线；收盘价高于开盘价，则实体为阳线。将四个价格的价位都在坐标纸上一一标出，即可画出K线。

将每个交易日的K线按时间顺序排列在一起，就组成该股票自上市以来每天的价格变动情况，这就叫日K线图。除日K线外，还可以画周K线和月K线。周K线是指根据这一周的开盘价、这一周内的最高价和最低价以及这一周的收盘价而画的K线图。月K线是指根据这一个月之内相应的四个价格画的K线图。周K线和月K线的优点是反映股价变化趋势和周期比较清晰。

第二节 单根K线分析

一、单根K线的含义

从单独一根K线对多空双方优势进行衡量，主要依靠对比实体的长度、阴阳线和上下影线的长度差异。单独一根K线的含义与它所处的位置有关。一般来说，上影线越长，下影线越短，阳线实体越短，越有利于空方占优，不利于多方占优；上影线越短，下影线越长，实体越长，越有利于多方占优，而不利于空方占优。上影线和下影线相比的结果，也影响多方和空方取得优势。上影线长于下影线，利于空方；下影线长于上影线，利于多方。

二、单根K线的应用

应用单根K线研判行情，主要从分析实体的长短、阴阳，上下影线的长短以及实体长短与上下影线长短之间的关系等几个方面进行。

除了图6-1所画的K线形状外，由于四个价格的不同取值，还会产生别的形状的K线，概括起来有下面列出的21种。

（一）大阳线

大阳线表示开盘价即为当天最低价，而收盘价为当天最高价，低开高走，说明股价涨势很强。阳线的长短代表着买盘的强劲程度。阳线越长，说明买盘越强，股市行情看涨。如图6-2所示。

（二）大阴线

大阴线表示当天股价以最高价开盘，以最低价收盘，说明股价跌势很强。阴线长短代表着卖盘的强劲程度。阴线长，说明买盘势力很弱，股市行情看跌。如图6-3所示。

（三）实体阳线有下影线

实体阳线有下影线表示当天开盘后，股价先下跌，后来又上涨到开盘价以上，涨势持续到收盘，以收盘价为当天最高价，预示着买盘势力较强，次日股价一般仍有继续上升的趋势。如图6-4所示。

（四）实体阴线有下影线

实体阴线有下影线表示当天开盘后，股价先下跌，后来跌势获得支撑，又涨回到收盘价，但收市时，仍未超过开盘价，说明后市可能反弹。如图6-5所示。

图6-2　大阳线

图6-3　大阴线

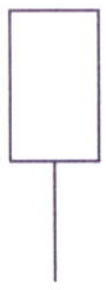

图6-4　有下影线的实体阳线

图6-5　有下影线的实体阴线

（五）实体阳线有上影线

实体阳线有上影线属于上升抵抗型，表示当天开盘后，股价先上涨，后遇到阻力，开始下跌，但收盘时仍未跌破开盘价，一般预示着后市可能下跌。如图 6-6 所示。

（六）实体阴线有上影线

实体阴线有上影线表示当天开盘后，股价先上涨，后开始下跌，且跌破开盘价，说明卖盘势力很强，下降趋势较强。如图 6-7 所示。

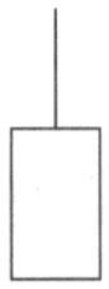

图 6-6 有上影线的实体阳线

图 6-7 有上影线的实体阴线

（七）实体阳线上下都有影线

实体阳线上下都有影线是一种反转信号。如果当时处于空头市场，则预示着股价在大跌后可能反弹，出现转机；如果在多头市场或上升趋势中出现，则预示着股价在大涨之后可能下跌。如图 6-8 所示。

（八）实体阴线上下都有影线

实体阴线上下都有影线是一种反转试探。如果股市持续大跌之后出现这种形态，说明股价下档有人承接，后市可能反弹；如果这种形态出现在大涨之后，说明股价波动不明朗，有待于静观后市变化。如图 6-9 所示。

图 6-8 上下都有影线的实体阳线

图 6-9 上下都有影线的实体阴线

（九）上影线比下影线长、实体阳线较短

上影线比下影线长、实体阳线较短说明多头稍占上风，但股价欲振乏力，后市可能下跌。如图 6-10 所示。

（十）上影线比下影线长、实体阴线较短

上影线比下影线长、实体阴线较短表示开盘后，股价先上涨，后下跌，说明行情并不乐观，空头略占上风。如图 6-11 所示。

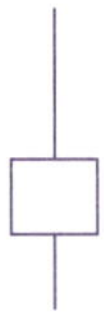

图 6-10　上影线比下影线长的阳线

图 6-11　上影线比下影线长的阴线

（十一）小阳线

小阳线属于欲涨乏力型，一般说明股市将出现小幅盘坚，即股价有小幅上涨。如图6-12 所示。

（十二）小阴线

小阴线属于先涨后跌型，一般表示股价将呈小幅盘软，后市可能有小跌。如图 6-13 所示。

图 6-12　小阳线

图 6-13　小阴线

（十三）下影线比上影线长、实体阳线较短

下影线比上影线长、实体阳线较短属于先跌后小涨型。这种下影阳线如果在长期涨势后出现，股价将可能再上涨；如果在长期跌势后出现，股价有可能反弹。如图 6-14 所示。

（十四）下影线比上影线长、实体阴线较短

下影线比上影线长、实体阴线较短属于欲跌不能型。这种下影阴线如果在股价持续下跌后出现，股价可能反弹；如果在持续上涨后出现，股价可能继续上升。如图 6-15 所示。

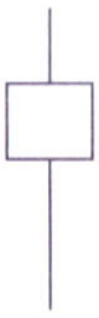

图 6-14　下影线比上影线长的阳线

图 6-15　下影线比上影线长的阴线

（十五）大十字星

大十字星通常属于转机形态（高档行情回档或低档行情反弹）。这种形态，开盘价与

收盘价相同，上下影线长度相等，说明当日多空较量，势均力敌，后市常有变化，应静观其变。在连续下挫的跌势持续甚久后的相对低位区间出现的十字星称为晨星或希望之星，表明后市在止跌后将有较大的反弹扬升行情，应择低吸纳。反之，在连续上扬的升势持续甚久之后的相对高位区间出现的十字星被称为晚星或射击之星，表明后市将有较大的回档下挫行情，次日应择高抛售。如图 6-16 所示。

（十六）小十字星

小十字星表示当日股价小幅升降波动，开盘价、收盘价相等，后市可能发生行情反转，应静观其变。如图 6-17 所示。

图 6-16　大十字星

图 6-17　小十字星

（十七）开盘价等于收盘价、下影线比上影线长

开盘价等于收盘价、下影线比上影线长一般表示买盘较强劲，股市行情看好。如图 6-18 所示。

（十八）开盘价等于收盘价、上影线比下影线长

开盘价等于收盘价、上影线比下影线长一般表示卖盘较强劲，股市行情看跌。如图 6-19 所示。

图 6-18　下影线略长的十字星

图 6-19　上影线略长的十字星

（十九）T 字型

T 字型说明当日股市开盘后，股价下跌，但下档支撑力很强，股价回升，以开盘价收盘。一般表示卖方力量虽强，但买力更大。如图 6-20 所示。

（二十）反 T 字型

反 T 字型说明当日开盘后，股价一直上涨，但遇到上档卖方压力，股价下跌，以开

盘价收盘。一般表示买方虽强，卖压更甚，也说明某一时期股价已达到一定水平，即将反转回跌，待整理完毕才可能再涨。如图 6-21 所示。

（二十一）四价合一型

四价合一型说明整日交易，股价一直未变，这种情况一般在开盘后直接达到涨跌停板的时候才出现。如图 6-22 所示。

图 6-20　T 字型

图 6-21　反 T 字型

图 6-22　四价合一型

从以上分析可以看出，通过单独一根 K 线对多方和空方优势进行衡量主要依靠实体的阴阳长度和上下影线的长度。在对单根 K 线进行分析时，也可简单概括为“两看”：一看实体。阳线实体越长，看多意味越强；阴线实体越长，看空意味越强。二看影线。上影线越长说明抛压越重，下影线越长说明承接力度越强。以上是一般看法，在关键位置时要结合量能等指标综合判断更为准确。

第三节　常见的 K 线组合形态分析

K 线的组合形态非常多，但有些组合形态的含义是可以通过别的组合形态含义推测出来的。无论是两根 K 线还是三根 K 线，都是以两根 K 线的相对位置的高低和阴阳来推测行情的。如图 6-23 所示，将前一天的 K 线按数字划分成五个区域，根据第二天的 K 线的相对位置进行行情判断。简单地说，第二天多空双方争斗的区域越高，越有利于上涨；争斗的区域越低，越有利于下降。即从区域 1 到区域 5 是多方力量减少、空方力量增加的过程。投资者只需要掌握几种特定的组合形态，然后举一反三，就可推测别的组合形态的含义。

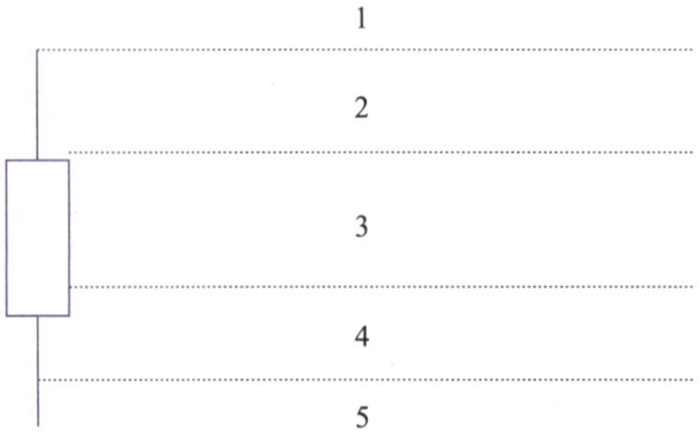

图 6-23　K 线的区域分布

一、上升行情的 K 线形态

（一）三个白武士

三个白武士由三根短小的连续上升的阳 K 线组成，如图 6-24 所示。K 线收盘价一日比一日高，如同武士勇敢前进，表示基础扎实，后市涨幅加大。

（二）两阳夹一阴

两阳夹一阴的 K 线组合是一根小阴线夹在两根阳线中间，如图 6-25 所示，在实践中是一组非常实用的 K 线组合，这个组合出现后，股价继续上涨的概率极大。

（三）上升三步曲

这组 K 线组合出现在上升途中，由一根较大阳线接三根较小阴线，再接一根较大阳线组合，如图 6-26 所示，预示后市将继续上涨。

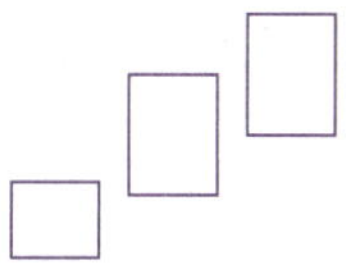
图 6-24　三个白武士

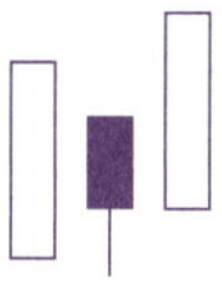
图 6-25　两阳夹一阴

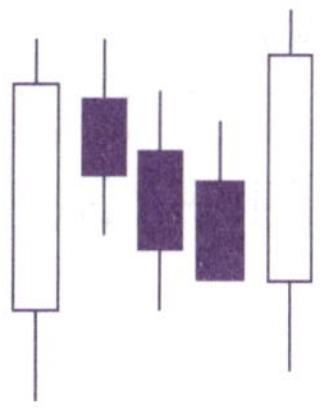
图 6-26　上升三步曲

二、下跌行情的 K 线形态

（一）三只黑乌鸦

三只黑乌鸦由三个短小的连续下跌的小阴实体组成，如图 6-27 所示，K 线收盘价一日比一日低，表示空方力量在逐步加强，后市看淡，下跌速度将加快。

（二）两阴夹一阳

两阴夹一阳的 K 线组合是一根阳线夹在两根阴线中间，如图 6-28 所示，这通常是一个下跌途中的形态。表示股价下跌中，中间遇到小阳线的抵抗，但还是挡不住卖方的力量，股价将继续走下跌行情。

（三）下跌三步曲

一根长阴线后跟三根连续小幅上涨的小阳线，随后又是一根大阴线，如图 6-29 所示，反映市场极度虚弱，小涨大跌，空方绝对占优的情况。

图 6-27　三只黑乌鸦

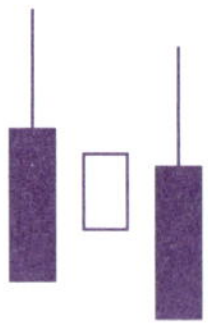

图 6-28　两阴夹一阳

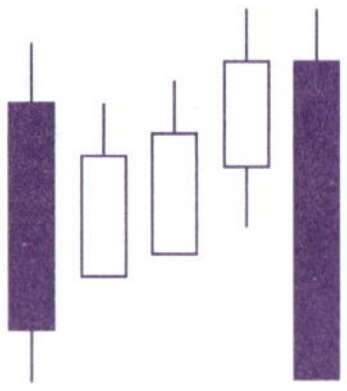

图 6-29　下跌三步曲

三、震荡整理行情的 K 线形态

（一）底部区域的震荡整理形态

1. 底部横盘整理

股价经过了较长时间的下跌，开始横盘整理，此时会出现小阴线和小阳线横排并行，上下空间不大，如图 6-30 所示，这是一种小幅震荡筑底形态。

2. 双针探底

双针探底由两个带一定下影线的锤头，中间隔有数根 K 线组成，如图 6-31 所示，反映的是主力在低位两次刻意打压震荡，吓出恐慌盘，随后又有惊无险筑成底部。双针探底也可以由一个锤头和一个十字星组成。

图 6-30　底部横盘整理

图 6-31　双针探底

（二）上升途中的震荡整理形态

上升途中的震荡整理形态通常表现为上升中继十字星形，如图 6-32 所示。股价在上涨过程中，由于庄家要震仓洗盘，就会采用打压股价、上下震荡的做法，但庄家是假出货、真进货，盘中显示的是阴线，是投资则会不看好后市，但尾市要把出去的筹码收回来，这便形成了上涨途中的中继十字星。

图 6-32　上升途中的震荡整理形态

四、K 线形态的实际应用

（一）上升行情的 K 线形态

1. 三个白武士

如图 6-33 所示，光启技术（002625）2020 年 7 月 2 日至 6 日形成“三个白武士”的 K 线组合形态（注意观察成交量的变化），随后股价进入主升浪。

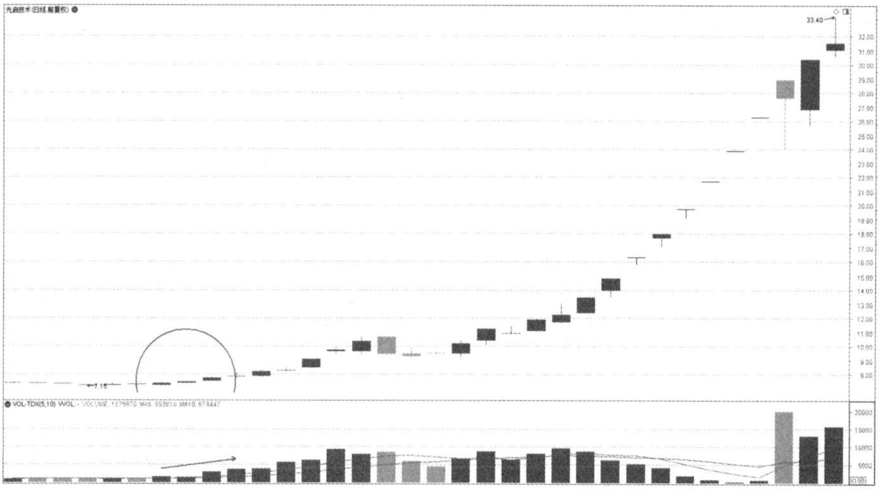

图 6-33 光启技术股价走势图

2. 两阳夹一阴

如图 6-34 所示，索菱股份（002706）2022 年 7 月 19 日至 21 日形成“两阳夹一阴”的 K 线组合形态，随后股价延续上升走势。

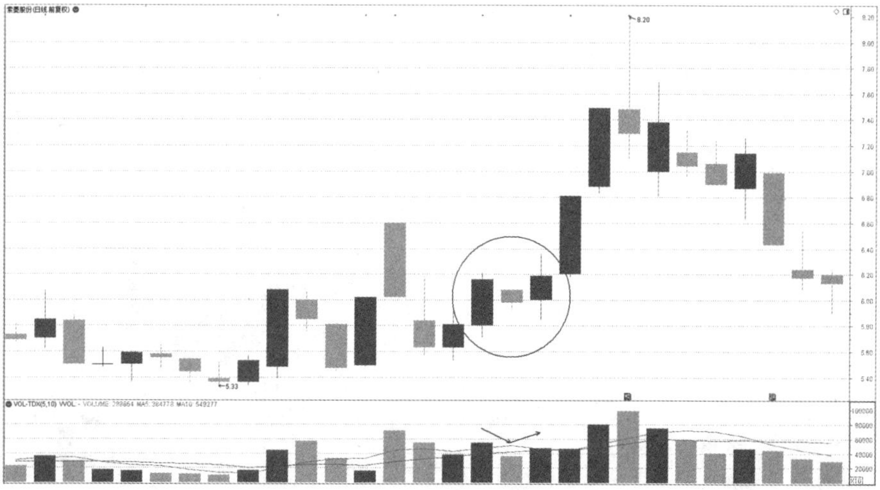

图 6-34 索菱股份股价走势图

3. 上升三步曲

如图 6-35 所示，华西能源（002630）2022 年 5 月 26 日至 6 月 1 日形成“上升三步曲”的 K 线组合形态（注意回调时成交量的变化），此后股价继续上扬。

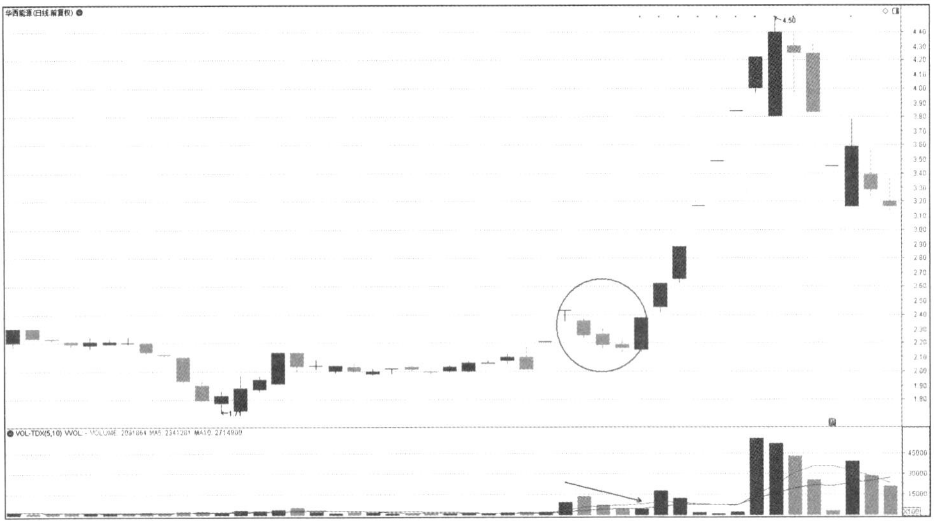

图 6-35　华西能源股价走势图

（二）下跌行情的 K 线形态

1. 三只黑乌鸦

如图 6-36 所示，仙坛股份（002746）2022 年 9 月 6 日至 8 日出现“三只黑乌鸦”的 K 线组合形态，股价一波比一波低。

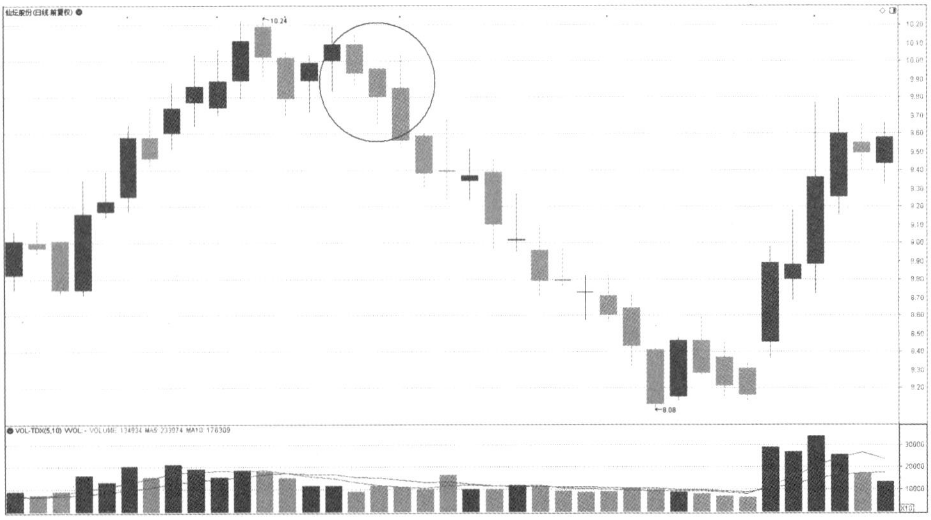

图 6-36　仙坛股份股价走势图

2. 两阴夹一阳

如图 6-37 所示，南兴股份（002757）2022 年 9 月份多次形成“两阴夹一阳”的 K 线组合形态，股价深跌。

图 6-37 南兴股份股价走势图

3. 下跌三部曲

如图 6-38 所示，传音控股（688036）2022 年 6 月中旬形成“下跌三步曲”的 K 线组合形态，紧接着股价大跌。

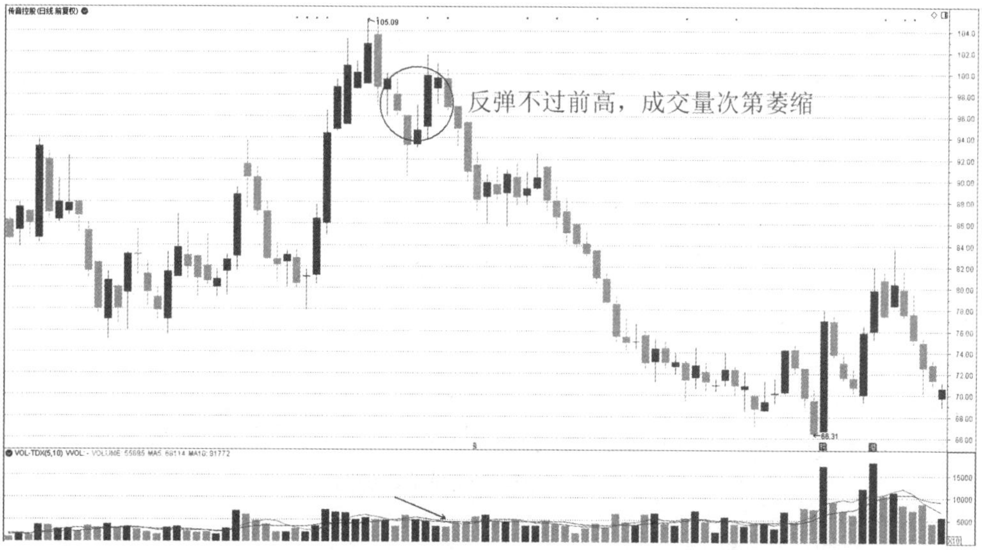

图 6-38 传音控股股价走势图

（三）震荡整理行情的 K 线形态

1. 底部区域的震荡整理形态

如图 6-39 所示，海光信息（688041）2022 年 10 月中下旬出现了“底部横盘整理”之势。

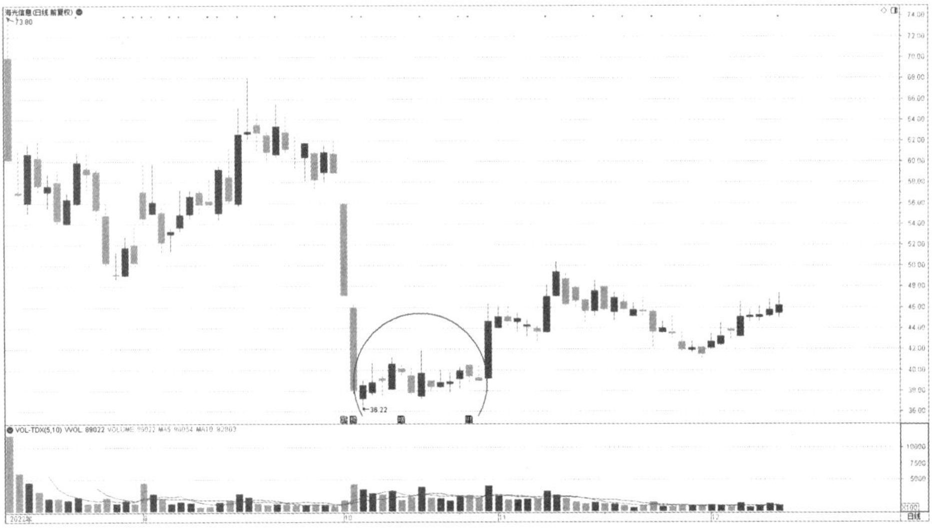

图 6-39　海光信息股价走势图

如图 6-40 所示，中望软件（688083）2022 年 4 月中下旬形成“双针探底”之势。

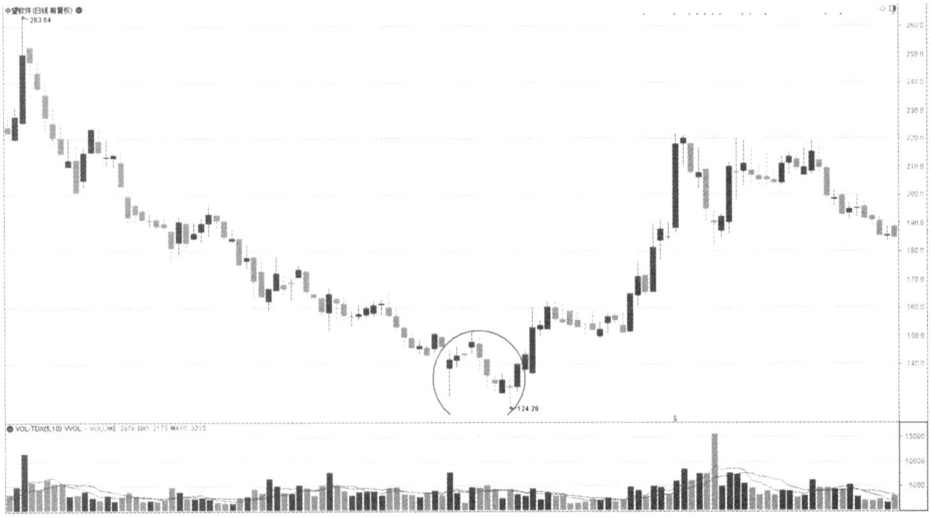

图 6-40　中望软件股价走势图

2. 上升途中的震荡整理形态

如图 6-41 所示，瑞松科技（688090）在 2022 年 6 月下旬至 7 月下旬的走势中出现

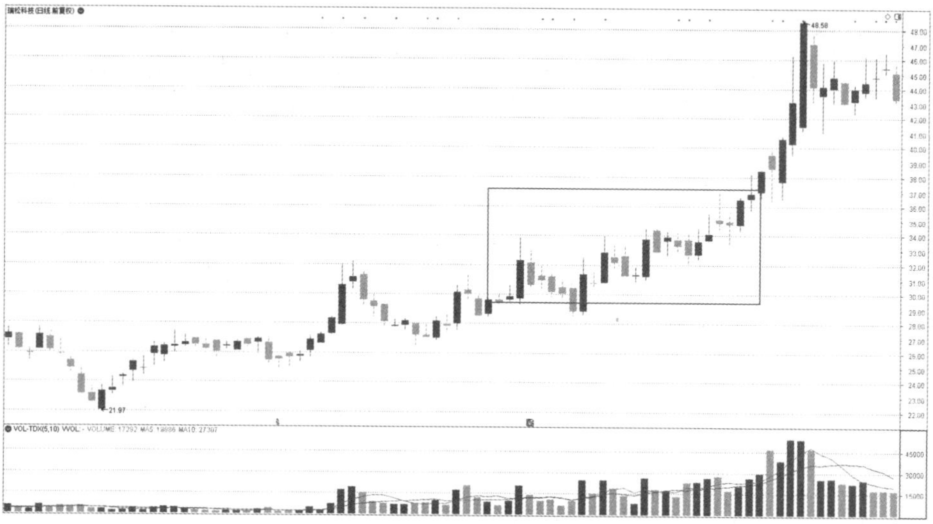

图 6-41　瑞松科技股价走势图

多根十字星及星型线，股价持续上涨。

五、K 线分析应注意的问题

K 线图表简洁直观，立体感强，而 K 线组合形态信息明确，判断后市准确率较高，故 K 线理论在股市中深受投资者的欢迎，使用者众多。但在实践中投资者要做到精通 K 线，利用 K 线分析市场，并不是一件容易的事，需要有扎实的功底和娴熟的使用技巧。因此，投资者应在实践中不断学习，通过实战锻炼，提高自己解析图表、把握大势的能力。

K 线表现市场有很强的视觉效果，是最能表现市场行为的图表之一。尽管如此，由于 K 线是依靠人的主观印象建立起来的，是人们对历史走势形态的一种归纳和表达方法，并没有严格的科学逻辑，因此，它并非一种完美的技术，也存在着一些缺陷。投资者在应用时应注意以下四点。

（一）单根 K 线分析的出错率比较高

K 线是一种短线分析方法，使用时用昨天的 K 线特征去预测今天的走势，再以今天的 K 线特征去预测明天的走势。而市场的实际变动是复杂的，与投资者的主观判断经常会出现偏差。在盘中操作时依据想象的、不确定的结果进行买卖，成功率不可能很高。

另外，用收市后的 K 线结果作依据，会导致“顺势难为”和“逆势是否能为”的两难选择。例如，对于已涨停的股票，不到收市前夕不能确定 K 线的性质，确定了 K 线的性质又不能再买入，若涨停板打开又担心上影线过长，且进一步演变成射击之星形态等。

（二）K 线方法只能作为战术手段，不能作为战略手段，必须同其他方法结合使用

K 线方法常常用于战术决策，并且是作为其他理论的辅助工具来使用。在实践中，

如果将K线和趋势分析与指标分析结合使用，优点会十分突出。例如，当使用波浪理论计算目前价位到了某一个技术目标，且恰逢某个重要的时间窗口，K线又发出卖出信号时，这时卖出一般是不会错的，投资者应当机立断采取行动。

（三）投资者要善于使用周K线

在股市中，多数投资者都看日K线，用日K线指导操作。但日K线容易出错，且经常被庄家操纵。而周K线反映的是中级行情，时间周期长，庄家操纵的难度非常大，所以周K线的准确性远高于日K线，对于指导中线投资者操作有比较好的效果。例如，当日K线是底部形态，而周K线是持续下跌形态时，说明股价并未见底。在股市中，一般大周期管中周期，中周期管短周期，因此周K线管日K线。只有当周K线见顶或见底，日K线也见顶或见底时，这个顶部或底部才真实可靠。

（四）K线组合分析要根据实际情况进行修改和调整

K线组合形态是总结历史经验的产物。在实际操作中，完全符合前面所介绍的组合形态的情况并不多见，如果一成不变地照搬组合形态，有可能会错失买入或卖出的良机，如当K线组合出现平顶、圆顶或塔形顶时，投资者同样应迅速采取行动。所以，投资者在实战中要根据情况适当地改变组合形态和调整操作策略。

总之，无论是一根K线，还是两根、三根甚至多根K线，都是对多空双方的争斗做出的描述，由它们的组合得到的结论都是相对的，不是绝对的。对进行具体股票买卖的投资者而言，结论只是一种建议作用。有时候在应用时，会发现运用不同种类的组合得到了不同的结论。有时应用K线分析以后。得到明天股价会下跌的结论，但是次日股价没有下跌，而是出现与事实相反的结果。这个时候的一个重要原则是尽量使用根数多的K线组合的结论，将新的K线加进来重新进行分析判断。一般来说，多根K线组合得到的结果不大容易与事实相反。

本章小结

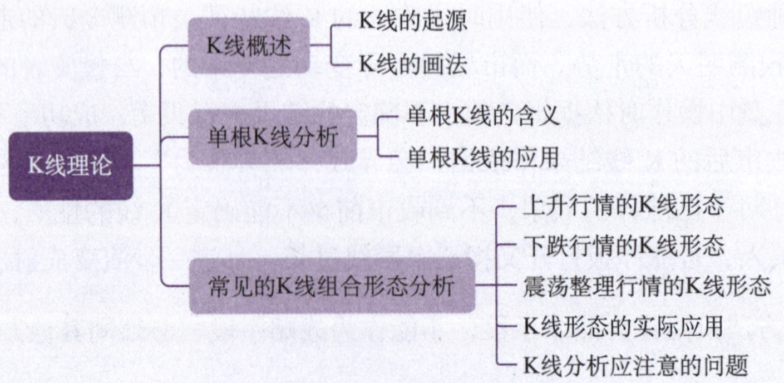

课程思政

课程思政

课后练习题

一、单选题

1. 光头光脚的长阳线表示当日（　　）。

A. 空方占优　　B. 多方占优　　C. 多空平衡　　D. 无法判断

2. K线图中十字星的出现表明（　　）。

A. 多方力量还是略微比空方力量大一点

B. 空方力量还是略微比多方力量大一点

C. 多空双方的力量不分上下

D. 行情将继续维持以前的趋势，不存在大势变盘的意义

3. 对于仅有上影线的光脚阳线，多方势力最强的情况是（　　）。

A. 阳线实体较长，上影线较短　　B. 阳线实体较短，上影线较长

C. 阳线实体较长，上影线较长　　D. 阳线实体较短，上影线较短

4. 就单根K线而言，反映多空双方争夺激烈且势均力敌的K线形状是（　　）。

A. 带有较长下影线的阴线　　B. 大阴线

C. 大阳线　　D. 大十字星

5. 当收盘价与最高价相等时出现的K线被称为（　　）。

A. 光头阳线　　B. 光头阴线　　C. 光脚阳线　　D. 光脚阴线

6. 当开盘价与最高价相等时出现的K线被称为（　　）。

A. 光头阳线　　B. 光头阴线　　C. 光脚阳线　　D. 光脚阴线

7. 当开盘价与最低价相等时出现的K线被称为（　　）。

A. 光头阳线　　B. 光头阴线　　C. 光脚阳线　　D. 光脚阴线

8. 当开盘价和收盘价分别与最高价和最低价相等时出现的K线被称为（　　）。

A. 光头光脚阳线　　B. 光头光脚阴线

C. 十字星　　D. 一字型

9. 当（　　）时，会出现 T 字型 K 线。

A. 收盘价等于最高价，同时开盘价等于最低价

B. 收盘价等于最高价，同时和开盘价也相等

C. 收盘价等于最低价，同时开盘价和最高价相等

D. 收盘价和开盘价都等于最低价

10. 在 K 线运用当中（　　）。

A. 无上影线的阳线对多方有利

B. 上影线越短，实体越长越有利于多方

C. 上影线越长，对空方越有利

D. K 线分阴线和阳线两种形态

二、多选题

1. 光头光脚的大阳线的出现说明（　　）。

A. 多方占了优势　　B. 股价涨了

C. 市场波动很大　　D. 空方占了优势

2. 光头阳线的出现说明（　　）。

A. 多方占了优势　　B. 空方占优势

C. 先涨后跌　　D. 先跌后涨

3. 在下列 K 线图中，开盘价等于最高价的有（　　）。

A. 光头光脚的阴线　　B. 带有上影线的光脚阳线

C. 十字星 K 线图　　D. T 字型 K 线图

4. 光脚阳线的出现说明（　　）。

A. 多方仍占优势　　B. 空方占优势

C. 多方遇到空方的抵抗　　D. 股价先涨后跌

5. 根据 K 线理论，K 线实体和影线的长短不同所反映的分析意义不同，如（　　）。

A. 在其他条件相同时，实体越长，多方力量越强

B. 在其他条件相同时，上影线越长，越有利于空方

C. 在其他条件相同时，下影线越短，越有利于多方

D. 在其他条件相同时，上影线长于下影线，有利于空方

三、判断题

1. 如果开盘价高于收盘价，则 K 线实体为阳线；反之，如果收盘价高于开盘价，则 K 线实体为阴线。（　　）

2. 光头阴线的出现说明下降遇到了抵抗。（　　）

3. 光脚阴线的出现说明股价先跌后涨。 ( )
4. 下影线越长，股价下降的趋势越弱。 ( )
5. 阴线实体越长，越有利于股价上涨。 ( )
6. 光脚阴线的出现说明股价先跌后涨。 ( )
7. 光头光脚的长阳线表明当日多方占优。 ( )
8. 二根K线的组合中，第二天多空双方争斗的区域越高，表示越有利于下跌。 ( )
9. 我国证券交易所单个证券的日开盘价是交易日的第一笔成交价格。 ( )
10. 波浪理论最核心的内容是以K线为基础的。 ( )

四、简答题

1. 试举例说明K线形态中的孕线，并对该形态特征进行总结。
2. 对比分析K线形态中的启明星形态与黄昏星形态，并举例说明。

第七章 支撑和压力理论

学习目标

一、知识目标

- 能够完整陈述支撑线和压力线的定义；
- 能够完整陈述趋势线的定义和种类、轨道线的定义、趋势线和轨道线的区别与联系；
- 能够完整陈述黄金分割线和百分比线的定义，记住几个重要的黄金分割比率及百分比率；
- 能够大致陈述扇形线、速度线和甘氏线的定义。

二、能力目标

- 能够计算某只股票的支撑价位或压力位，并且运用支撑线和压力线原理进行趋势交易；
- 能够画出趋势线和轨道线，进而判断股价是否被突破或处于维持状态；
- 能够运用黄金分割线计算股票的重要支撑点位以及压力位，能够运用百分比法则计算股票的重要支撑点位以及压力位；
- 能够运用扇形线、速度线以及甘氏线指导股票买卖。

三、素质目标

• 能够保持冷静和理性，具备一定抗压能力和心理韧性，为未来的职业生涯打下坚实的基础；

• 能够学会在面对压力和挫折时保持积极态度，勇于担当。

教学案例

中国宝安（000009）在 2021 年 8 月 24 日公布 2021 年半年度报告，公司 2021 年上半年实现营业收入 80.2 亿元，同比增长了 101.73%；归属母公司净利润 6.8 亿元，同比增长了 402.95%；受半年度财务报告利好消息提振，该股在当天斩获 29.27 元 / 股的阶段性高点，该股在 2021 年年初的最低价是 7.55 元 / 股，股价翻了 2.87 倍，累计实现收益 186.68%。此后，股价开始快速向下回调，回调时间长度延伸至 2022 年 4 月底，在这个过程当中，股价在 22.13、14.5 这两个点位进行反弹，但均以失败告终，这两个点连成的一条线也成了该股的一条压力线。该股在 2022 年 4 月 27 日触及最低价 7.92 元 / 股，此后触底反弹，在 10.79 元 / 股的点位突破压力线，强势拉升，日成交量也从 897 304 手急速放大到 118 万手。

第一节　支撑线和压力线

一、支撑线

（一）支撑线的定义

支撑线是指股票市价跌到某个价位附近时，该股已经停止下跌，并且有反弹回升的迹象，该价位已经成为阻挡股价继续下跌的点位，将这一系列点位连成一条直线，就成了支撑线。

（二）支撑线的原理

支撑线的原理是当股价跌至某一个价格区间，已经不能继续往下跌，买方人气因此积聚，卖方舍不得手上筹码，该股出现供不应求的情况，股价掉头回升。实质上是股价运行到这一价位时，空方获利筹码已出清，手上并无多余的筹码可以打压多方，多方则在比较低的价位大量吸收筹码，以备下一步拉升，而套牢盘仓位已锁死，不轻易斩仓，因此，股价在这一点位获得了极大的支撑。

支撑线一般产生于成交密集区，多方在这一区间反复不断地趁机低价吸收筹码，使得成交量不断地放大，另外，当行情下跌至原上升波的 50% 时，在这一区间往往也会产生支撑线，阶段性的最低价位往往是投资者的心理支撑线。

（三）支撑线的应用

在实盘中，支撑线会随着趋势上升或者下降而发生位移，当股票行情趋势处于上升阶段，股票支撑线也会随着趋势向上移动；而当股票行情趋势处于下降阶段，股票支撑线则会随着趋势向下移动。下面以 *ST 佳沃为例，介绍支撑线的画法以及它的应用。

（1）打开东方财富软件，如图 7-1 所示。

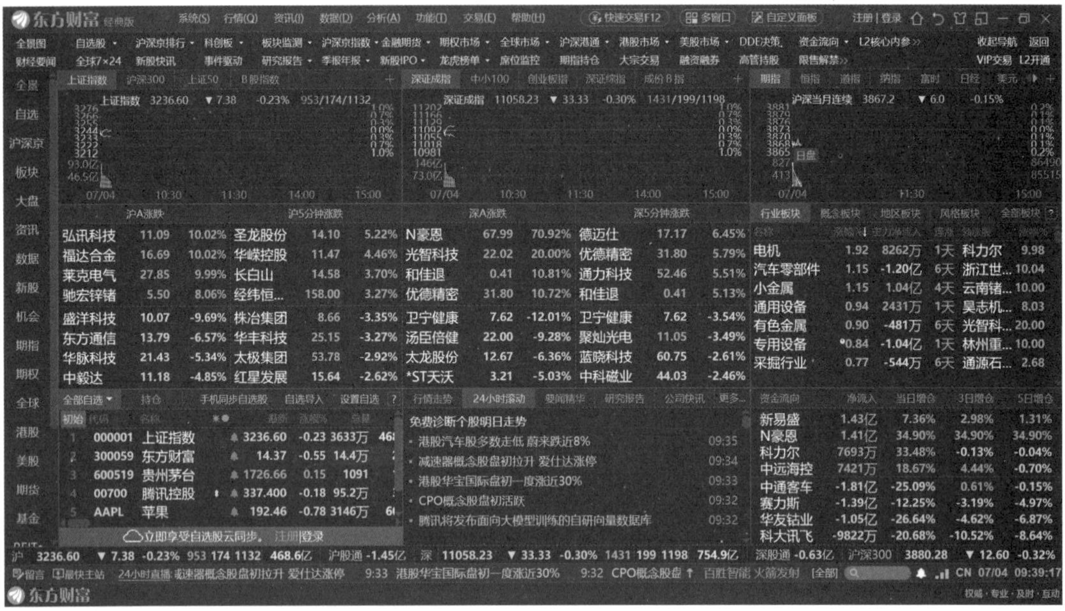

图 7-1　东方财富打开界面

（2）找到 *ST 佳沃这家上市公司股价走势图，将 *ST 佳沃这一只股票股价走势图锁定在 2021 年 2 月份至 2022 年 7 月份这个区间，调出画图工具栏，如图 7-2 所示。

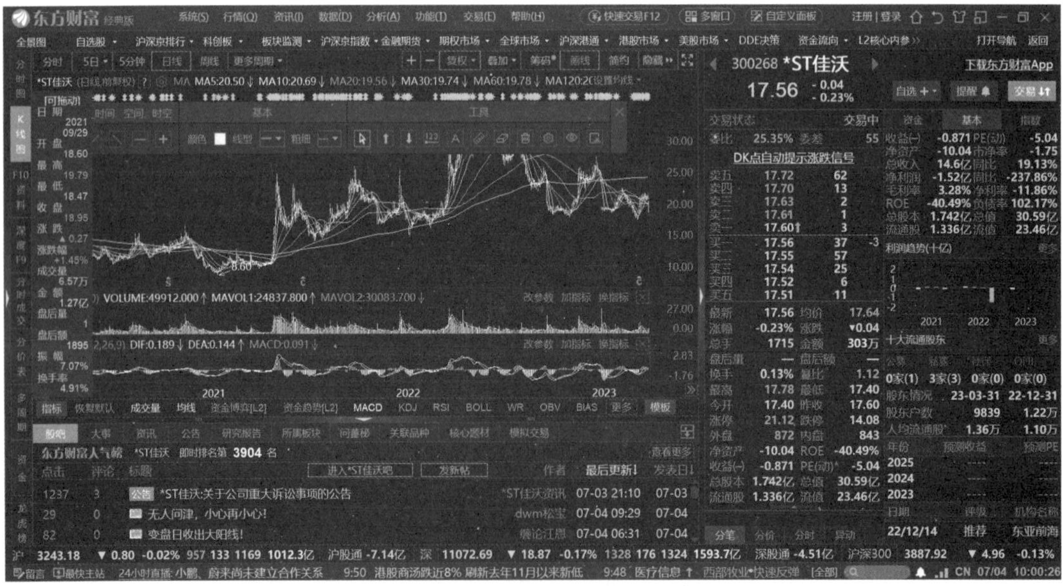

图 7-2　调出画图工具

（3）利用红色直线工具将这一阶段当中处于明显的上升或下跌走势中各个高低点连接起来，由此形成两个平台，第一个平台股价在 13.55 元获得支撑，用浅色直线画出一条水平线，就形成了支撑线 1，第二个平台股价在 26.87 元获得支撑，用浅色直线画出一条水平线，就形成了支撑线 2，如图 7-3 所示。

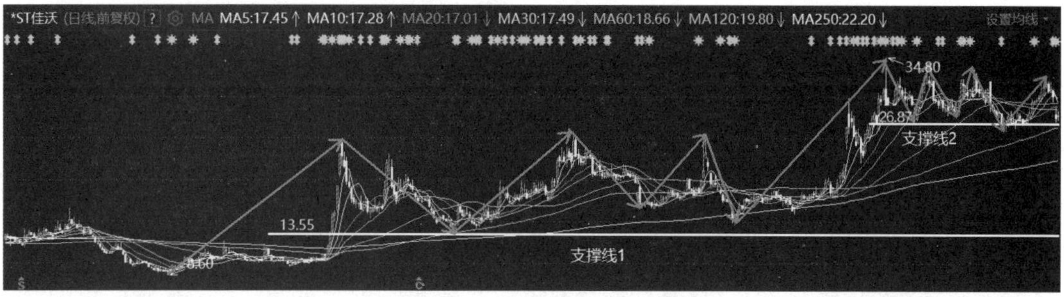

图 7-3　*ST 佳沃的支撑线

*ST 佳沃在 2021 年 2 月 8 日出现了阶段性底价 8.6 元 / 股，在此后的一年多时间里，该股股价不断上升，将 2021 年 8 月 9 日以及 2022 年 2 月 10 日两日股价最低点连成一条直线，就形成了第一条支撑线，此后该股在这一支撑线的加持下，股价势如破竹，得到资金的强力拉升，在 2022 年 6 月 7 日至 2022 年 7 月 4 日这一区间获得了第二次支撑。可见，*ST 佳沃这一只股票的支撑线是随着股市行情上涨而不断出现向上的位移。

二、压力线

（一）压力线的定义

压力线又称为下降趋势线，它是指价格上涨到某一个区间位置，股票出现了滞涨的现象，股价徘徊在某一高位区间，甚至出现了股价回落的情况，将这些压制股票价格继续上涨的点位连接成一条直线，就形成了压力线。

（二）压力线的原理

压力线的原理是当股票价格上涨至某个高位附近，投资者做多的意愿减弱，多方急于卖股套现，积聚了大量的抛售盘，使得股价掉头向下。其本质是观望者认为股价已经过高，非系统性风险增大，做多意愿逐渐减弱，之前的盈利盘已经减股套现、落袋为安了，大部队资金已经撤离该股，持股者认为目前点位偏高，也想规避股价过高的风险，盘面上集聚了大量的卖单。

压力线也产生于成交密集区，除此之外，当市场行情上涨至某一百分比线时，股价也会在这一区域形成一个压力区，例如，股价上涨幅度超过 50% 或者 61.8% 会出现滞涨的现象，并进行回档调整，此时这一条百分比线就变成一条心理压力线。

（三）压力线的应用

在实盘中，压力线会随着趋势上升或者下降而发生位移，当股票行情趋势处于上升阶段，股票压力线也会随着趋势向上移动；而当股票行情趋势处于下降阶段，股票压力线则会随着趋势向下移动。下面以华谊兄弟为例，介绍压力线的画法以及它的应用。

（1）打开东方财富软件，如图 7-4 所示。

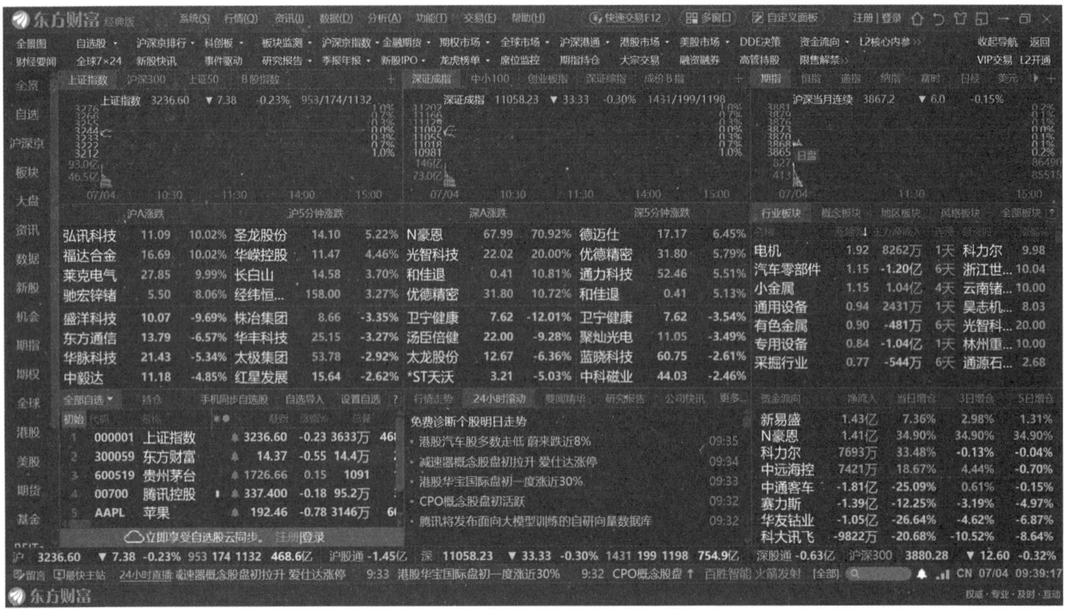

图 7-4　东方财富打开界面

（2）找到华谊兄弟这家上市公司股价走势图，将华谊兄弟这一只股票股价走势图锁定在 2020 年 8 月份至 2022 年 6 月份这个区间，调出画图工具栏，如图 7-5 所示。

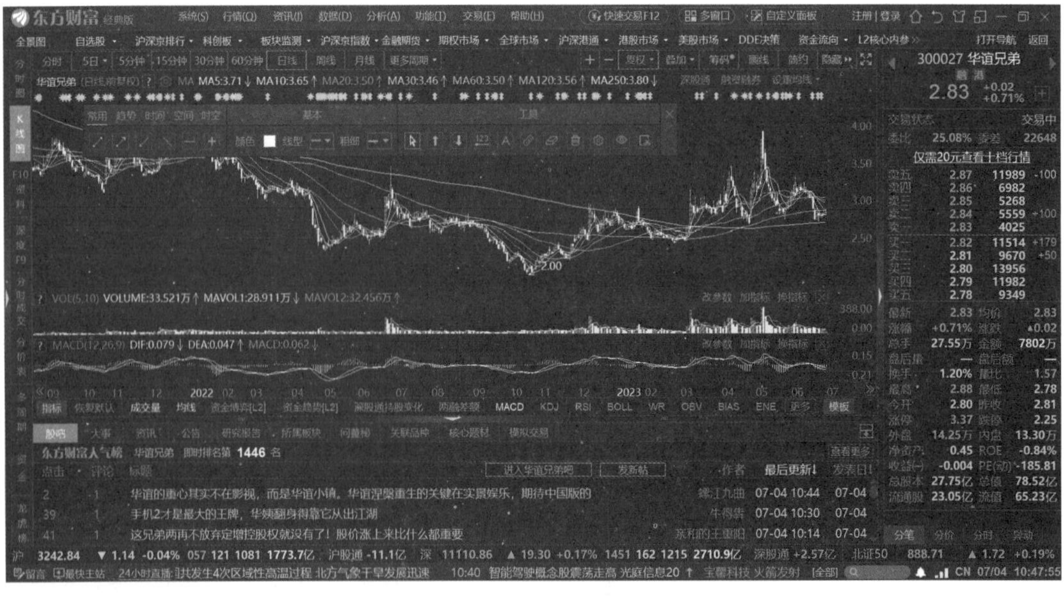

图 7-5　调出画图工具栏

（3）利用红色直线工具将这一阶段当中处于明显的上升或下跌走势中各个高低点连接起来，由此形成两个压力区，第一个压力区股价在 4.18 元，无法再创新高，用浅色直线画出一条水平线，就形成了压力线 1，第二个压力区股价在 3.42 元位置徘徊，用浅色直线画出一条水平线，就形成了压力线 2，如图 7-6 所示。

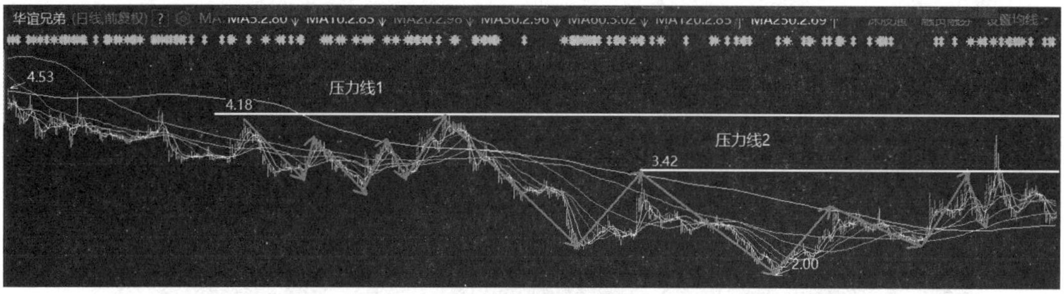

图 7-6　华谊兄弟的压力线

华谊兄弟在 2020 年 8 月 24 日创出阶段性高价 7.2 元 / 股，受到半年报持续亏损消息的影响，再叠加影视行业集体过冬，华谊兄弟的股价此后一路下跌，在 2022 年 5 月 6 日出现最低价 2 元 / 股，在这中间，该股出现两段短期的反弹，第一段反弹出现在 2021 年 7 月 19 日至 2022 年 1 月 7 日，这一段反弹形成了第一条压力线，第二段反弹出现在 2022 年 6 月 30 日至 2022 年 9 月 30 日，也是形成第二条压力线，这两条压力线是伴随着华谊兄弟行情下跌一上一下出现的。

第二节　趋势线和轨道线

一、趋势线

（一）趋势线的定义

趋势线是用来描绘某一只股票过去价格走势的直线。股价走势分为上升趋势、下跌趋势以及横盘趋势，其中上升趋势是指股价运行过程中，后一个波峰和波谷比前一个波峰和波谷都高；下跌趋势是指股价后一个波峰和波谷比前一个波峰和波谷都低；横盘趋势是指股价后一个波峰和波谷与前一个波峰和波谷不相上下。

趋势线可以分为上升趋势线和下跌趋势线。上升趋势线是股价处于上升趋势中，将明显的几个支撑点（最低点）连接成的一条直线；下跌趋势线是股价处于下跌趋势中，将几个明显的压力点（最高点）连接成的一条直线。

（二）趋势线的应用

趋势线主要用于趋势投资。利用趋势线可以判断股票市场行情，若趋势线方向持续向上延伸，则股票市场处于多头行情；若趋势线方向持续向下突破，则股票市场形成一个空头市场，投资者应根据趋势方向持有原来的头寸直至市场发出趋势反转信号。另外，投资者也可以利用股价对趋势线的突破来决定股票入场与出场的时间点，比如当股票市价上穿压力线，并且成交量在不断扩大时，这是一个多头的信号，投资者可以选择在这一突破位入场；反之，股票市价下穿支撑线，掉头向下，这是一个空头的信号，持有该股票多头的投资者可以选择这一突破位进行清仓。

下面以中锐股份和韶能股份为例，介绍趋势线的画法以及它的应用。

（1）打开东方财富软件，如图 7-7 所示。

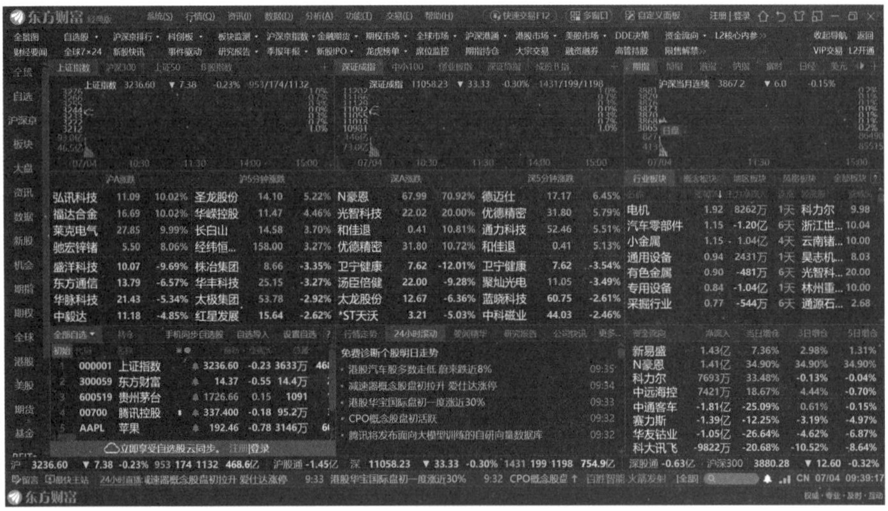

图 7-7　东方财富打开界面

（2）找到中锐股份这家上市公司股价走势图，将中锐股份这一只股票股价走势图锁定在 2021 年 11 月份至 2022 年 1 月份这个区间，调出画图工具栏，如图 7-8 所示。

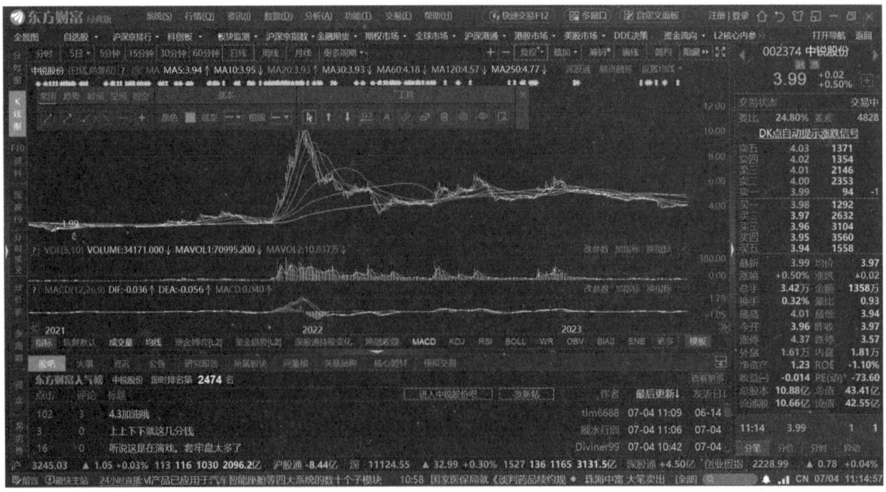

图 7-8　调出画图工具栏

（3）将中锐股份这只股票 2021 年 11 月 25 日至 2022 年 1 月 5 日这一段时间股价低点用红色直线连接起来，就形成一条上升趋势线，这一条上升趋势线也构成了一条支撑线，如图 7-9 所示。股价在 2022 年 1 月 10 日这一天开始下穿这一条上升支撑线，当收盘价突破上升趋势线幅度超过 3% 时，反转行情随即确立，股价掉头向下，突破后几天内成交量急剧放大。

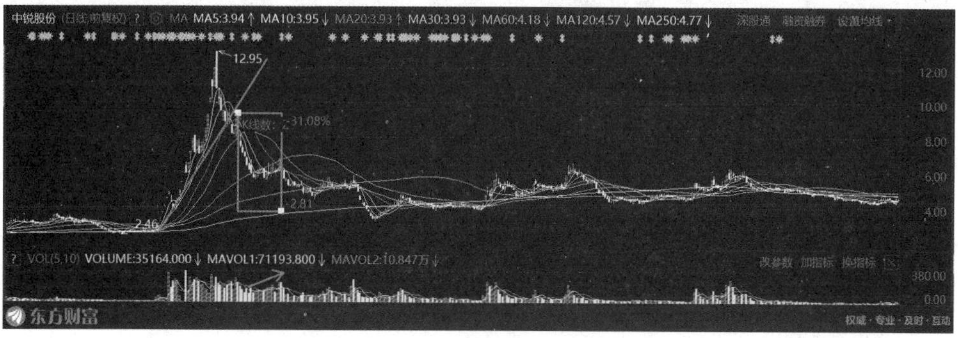

图 7-9　中锐股份的上升趋势线

（4）找到韶能股份这家上市公司股价走势图，将韶能股份这一只股票股价走势图锁定在 2020 年 8 月份至 2022 年 4 月份这个区间，调出画图工具栏，如图 7-10 所示。

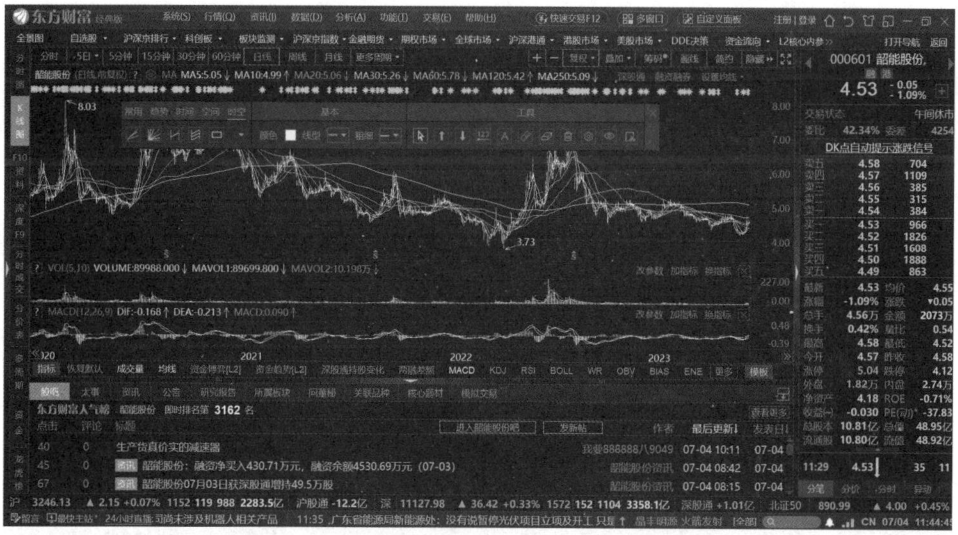

图 7-10　调出画图工具栏

（5）韶能股份在 2020 年 8 月 5 日至 2022 年 4 月 27 日这一段时间处于下跌趋势，股价自上而下形成一条压力线，于 2022 年 4 月 27 日触及最低价 3.73 元 / 股，此后股价跌无可跌，不断上摸压力线，直至突破压力线，强力反弹，并伴随着天量成交量的出现，如图 7-11 所示。

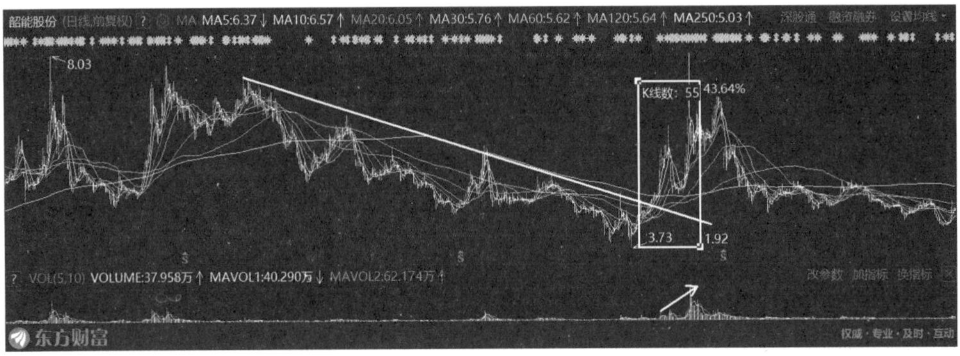

图 7-11　韶能股份的下跌趋势线

二、轨道线

（一）轨道线的定义

轨道线又称为通道线，它是在趋势线存在的基础上形成的，即确立趋势线之后，通过第一个波峰或波谷，画出这一条趋势线的平行线，这一条平行线就是轨道线。轨道线是股价的运行通道，股价触及上行轨道线遇阻回档，反之股价在下行轨道线处获得支撑强力反弹，股价在轨道线内上下震荡。

（二）轨道线的应用

下面以传智教育为例，介绍轨道线的画法以及它的应用。

（1）打开东方财富软件，如图 7-12 所示。

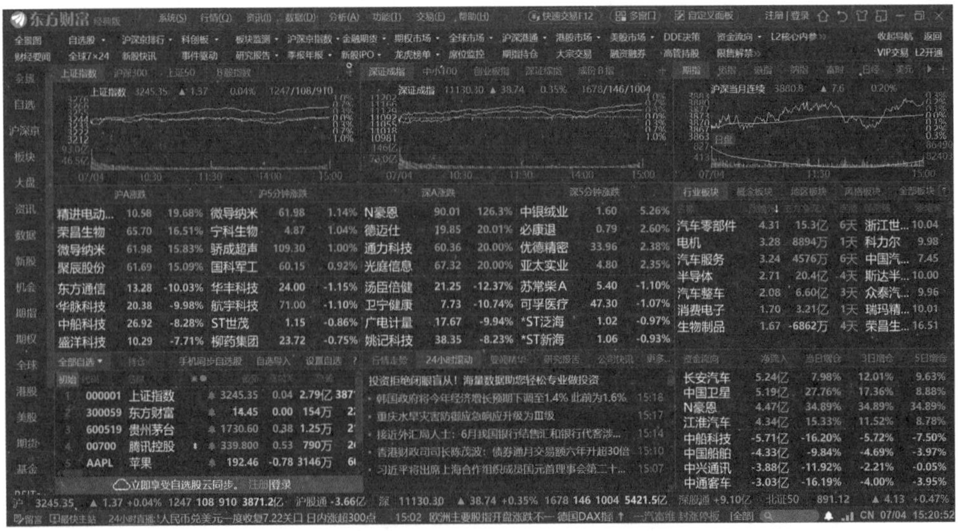

图 7-12　东方财富打开界面

（2）在东方财富界面搜索“传智教育”，弹出传智教育股价走势图，调出画图工具栏，如图 7-13 所示。

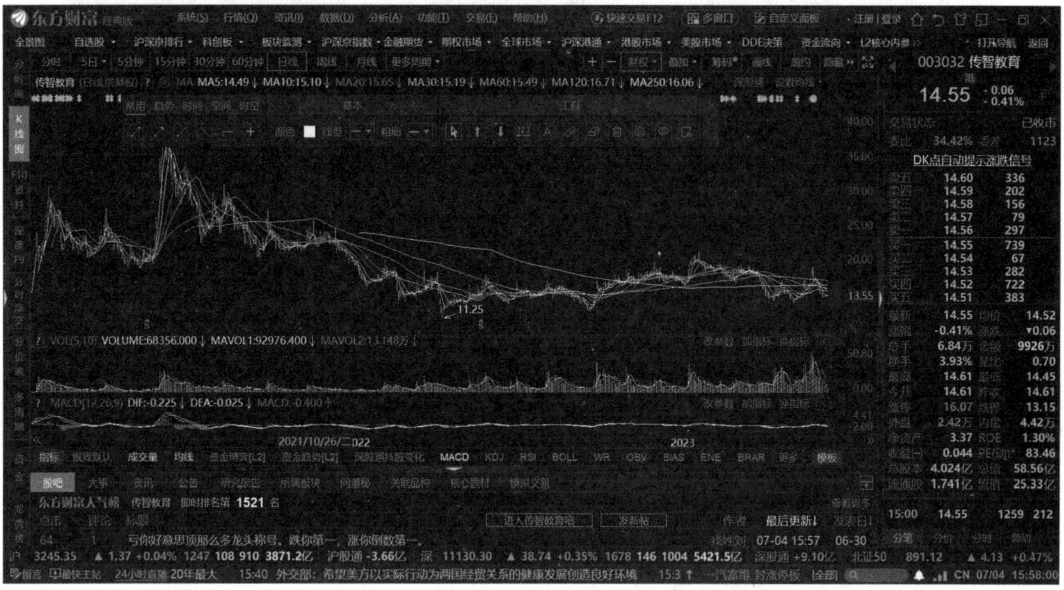

图 7-13　调出画图工具栏

（3）将传智教育股价走势图锁定在 2021 年 7 月 28 日至 2022 年 1 月 14 日这个区间，先用一条浅色的直线将这段时间所有低点连接起来，再用另外一条浅色直线将这段时间所有高点连接起来，由此形成第一个股价下跌通道，当股价接触到上轨道时卖出，股价触及下轨道时买入。股价向上突破上轨道是短线极佳的买入时机，如果此后股价快速上升，那么股价跌破上轨道是短线极佳卖出时机；股价向下突破下轨道是短线极强烈的卖出信号，如果此后股价快速下跌，那么当股价向上突破下轨道时是短线极佳的买入时机。

将该股股价走势图锁定在 2022 年 2 月 24 日至 2022 年 4 月 29 日，在这个区间里面，先用一条绿色的直线将这段时间所有低点连接起来，再用另外一条绿色直线将这段时间所有高点连接起来，传智教育在 2021 年 7 月 28 日至 2022 年 1 月 14 日形成第一个股价下跌通道，该股在 2022 年 1 月底股价开始突破这一下跌轨道，下跌速度开始加速，形成第二条下跌通道。明显可以看出第二条下跌通道斜率比第一条下跌通道要大，也比较陡峭，如图 7-14 所示。

三、趋势线和轨道线的区别与联系

（一）趋势线和轨道线的区别

趋势线和轨道线的区别在于股价突破信号不同。股价突破趋势线意味着反转，上升

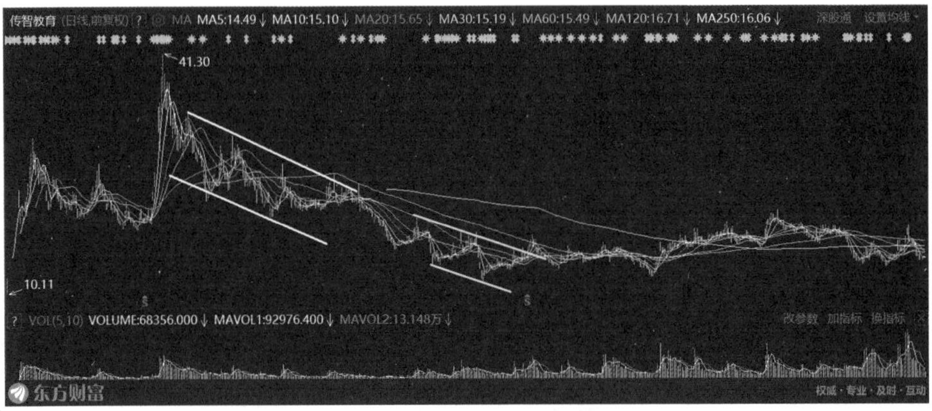

图 7-14　传智教育的轨道线

趋势中，股价下穿上升趋势线，并且超过一定幅度，意味着股价即将掉头向下；反之，下跌趋势中，股价上穿下跌趋势线，意味着股价将反弹。与股价突破趋势线不同，股价突破轨道线并不意味着行情的反转，而是意味着行情的加速，即原来轨道线的斜率会变大，会变得更加陡峭。

（二）趋势线与轨道线的联系

轨道线的存在是以趋势线为前提的，轨道线不能脱离趋势线而单独存在，先有趋势线后有轨道线。某一条趋势线或者轨道线被股价触及的次数越多，该条趋势线或者轨道线延续的时间就越长，该条趋势线或轨道线被认可的程度和重要性就越高。

第三节　黄金分割线和百分比线

一、黄金分割线

（一）黄金分割线的定义

黄金分割线是一种古老的数学方法，其创始人是古希腊的毕达哥拉斯（Pythagoras），即一条线段的一部分与另一部分之比如果正好等于另一部分占整个线段的比例，即0.618，这种比例就叫黄金分割。由黄金分割线衍生出重要的黄金分割点有：0.382、0.500、0.618、1.618、2.000、2.618，这些黄金分割点构成了股票市场重要的调整支撑位或者反弹压力位。

（二）黄金分割线的应用

黄金分割线主要用于判断股市行情中的支撑位和压力位，当股票处于上涨行情中时，以最近的波谷作为基础，使用大于 1 的黄金分割点，计算股票的支撑价位；反之，当股票处于下跌行情中时，以最近的波峰为基础，使用小于 1 的黄金分割点，计算股票的重要压力点。

具体来说，当某一只股票处于上涨行情时，股价在上涨的过程中会出现调整，随后继续上涨，可以最近波谷为基数，调整过程中的跌幅在达到某一黄金比例时可能得到支撑；反之，当某一只股票处于下跌行情中，股价在下跌过程中会出现反弹，随后继续下跌，可以最近波峰为基数，反弹过程中的涨幅达到某一黄金比例时大概率会受到压制。当行情接近尾声，股价发生急升或急跌后，其涨跌幅达到某一重要黄金比例时，则可能发生转势。黄金分割线是利用黄金分割比率进行的切线画法，行情发生转势后，无论是止跌转升的反转或止升转跌的反转，以近期走势中重要的波峰和波谷之间的涨幅作为计量的基数，按 0.191、0.382、0.5、0.618、0.809 将原涨跌幅分割为五个黄金点，市价在反转后的走势将可能在这些黄金分割点上遇到暂时的压力和支撑。

例如，当下跌行情结束前，某股的最低价 10 元，那么，股价反转上升时，投资者可以预先计算出各种不同的支撑价位：

$$10\times(1+19.1\%)=11.9（元）$$
$$10\times(1+38.2\%)=13.8（元）$$
$$10\times(1+61.8\%)=16.2（元）$$
$$10\times(1+80.9\%)=18.1（元）$$
$$10\times(1+100\%)=20（元）$$
$$10\times(1+119.1\%)=21.9（元）$$

反之，上升行情结束前，某股的最高价为 30 元，那么，股市反转下跌时，投资者也可以计算出各种不同的压力价位：

$$30\times(1-19.1\%)=24.3（元）$$
$$30\times(1-38.2\%)=18.5（元）$$
$$30\times(1-61.8\%)=11.5（元）$$
$$30\times(1-80.9\%)=5.7（元）$$

二、百分比线

（一）百分比线的定义

将某一只股票上一段行情涨跌幅根据若干百分比率划分成若干区间，以此来预先给出股价重要的支撑线或压力线，这些支撑线和压力线就被称为百分比线。

（二）百分比线的应用

作为市场的波动周期，股价在一定周期内都会出现明显的高点和低点。以某次上涨行情为例，确定上涨最低点和开始回落的最高点，计算二者的差值，分别乘以百分比数，就得到未来支撑位可能的位置。这些百分比数共有九个，分别是 1/8、1/4、3/8、1/2、5/8、3/4、7/8、1/3、2/3，其中，1/2、1/3、2/3 最重要。黄金分割线是百分比线的一个特殊情况，两点黄金分割数字为：61.8%、50% 和 38.2%。按照上述方法将可以得到九个价位，这些价位就成为压力或支撑的参考价位，如图 7-15 所示。对于下跌行情的向上反弹，百分比线同样适用。

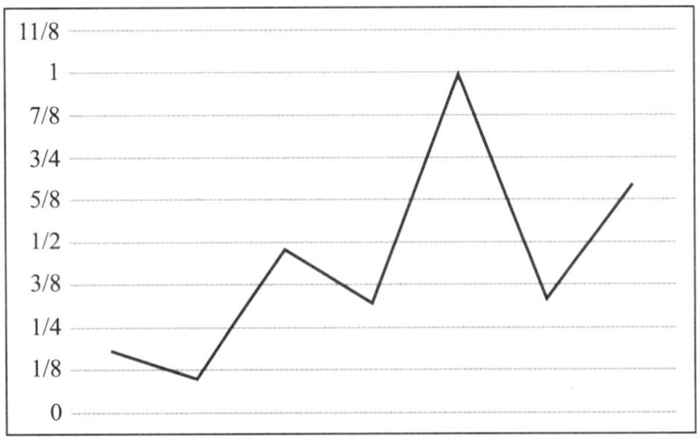

图 7-15 上升的百分比线

不论是在上涨行情中还是在下跌行情中，1/2、1/3、2/3 这三条重要的百分比线对股价在向上运行和向上反弹起着不同的支撑和压制作用。

在上涨行情中，1/3 线属于强势回调整理的一条重要支撑线。在上升趋势中，股价在短时间内快速上涨后，强势回调至 1/3 线附近，之后股价便迅速企稳并再度向上回升。若出现该迹象则表明股价只是进行一个短时间的强势回调，回调到位后股价将会继续快速上涨。在股市当中，这一种强势回调并不多见，只有在大牛市行情或者小盘股才能出现。1/2 线也是属于强势回调整理的一条重要支撑线，它是决定股价是继续上涨还是下跌的分水岭。大部分股票在经过一波行情的上涨，累积了一段涨幅后，往往会回调至 1/2 线附近，如果股价触及 1/2 线之后没有突破而是企稳继续上涨，那么，1/2 线就变成股价在上涨过程中的一条支撑线，若股价突破了 1/2 线，则意味着股价的上升趋势可能发生改变，投资者应给予足够的重视。2/3 线是属于上涨行情中弱势整理的回档线，大部分股票经过一段时间的上涨之后，一般都会在 2/3 线进行回档调整，若股价在 2/3 线企稳继续上涨，则该条百分比线成为一条重要的支撑线，若股价突破 2/3 线掉头向下，则认为上涨行情大概率终结。

在下跌行情中，1/3 线属于弱势反弹的第一条压力线。大部分的股票长时间下跌之后，开始从底部反弹至 1/3 线这一条比较重要的百分比线时，股价又继续掉头向下，表明 1/3 线已经构成一条压力线了，这种 1/3 线附近的反弹是股市下跌行情中最常见的一种反弹形式。1/2 线则属于下跌行情中强势反弹的一条百分比线，它是决定股价是继续下跌还是反转的分水岭。若股价从低位反弹至 1/2 线附近，稍加整理便又继续向上时，表明股价反弹行情仍将持续，而若股价摸高至 1/2 线附近之后继续掉头向下，则意味着反弹行情结束。2/3 线是属于下跌行情中强势反弹的最后一条压力线，股票经过一轮短时间的快速下跌之后，在底部强势反弹至 2/3 线附近，如果股价能够突破这一条 2/3 线并且快速上升，那之后股价会一路上涨，反之，则表明这种强势反弹行情即将结束，股价将重新下跌，这种情况在股市里面也比较少见到，一般出现在熊市行情或者 ST 股票。

第四节　扇形线、速度线和甘氏线

一、扇形线

（一）扇形线的定义

扇形理论是根据三次突破趋势将反转的原则来判断市价变动趋势的理论，在上升趋势中，先以两个低点画出上升趋势线后，如果市价向下回落，跌破了刚画的上升趋势，则将新出现的低点与原来的第一个低点相连，画出第二条上升趋势线；市价继续回落，如果第二条趋势线又被向下突破，则与前面一样，将新的低点与最初的低点相连，画出第三条上升趋势线；依次变得越来越平缓的三条直线形如张开的扇子，称作扇形线。

（二）扇形线图示

扇形线示例如图 7-16、图 7-17 所示。

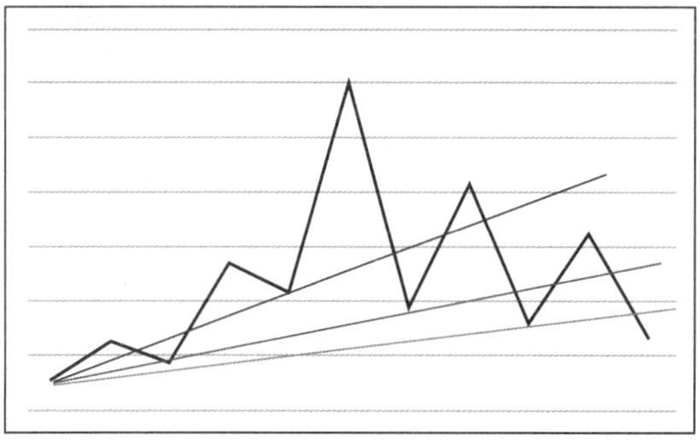

图 7-16　上升扇形线

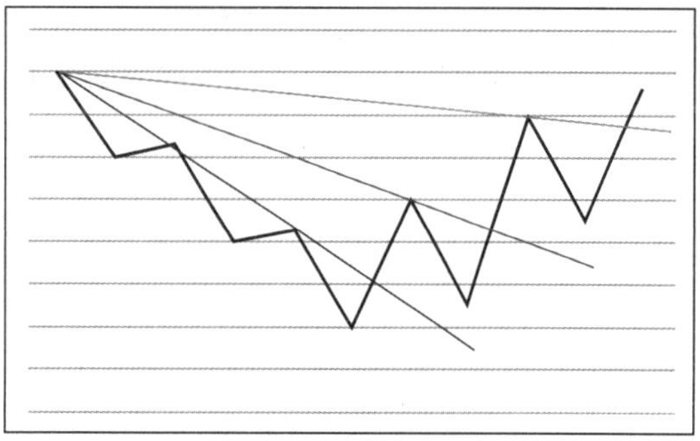

图 7-17　下降扇形线

二、速度线

（一）速度线的定义

同扇形理论考虑的问题一样，速度线也是用以判断趋势是否将要反转的线。不过，速度线给出的是固定的直线，而扇形原理中的直线是随着股价的变动而变动的。另外，速度线又具有一些百分比线的思想，它将每个上升或下降的幅度分成三等份进行处理，所以有时又把速度线称为三分法。

（二）速度线图示

速度线示例如图 7-18、图 7-19 所示。

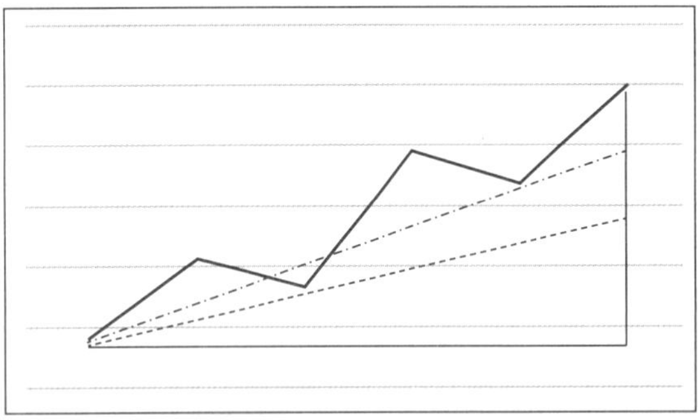

图 7-18　上升速度线

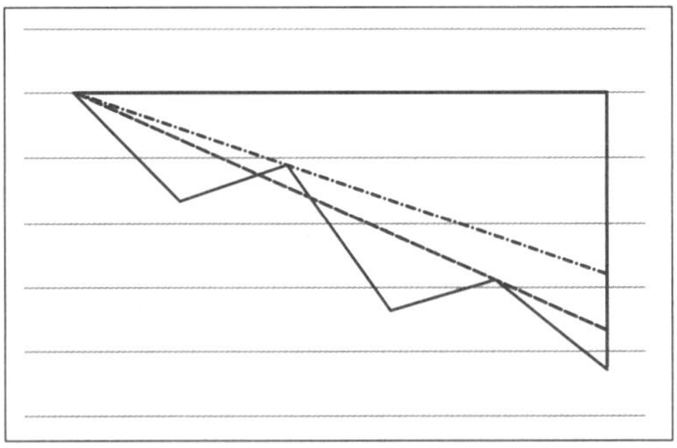

图 7-19　下降速度线

三、甘氏线

（一）甘氏线的定义

甘氏线分上升甘氏线和下降甘氏线两种，是由威廉·江恩（William D. Gann）创立的一套独特的理论。威廉·江恩是一位具有传奇色彩的股票技术分析大师，甘氏线就是他将百分比原理和几何角度原理结合起来的产物。甘氏线是从一个点出发，依一定的角度，向后画出的多条直线，所以甘氏线又称为角度线。

（二）甘氏线图示

甘示线示例如图 7-20 所示。

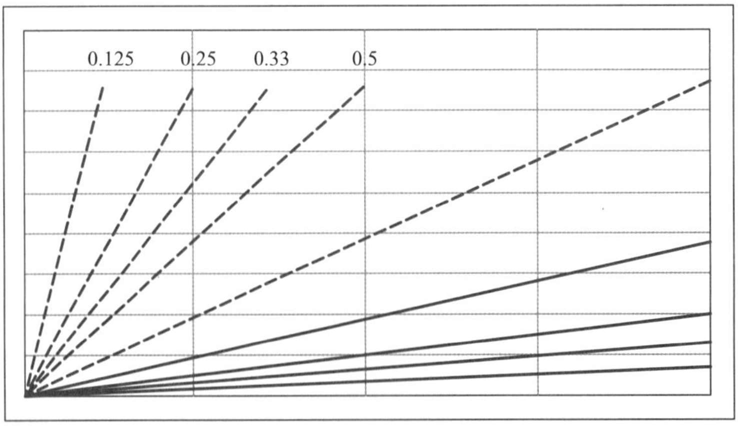

图 7-20　甘氏线

本章小结

- 支撑和压力理论
  - 支撑线和压力线
    - 支撑线
    - 压力线
  - 趋势线和轨道线
    - 趋势线
    - 轨道线
    - 趋势线和轨道线的区别与联系
  - 黄金分割线和百分比线
    - 黄金分割线
    - 百分比线
  - 扇形线、速度线和甘氏线
    - 扇形线
    - 速度线
    - 甘氏线

课程思政

课程思政

课后练习题

一、单选题

1. 下列关于趋势线的说法，不正确的是（　　）。

A. 趋势线需要不断地验证并调整

B. 趋势线越陡峭就越不可信，也就越容易被突破

C. 收市价突破了趋势线，收盘价与趋势线有 1% 以上的差价才可以信赖

D. 市价在突破趋势线时，如果出现缺口，极可能出现反转走势

2. 下列关于黄金分割线的说法，不正确的是（　　）。

A. 黄金分割线中最重要的两条线为 0.382 和 0.618

B. 在反弹中，0.382 为弱势反弹位

C. 在反弹中，0.618 为强势反弹位

D. 在回调中，0.618 为弱势回调位

3. 根据技术分析理论，不能独立存在的切线是（　　）。

A. 支撑线　　B. 百分比线

C. 轨道线　　D. 速度线

4. 和黄金分割线有关的一些数字中，有一组最为重要，股价极容易在由这组数字产生的黄金分割线处产生支撑和压力，这一组为（　　）。

A. 0.382、0.618、1.191　　B. 0.618、1.618、2.618

C. 0.382、0.809、4.236　　D. 0.618、1.618、4.236

5. 在上升趋势中，如果下一次未创新高，即未突破压力线，往后的股价反而向下突破这个上升趋势的支撑线，这通常意味着（　　）。

A. 上升趋势的结束　　B. 上升趋势的中继

C. 上升趋势的开始　　D. 没有特殊意义

6. 支撑线和压力线之所以能起支撑和压力作用，很大程度是由于（　　）。

A. 机构主力斗争的结果　　B. 支撑线和压力线的内在抵抗作用

C. 投资者心理因素的原因　　D. 以上都不对

7. 下列关于趋势线有效性的判断，正确的是（　　）。

A. 趋势线的斜率越大，有效性越强

B. 趋势线的斜率越小，有效性越强

C. 趋势线被触及的次数越少，有效性越被得到确认

D. 趋势线被触及的次数越多，有效性越被得到确认

二、多选题

1. 支撑线往往形成于（　　）。

A. 交易换手率极高的区域

B. 交易换手率极低的区域

C. 行情下跌至原上升幅度 30% 的区域

D. 行情下跌至原上升幅度 50% 的区域

E. 行情下跌至原上升幅度 70% 的区域

2. 在上升轨道中，下列说法正确的有（　　）。

A. 当市价接触到趋势线时卖出　　B. 当市价接触到轨道线时买入

C. 当市价接触到支撑线时买入　　D. 当市价接触到压力线时卖出

E. 当市价突破轨道线时卖出

3. 在百分比线中，（　　）线最为重要。

A. 1/4　　B. 1/3　　C. 1/2　　D. 2/3

4. 下列关于支撑线和压力线的论述，不正确的是（　　）。

A. 支撑线又称为抵抗线　　B. 支撑线总是低于压力线

C. 支撑线是在下跌行情中出现的　　D. 压力线是在上升行情中出现的

5. 一条支撑线或压力线对当前市场走势影响的重要性取决于（　　）。

A. 支撑线所处的上升趋势的阶段

B. 压力线所处的下跌趋势的阶段

C. 这个支撑区域或压力区域发生的时间距离当前这个时期的远近

D. 在这条线的附近区域产生的成交量大小

三、判断题

1. 股市行情的支撑线与压力线通常产生于成交密集区。（　　）

2. 市价由上向下接触支撑线，但未能跌破而掉头回升，若有大成交量配合，则当再出现下降调整时，即可出货。（　　）

3. 趋势线的突破意味着市价行情的反转，与突破趋势线不同，轨道线的突破并不是趋势的反向开始，而是趋势加速的开始。（　　）

4. 在应用百分比线进行判断时，当市价处于上涨时，市价已经上涨超过前一轮下跌幅度的 50%，则属于反弹式的上涨。（　　）

5. 趋势线在明确趋势反转方面存在明显的不足，其可操作性较差。扇形线有效地避免了趋势线的不足，是对趋势线的重新调整。（　　）

6. 支撑线和压力线的作用是在较长的时间内阻止股价向一个方向继续运动，所以应当在这条线上大胆买入或果断卖出。（　　）

7. 在支撑线区域发生的交易量越大，这个支撑区域就越重要。（　　）

8. 一条支撑线如果被跌破，那么，这条支撑线将成为压力线；同理，一条压力线被突破，这条压力线将成为支撑线。（　　）

9. 每一条支撑线和压力线都是证券波动所必然产生的内在规律，而非人为控制和确认的。（　　）

10. 趋势线被突破后，说明股价下一步的走势将要反转。越重要越有效的趋势线被突破，其转势的信号就越强烈。（　　）

四、案例分析题

大地熊（688077）这只股票从 2022 年 8 月 10 日开始持续下跌，2023 年 5 月 4 日创下阶段性最低价 23.86 元 / 股，此后该股企稳走平甚至中心逐渐上移。

请用百分比线预测该股第一个压力位。

第八章 技术指标分析

学习目标

一、知识目标

- 能够记住趋势型指标、超买超卖型指标、人气型指标以及大势型指标；
- 能够完整陈述移动平均线、平滑异同移动平均线、宝塔线的含义，计算移动平均线、平滑异同移动平均线；
- 能够陈述威廉指标、KDJ 指标、RSI 指标以及乖离率指标的含义，计算威廉指标、KDJ 指标、RSI 指标以及乖离率指标；
- 能够完整陈述意愿指标、心理线指标的含义；
- 能够完整陈述腾落指数、涨跌比指标以及布林线指标的含义，计算腾落指数、涨跌比指标以及布林线指标。

二、能力目标

- 能够应用移动平均线、平滑异同移动平均线、宝塔线等趋势型指标预测个股走势；
- 能够应用威廉指标、KDJ 指标、RSI 指标以及乖离率指标等超买超卖型指标推断个股买卖信号；
- 能够应用意愿指标、心理线指标等人气型指标评价个股关注度；
- 能够应用腾落指数、涨跌比指标以及布林线指标等大势型指标判断市场趋势。

三、素质目标

- 能够保持创新、开放的心态；
- 能够关注人工智能在证券投资分析当中的应用。

教学案例

2023 年 8 月 1 日，上证指数收盘 3 290.95 点，某投资者利用平滑异同移动平均线判断了大盘未来走势，确立了大盘接下来的半年走势向上，该投资者根据各大板块资金的活跃程度，最终选择了大消费板块。在确定大消费板块之后，该投资者根据人气指标以及买卖意愿指标选取了股票 A、股票 B 这两只精选股，最后该投资者利用威廉指标检测股票 A 和股票 B 的超买超卖状态，等待这两只股票超卖点的出现。

第一节　技术指标概述

一、技术指标的含义

股票市场当中的技术指标是指利用股票市场成交价格、成交量、涨跌幅度等数据，基于数学公式进行运算，以此判断股市走向以及指导股票买卖的数据集合。

二、技术指标的分类

（一）趋势型指标

趋势型指标是指股票市场中用来判断股价未来走势的技术分析指标。这一类指标包含移动平均线（MA）、平滑异同移动平均线（MACD）、宝塔线（TWR）。

（二）超买超卖型指标

对股票的过度买入或者过度卖出现象称为超买超卖。若某只股票出现超买现象，则该股票价格随后大概率回落；反之，若某股票出现超卖现象，则该股票价格随后大概率反弹。因此超买超卖型指标用来判断股票买入点和卖出点。这一类指标包括威廉指标（WR）、KDJ 指标、RSI 指标、乖离率指标（BIAS）。

（三）人气型指标

人气型指标是衡量投资者在股市上的活跃程度的技术指标。如果买卖双方交易热情高，股价、成交量就上升，股市气氛则热烈。这一类指标包括意愿指标（BR）、心理线指标（PSY）。

（四）大势型指标

大势型指标是指根据证券市场当中股票涨跌家数差值、涨跌家数之比以及涨跌幅度大小来预测市场行情未来走势的一类指标。这一类指标包括腾落指数（ADL）、涨跌比指标（ADR）、布林线指标（BOLL）。

第二节 趋势型指标

一、移动平均线

（一）移动平均线的含义及计算

移动平均线（MA）是指用统计学的方法，将一段时间内（几日、几周或者几个月）股票平均价格计算出来，进而将不同时间段股票平均价格连接成一条线，用以观察股票价格变动趋势的一种技术指标。计算公式如下：

$$MA=\frac{C_1+C_2+\cdots+C_n}{n}$$

其中，C_n 表示收盘价，n 为移动平均周期数。根据时间长短，移动平均线可分为短期移动平均线、中期移动平均线、长期移动平均线，短期移动平均线一般是指 5 天、10 天、20 天移动平均线；中期移动平均线一般是指 30 天、90 天移动平均线；长期移动平均线一般是指 120 天、250 天移动平均线。由于短期移动平均线较长期移动平均线更易于反映市场行情价格的涨跌，所以一般又把短期移动平均线称为“快线”，长期移动平均线则称为“慢线”。

（二）移动平均线适用法则

移动平均线的应用可以体现在格兰维尔的买卖八大法则上，这一法则是由美国技术分析大师葛兰威尔（Granville）根据价格与均线的关系设计的一套交易判断方法。

法则一：移动平均线从下降逐渐走平且略向上方抬头，而价格从移动平均线下方向上方突破，为买进信号，如图 8-1 中点 1 所示。

法则二：当价格在移动平均线上方运行，且在回档时没有突破移动平均线再向上时，是买进时机，如图 8-1 中点 2 所示。

法则三：价格在移动平均线上方运行且在回档过程中突破移动平均线，而短期移动平均线却不断上升，是买进好时机，如图 8-1 中点 3 所示。

法则四：价格在移动平均线下方运行，突然暴跌，距离移动平均线太远，股价接下来将极有可能接近移动平均线（物极必反，下跌反弹），此时为买进时机，如图 8-1 中点 4 所示。

法则五：当价格在移动平均线上方运行，并连续几天暴涨，且越来越远离移动平均线时，表明买方在近段时间内盈利颇丰，随时有盈利回吐卖压出现，此为第一个卖点，如图 8-1 中点 5 所示。

法则六：当移动平均线由升转低逐步走平，价格向下回落突破移动平均线时，表明卖压逐渐加重，应予以卖出，如图 8-1 中点 6 所示。

法则七：价格运行在移动平均线之下，在反弹时没有突破移动平均线的情况下，并且移动平均线的下跌速度变缓，在趋向水平之后再一次呈现下跌的走势，这时是卖出的机会，如图 8-1 中点 7 所示。

法则八：价格回升后徘徊于移动平均线之上，而后股价很快跌穿移动平均线，同时移动平均线持续走低，宜于卖出，如图 8-1 中点 8 所示。

葛兰威尔买卖八大法则中，四条用来研判买进时机，四条用来研判卖出时机。一般而言，当移动平均线低于价格线且呈现上升趋势时为买入时机，相反，移动平均线高于价格线且呈现下降趋势时为卖出时机。

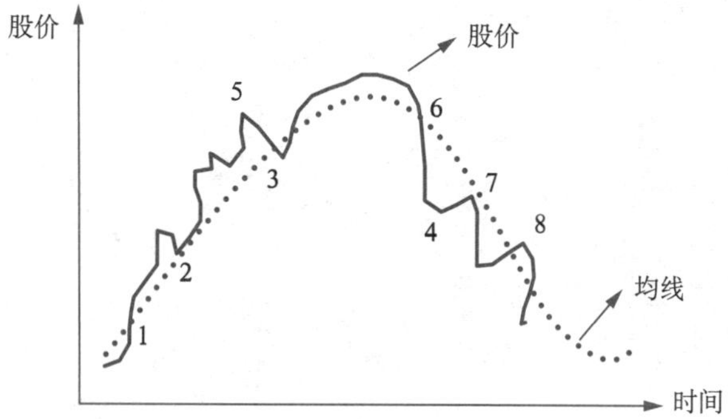

图 8-1 格兰维尔八大买卖法则

（三）移动平均线的应用

移动平均线的运用要以多条平均线作为参考，下面以神州高铁（000008）为例，介绍移动平均线的应用。

（1）打开东方财富软件，如图 8-2 所示。

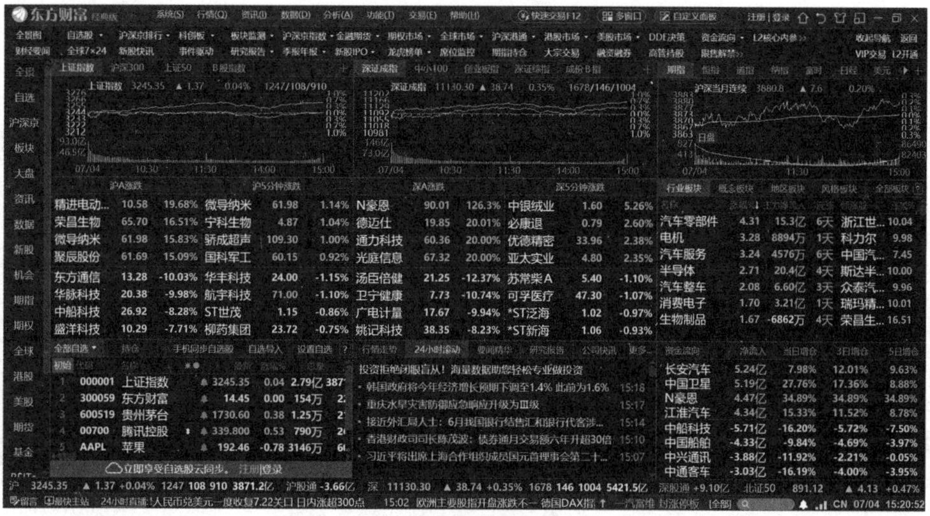

图 8-2 东方财富打开界面

（2）找到神州高铁（000008）这家上市公司股价走势图，将神州高铁（000008）这一只股票股价走势图锁定在2015年11月份至2021年12月份这个区间，调出画图工具栏，如图8-3所示。

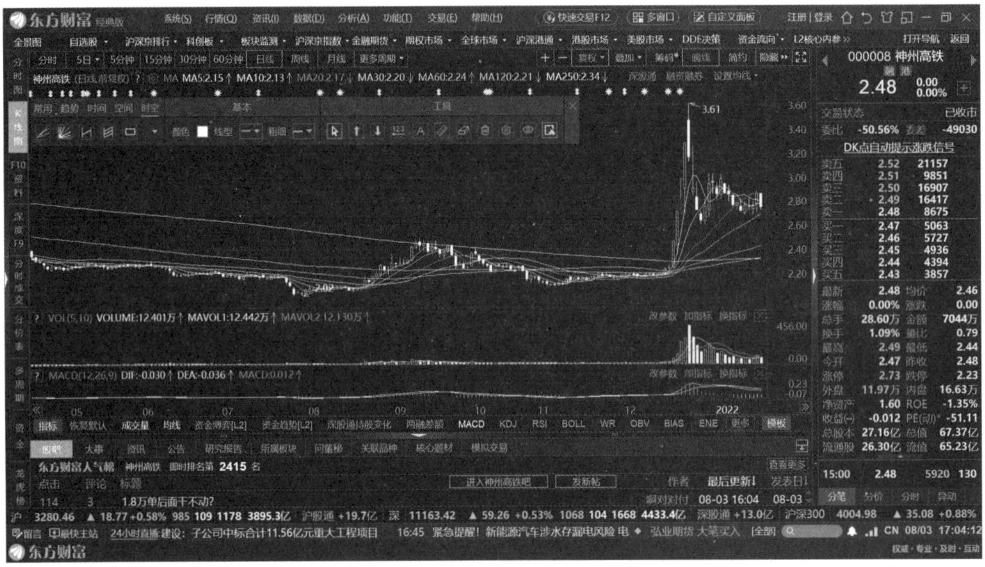

图8-3 调出画图工具栏

（3）神州高铁（000008）在2015年11月13日达到史上最高点14.06元/股，之后的股灾使其股价下跌至原有水平。不仅如此，由于市场惯性原理，该股股价频频受挫，这种下跌状况一直延续了6年，2021年7月该股股价逐渐走平，7月底该股股价开始上穿5日均线，并逐渐上穿10日、20日均线，股价与均线齐头并进，出现了葛兰威尔买卖八大法则中的买点一，如图8-4所示。随后该股迎来了一波涨幅，在2021年12月24日达到了3.61元/股的阶段性高点。

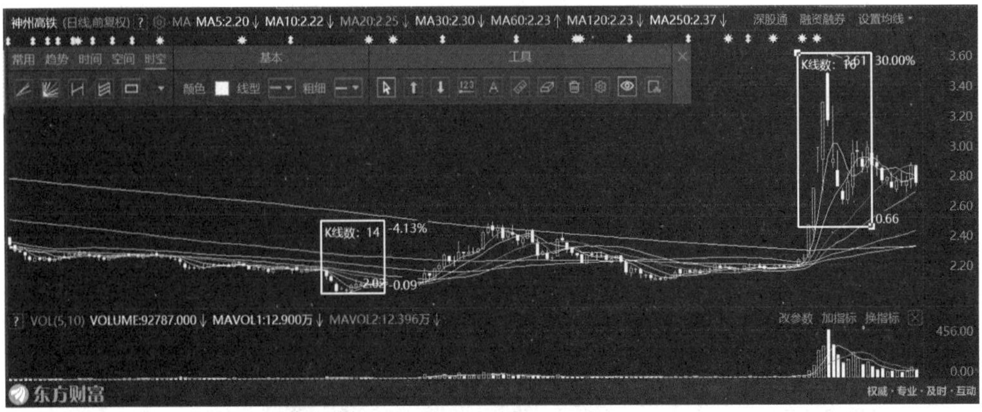

图8-4 神州高铁格兰维尔第一个买点

二、平滑异同移动平均线

（一）平滑异同移动平均线的含义及其计算

平滑异同移动平均线（MACD）就是依据均线构造原理，用两条速度（一个快速变化的平均线是短期移动平均线；还有一种变化缓慢的平均线是长期移动平均线）不同的指数平滑移动平均线计算二者之间的差离状况以作为判断行情走势的依据。这个指标首先要计算移动平均值（EMA），假设长、短期移动平均线周期分别为 m、n，一般来说，m 的取值为 26，n 的取值为 12。

12 日 *EMA* 的计算公式为：

$$EMA(12)=\text{前一日}\ EMA(12)\times\frac{11}{13}+\text{今日收盘价}\times\frac{2}{13}$$

26 日 *EMA* 的计算公式为：

$$EMA(26)=\text{前一日}\ EMA(26)\times\frac{25}{27}+\text{今日收盘价}\times\frac{2}{27}$$

计算离差值（DIF）：

$$DIF=\text{今日}\ EMA(12)-\text{今日}\ EMA(26)$$

离差值指标计算参数一般是 9 日，因此，最后计算 *DIF* 9 日 *EMA*。

根据离差值计算其 9 日的 *EMA*，即离差平均值，也就是所求的 *MACD* 值。为了不与指标原名相混淆，此值又名 DEA 或 DEM，计算公式为：

$$\text{今日}\ DEA(MACD)=\text{前一日}\ DEA\times\frac{8}{10}+\text{今日}\ DIF\times\frac{2}{10}$$

计算出的 *DIF* 和 *DEA* 的数值均为正值或负值。

理论上，在持续的涨势中，12 日 EMA 线在 26 日 EMA 线之上，二者之间的正离差值（+ DIF）会越来越大；反之，在跌势中离差值可能变成负数（−DIF），这个值也会越来越大。而在行情开始好转时，正负离差值将缩小。MACD 正是利用正负离差值（±DIF）与离差值的 n 日平均线（n 日 EMA）的交叉信号作为买卖信号的依据，即再度以快慢速移动线的交叉原理来分析买卖信号。

（二）平滑异同移动平均线适用法则

平滑异同移动平均线运用可归纳为 MACD 指标。

1. 用 DIF 与 DEA 的值以及二者间的相对值来预测行情的应用法则

（1）当 DIF 与 DEA 都是正的时候是多头市场。DIF 上穿 DEA，则为买进信号；DIF 下破 DEA 只能视为回调，作获利了结处理。

（2）当 DIF 与 DEA 都为负的时候是空头市场。DIF 下破 DEA，则为卖出信号；DIF 上穿 DEA 只能视为反弹而进行短暂的回补。

（3）当 DIF 向下跌破零轴线时，为卖出信号，12 日 EMA 和 26 日 EMA 出现死亡交叉；当 DIF 上穿零轴线时，是买进信号，即 12 日 EMA 与 26 日 EMA 出现金叉。

2. 指标背离原则

若 DIF 方向偏离股价方向，即为行动标志。

（1）当股价趋势中有两个或者三个最近的最低点，DIF（DEA）没有与新的最低点相配合时，可以买进。

（2）当股价趋势中有两个或者三个最近的高点，DIF（DEA）没有相应出现新高点时，可以卖出。

MACD 有一个好处是去掉了移动平均线所带来的经常出现的买和卖的信号，避免部分假信号，投资者运用 MACD 的把握要大于移动平均线。

（三）平滑异同移动平均线的应用

下面以深科技（000021）为例，介绍平滑异同移动平均线的应用。

（1）打开东方财富软件，如图 8-5 所示。

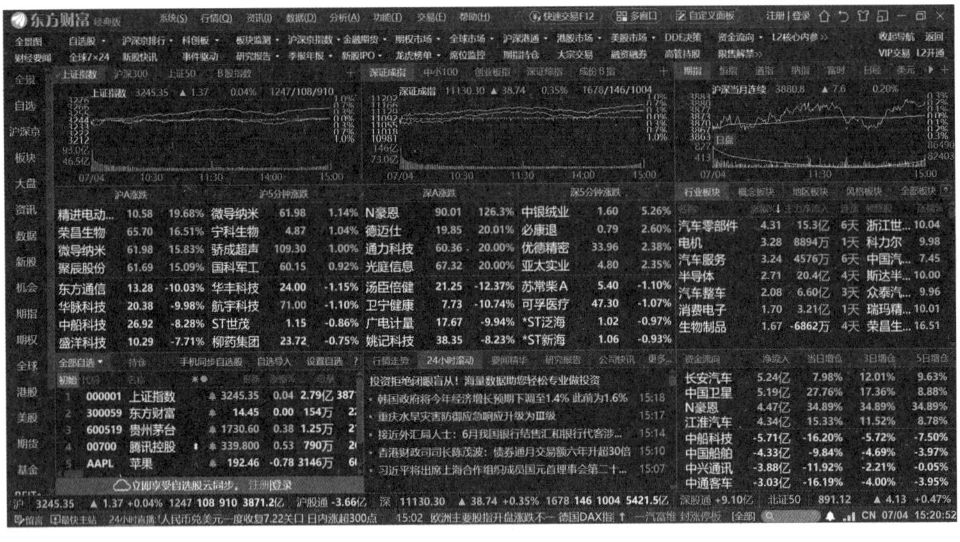

图 8-5　东方财富打开界面

（2）找到深科技（000021）这家上市公司股价走势图，将深科技（000021）这一只股票股价走势图锁定在 2022 年 4 月份至 2022 年 10 月份这个区间，调出画图工具栏，如图 8-6 所示。

（3）深科技（000021）在 2022 年 4 月份到 8 月份这一段时间迎来了一波长达四个月的上涨期，股价在当年 6 月底进行了短暂的调整，7 月中旬，DIF 曲线上穿 DEA 曲线，形成了一个黄金交叉买点，股价重回上升轨道。8 月中旬，股价上涨乏力，掉头向下，开始回调之路，DIF 下穿 DEA。2023 年年初，得益于疫情开放以及资金面的放松，股价又重回上涨轨道，DIF 和 DEA 曲线双双上穿零轴线，如图 8-7 所示。

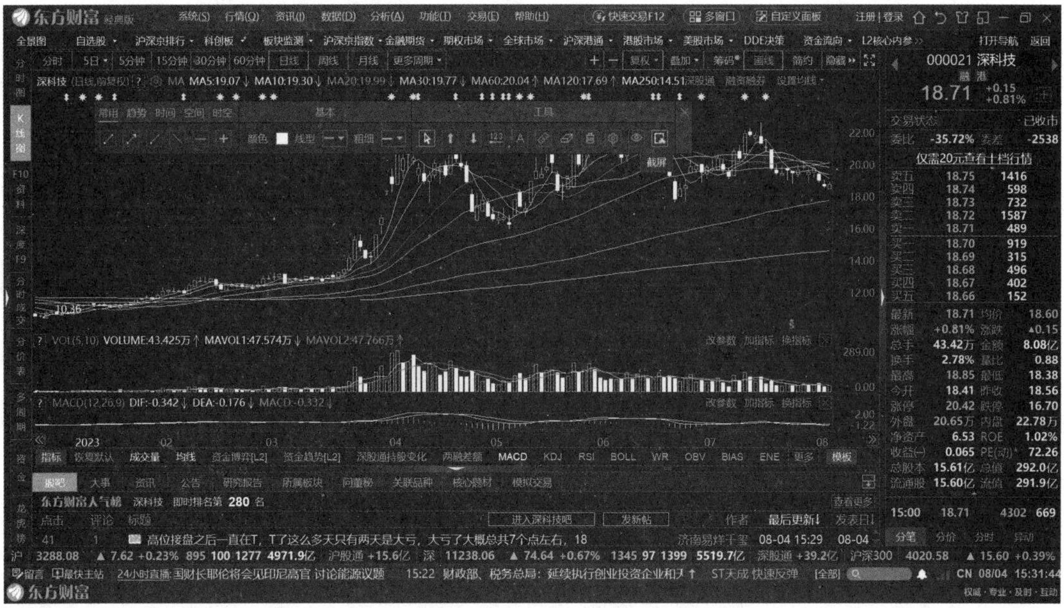

图 8-6　调出画图工具栏

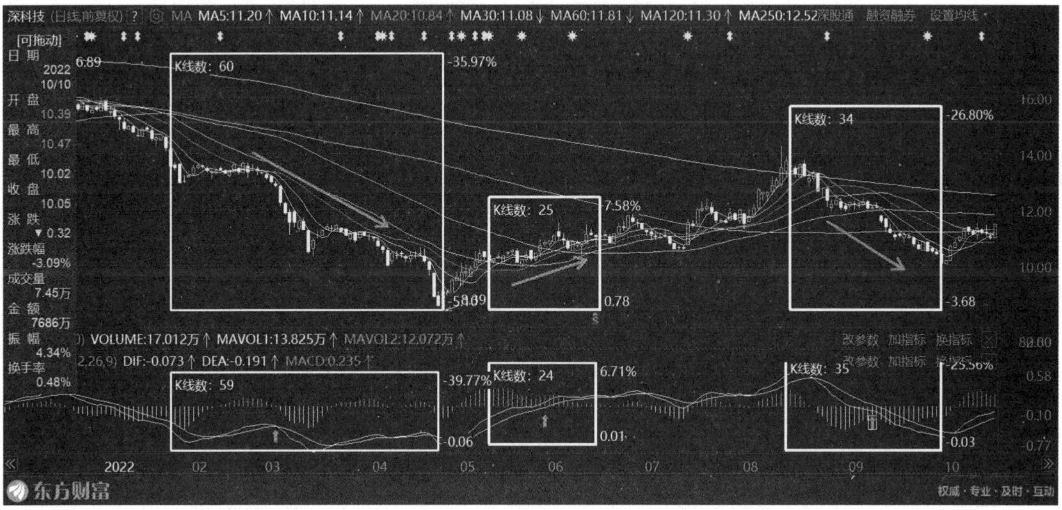

图 8-7　深科技 2022 年 4 月份至 2022 年 10 月份股价走势图

三、宝塔线

（一）宝塔线的含义及指标原理

宝塔线（TWR）是中长期行情分析工具，反映市场对未来走势的信心程度，和 K 线图和点状图类似，宝塔线指标运用了趋势线原理，介绍了支撑区、压力区等概念，用不同色彩（红绿相间，黑白相间，虚实体相间）的棒线判别市价涨跌情况的图表量化指标，如图 8-8 所示。由于它具有直观易懂、易于操作等优点，所以近年来被许多投资者广泛采用。宝塔线以市价为主线，把市价与市价的竞争过程及多空双方实力的转化数值显示于图上，以此来判断市价日后涨跌趋势，供投资者选择合适买卖时机。

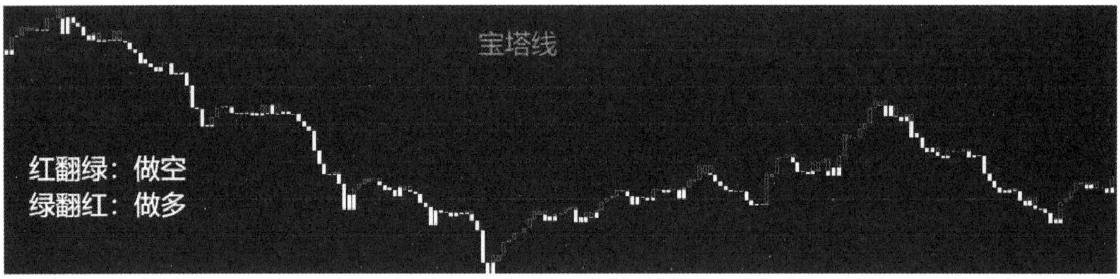

图 8-8　宝塔线

宝塔线要求投资者必须对行情走势有清晰的了解，才能判断出未来行情的发展趋势，从而做出正确决策。宝塔线区别于其他指标的地方在于其不是主观臆测市场走向，而是客观认可。宝塔线指标得出，若某股票价格上升趋势被证实，宜买进，宝塔线不主动去预测股价高点，但当股价由高到低有反转下行迹象时，就要谨慎，一旦证实股价的头部已经显现，并有卖出的迹象，才会做出相应卖出动作，这就是所谓“多头市场”中的“等待上涨”或“等待大跌”的概念。相反，若某股票价格下跌趋势已形成，应该卖出，离场静观其变，宝塔线不容易预知底的位置，只有当股价从低到高逆转，有买入信号时，才会展开买入动作。

从上述内容可以看出，宝塔线指标崇尚“涨不言顶”“跌不言底”的投资思路，它对投资者的意义并非有意预测股价高、低点所在，而是引导投资者在等待可能出现的最高点或者最低点的过程中，做出相应的卖或者买决定。所以，宝塔线指标是一种较为保守的交易策略。一般情况下，按宝塔线指标透露的方式来买卖个股，尽管高位卖股或者低位买股会导致局部盈利或亏损，但是此法相对不误涨升，也回避下跌行情，也不容易在上涨过程盘整行情中震仓离场。相反地，如果投资者对该指标掌握得较好的话，他们会在上涨趋势即将形成时就及时将自己的资金从高位拉回到低位。所以宝塔线指标更适用于稳健运行的投资者。

（二）宝塔线适用法则

宝塔线的评判标准通常集中于黑白棒线状态、黑白棒线转换，以及宝塔线和 K 线搭配运用。

1. 黑白棒线状态及其互相转换分析

（1）股价从下向上逆转，宝塔线黑色棒线转入翻白状态，表明股价已经启动，投资者可以适度参与。

（2）股价处于上涨过程中时，只要白色棒线在宝塔线上继续存在，表明股价始终处于强势上升趋势，投资时要果断持有或逢高短线买进。

（3）宝塔线长期保持白色棒线，且股价在短期内升幅已较大时，投资者要密切注意宝塔线情况，宝塔线白色棒线在翻黑状态下启动，表明股价短期上涨可能告一段落，投资者应该完全抛售股票并离场静观其变。

（4）股价处于下跌过程中时，只要宝塔线黑色棒线继续存在，表明股价始终处于弱势下跌状态，投资者要果断持币观望或者逢高抛出。

（5）股价处于一个幅度盘整区间时，保持小翻白、小翻黑的情况下，只要该盘整区间不破，表明股价整理态势尚未完成，投资者可选择持有或者观望。

（6）一旦有实体较长黑色棒线跌破整理范围，表明股价高位盘整局面已告一段落，会进入相对较长的下跌行情中，投资者要及时抛盘出局观望。

（7）当股价在上升途中维持中低位整理，一旦有实体较长的白色棒线上穿整理区间，表明股价中低整理局面已告一段落，将进入快速上升市场，投资者要适时短线买股，也可以持股等待上涨。

（8）股价处于下降过程中时，宝塔线经过一段时间的翻黑之后，忽然又翻红起来，投资者要多观察些日子，不能轻易买进，防范股价假突破。

2. 宝塔线搭配 K 线运用

（1）股价处于底部横盘时，忽然出现了实体较长的上穿大阳线，若宝塔线上还有实体较长的上行白棒线，表明股价上涨已初具雏形，投资者可在适当的时候买入该股。

（2）股价处于中长期上涨过程中时，当股价 K 线呈小阴大阳交替上升趋势，只要宝塔线始终保持白色棒线，表明股价涨势较强，投资者要坚持持股，等待上涨。

（3）股价处于中长期下跌过程中时，当股价 K 线呈大阴小阳交替下行趋势，只要宝塔线始终保持黑色棒线，表明股价下跌的趋势连绵不断。这一点及上一点对股价走势的判断准确率极高。

（4）股价在一段大幅上涨行情之后，若股价 K 线高位有一实体较长的向下突破阴线之后，宝塔线上还出现了实体较长的下行黑棒线，表明该股下跌行情已启动，投资者要及时抛售股票。

（三）宝塔线的应用

下面以万科 A（000002）为例，介绍宝塔线的应用。

（1）打开东方财富软件，如图 8-9 所示。

（2）找到万科 A（000002）股价走势图，将万科 A（000002）这一只股票股价走势图锁定在 2021 年 3 月份至 2021 年 7 月份这个区间，调出画图工具栏，如图 8-10 所示。

（3）万科 A（000002）在 2021 年 3 月 2 日出现阶段性小高峰 31.69 元 / 股，此后股价阴跌不止，在 2021 年 5 月 27 日至 2021 年 6 月 29 日这个区间，股价日 K 线出现大阴小阳交替出现，走势缓缓向下，伴随着宝塔线绿色线持续下跌走势，之后股价也进入了中长期下跌趋势通道，如图 8-11 所示。

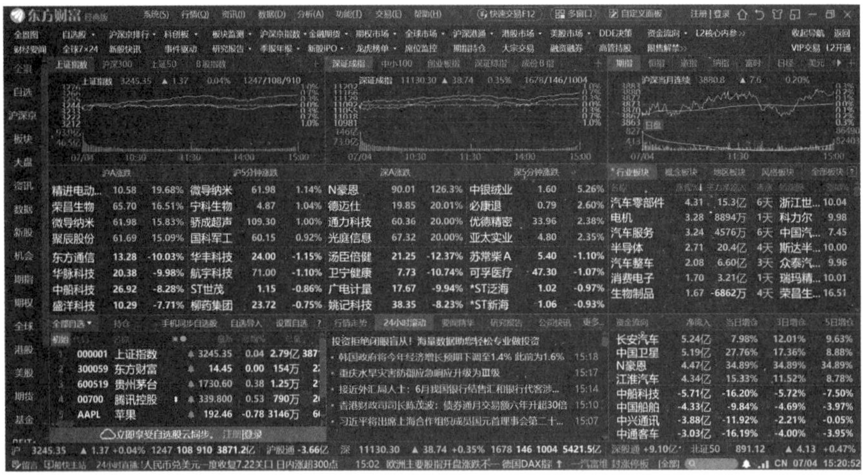

图 8-9　东方财富打开界面

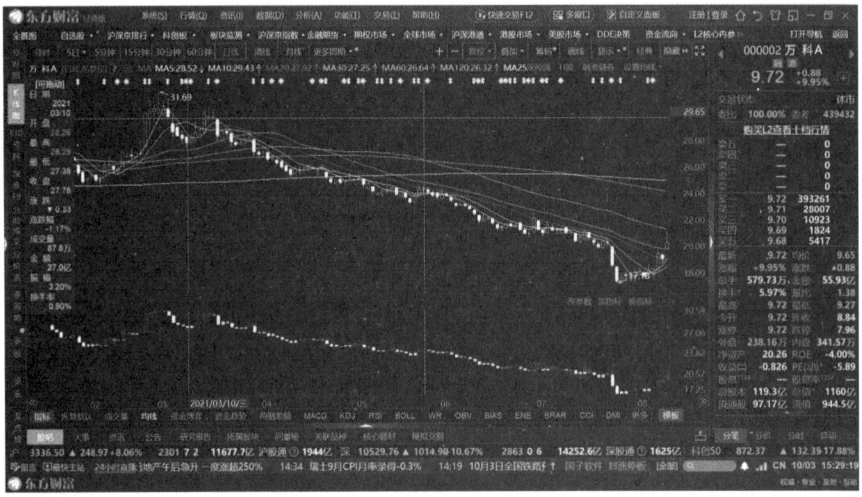

图 8-10　调出画图工具栏

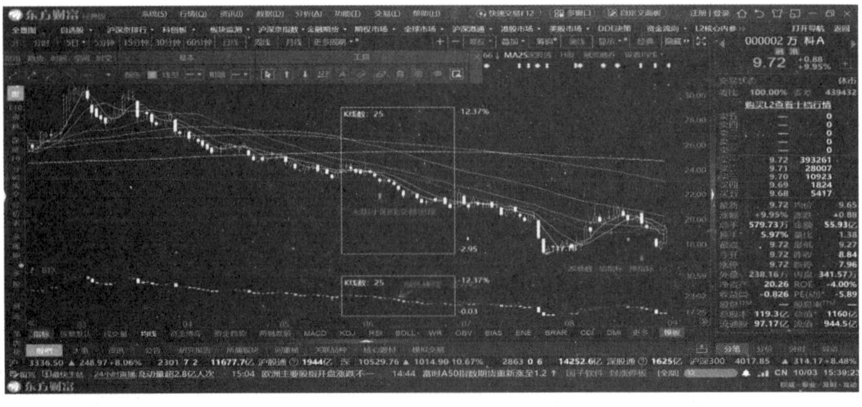

图 8-11　万科 A 的宝塔线

第三节 超买超卖型指标

一、威廉指标

（一）威廉指标的含义及其计算

威廉指标（WR）是由拉里·威廉姆斯（Larry Williams）在 1973 年发明的，这一指标在当前股市技术分析中多用于短期研判。威廉指标通过分析股价在一定时期内最高价、最低价与收盘价关系，来判断股市是否存在超买超卖，对股价短期和中期趋势进行预测。主要以震荡点来体现行情超买超卖，对双方实力的反差进行了分析，由此产生有效信号，以判断短期市场趋势。

威廉指标主要对周期中最高价、最低价与周期结束时收盘价这三者的关系进行研究。具体公式如下：

$$WR=\frac{H_n-C_t}{H_n-L_n}\times 100\%$$

其中，C_t 为计算日的收盘价，H_n 为 n 周期内的最高价，L_n 为 n 周期内的最低价。威廉指标是指当日收盘价在过去一段时间所有价格区间内的相对地位。它是市场分析和预测未来一段时间价格走势的重要参考因素之一，因此，对该指数进行分析与判断就显得尤为重要。若 WR 数值较大，那么当日价格在比较高位，应警惕回调；若 WR 数值很小，则表明当日价格在比较低位，应关注反弹情况；若 WR 数值处于中等水平，约为 50，那么价格上、下概率均存在。如图 8-12 所示。

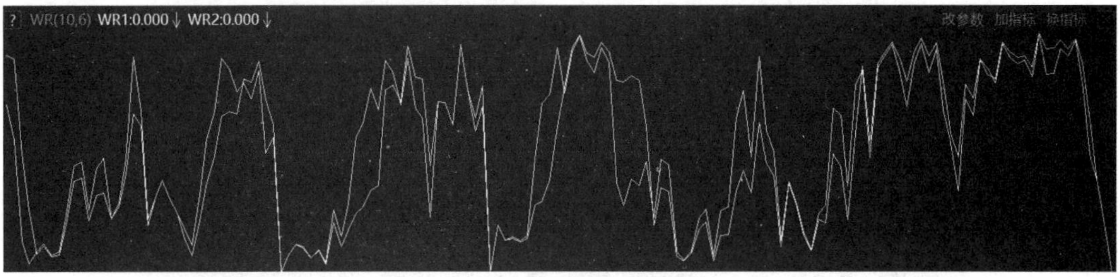

图 8-12 威廉指标

（二）威廉指标适用法则

1. 就威廉指标取值而言

（1）当威廉指标数值超过 80 时，超卖，市场接近底部时，应考虑买入；

（2）当威廉指标数值低于 20 时，超买，市场即将见顶时，应考虑卖出。

2. 就威廉指标曲线的形状而言

（1）威廉指标曲线进入低值位置后（此时为超买），股价通常会回落，若此时股价还在不断上涨，出现了背离，就是卖出信号；

（2）威廉指标曲线进入高值位置后（此时为超卖），股价通常会回升，若此时股价还在不断下跌，出现了背离，就是买入信号；

（3）威廉指标曲线连续几次顶（底），局部形成双重顶或多重顶（底），是卖出（买入）的信号。

（三）威廉指标的应用

下面以中国宝安（000009）为例，介绍威廉指标的应用。

（1）打开东方财富软件，如图 8-13 所示。

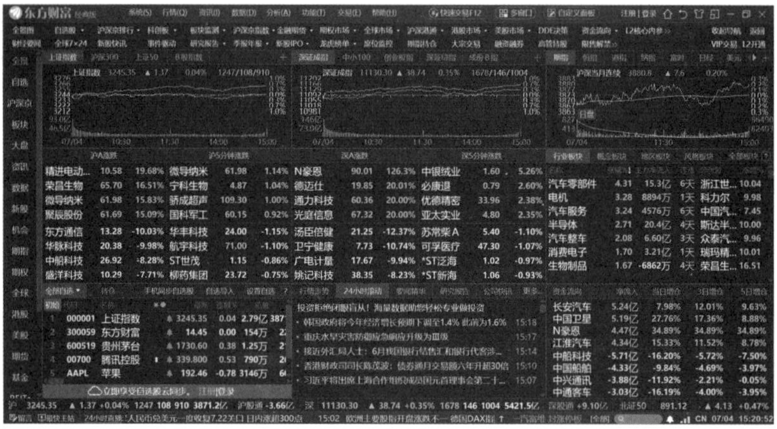

图 8-13　东方财富打开界面

（2）找到中国宝安（000009）股价走势图，将这一只股票股价走势图锁定在 2021 年 8 月份下旬至 2022 年 6 月份这个区间，调出画图工具栏，如图 8-14 所示。

图 8-14　调出画图工具栏

（3）中国宝安（000009）自 2021 年 8 月底股价高点 29.27 元开始走弱，经历了长达 8 个月的回调，股价在 2022 年 4 月底开始企稳走强，此时 WR 数值也达到峰值，接近 100，处于超卖状态。2022 年 6 月底达到一个阶段性高点，WR 数值跌回 20 以下，股价回归超买状态，如图 8-15 所示。

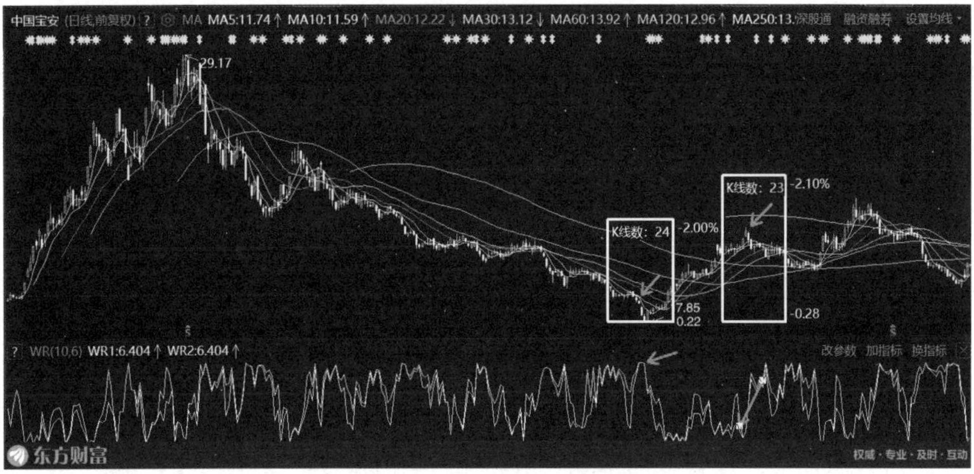

图 8-15　中国宝安的威廉指标

二、KDJ 指标

（一）KDJ 指标的含义及其计算

随机指标又叫作 KDJ 指标，最早由乔治·莱恩博士（George Lane）提出，是一项新颖而又切实可行的技术分析指标。这一指标主要用真实价格波动波幅反映价格走势强弱、超买超卖情况，在价格未升未降前传递买卖信号。KDJ 指标主要应用于对最高价、最低价与收盘价关系研究，由于融入了动量观念、强弱指标与移动平均线等指标，所以能更快对市场进行直观判断。

依据统计学原理，通过一个特定周期（常为 9 日、9 周等）中出现的最高价、最低价和最后一个计算周期的收盘价，及三者间比例关系，计算出上一计算周期内未成熟随机值（RSV），再按平滑移动平均线计算 K 值、D 值和 J 值，将这些点连起来就构成了能够体现价格波动趋势的 KDJ 指标。在应用该指标对市场进行预测时，可以把它看成是一种特殊形式的“时间序列”。以计算日 KDJ 为例，RSV 计算公式如下：

$$RSV=\frac{C_n-L_n}{H_n-L_n}\times 100$$

其中，C_n 为第 n 日收盘价，L_n 为 n 日内的最低价，H_n 为 n 日内的最高价。RSV 值始终在 1～100 间波动。K 值、D 值、J 值的计算公式如下：

$$当日 K 值 = \frac{2}{3} \times 前一日 K 值 + \frac{1}{3} \times 当日 RSV$$

$$当日 D 值 = \frac{2}{3} \times 前一日 D 值 + \frac{1}{3} \times 当日 K 值$$

$$当日 J 值 = 3 \times 当日 K 值 - 2 \times 当日 D 值$$

其中，1/3 为平滑因子，初始的 *K* 值、*D* 值可以用当日的 RSV 值或 50 代替。在使用 KDJ 指标时，往往称 K 指标为快指标，D 指标为慢指标。K 指标反应敏捷，但容易出错；D 指标反应稍慢，但稳重可靠。

（二）KDJ 指标适用法则

（1）KDJ 指标包含三个值：*K* 值、*D* 值以及 *J* 值，利用 *K* 值和 *D* 值这两个指标可以判断股票超买超卖状态，当 *K* 值超过 90 为超买，低于 10 为超卖；而 *D* 值超过 80 为超买，低于 20 则为超卖。

（2）当 K 线向上穿过 D 线时形成金叉，即为买入信号，当 *K* 值与 *D* 值都低于 20 时形成的金叉较为准确。

（3）当 K 线向下穿过 D 线时形成死叉，即为卖出信号，当 *K* 值与 *D* 值都超过 80 时形成的死叉较为准确。

（4）通过 KDJ 与股价背离的走势，判断股价顶底也是颇为实用的方法：①股价创新高，而 *K* 值、*D* 值没有创新高，为顶背离，应卖出；②股价创新低，而 *K* 值、*D* 值没有创新低，为底背离，应买入。

（三）KDJ 指标的应用

下面以国华网安（000004）为例，介绍 KDJ 指标的应用。

（1）打开东方财富软件，如图 8-16 所示。

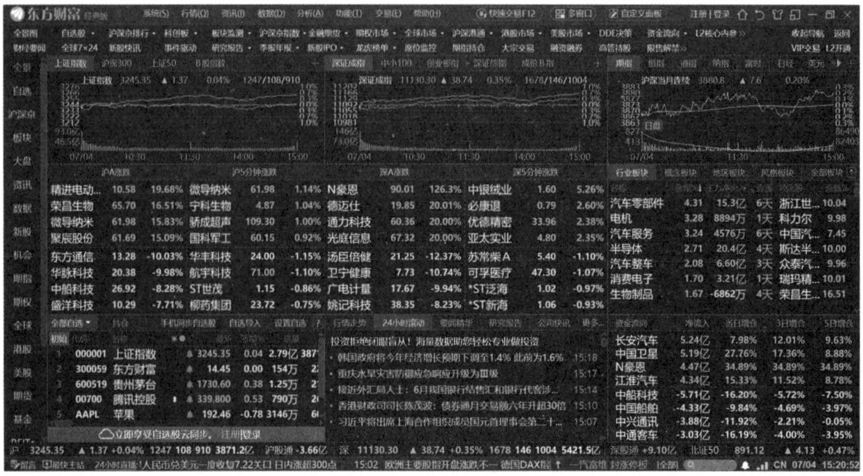

图 8-16　东方财富打开界面

（2）找到国华网安（000004）股价走势图，将这一只股票股价走势图锁定在 2024 年 2 月份至 2024 年 3 月份这个区间，调出画图工具栏，如图 8-17 所示。

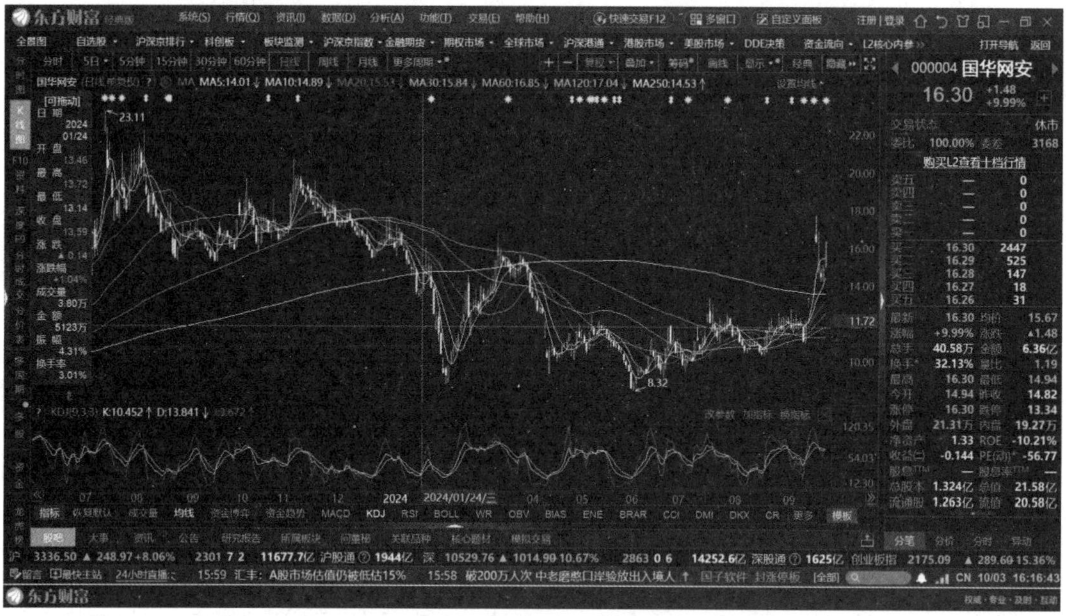

图 8-17　调出画图工具栏

（3）国华网安（000004）在 2024 年 2 月 7 日股价创出阶段性新低 8.6 元 / 股，当日 KDJ 指标当中的 *K* 值为 7.456，*D* 值为 12.713，都低于 20 这个临界值，且 K 线上穿 D 线形成金叉，股价启动上涨；2024 年 3 月 15 日该股股价到达一个阶段性新高 16.73 元 / 股，当日 KDJ 指标当中的 *K* 值为 81.751，*D* 值为 77.291，接近 80 这个临界值，且 K 线下穿 D 线形成死叉，股价掉头向下，投资者应该抛掉手中筹码，如图 8-18 所示。

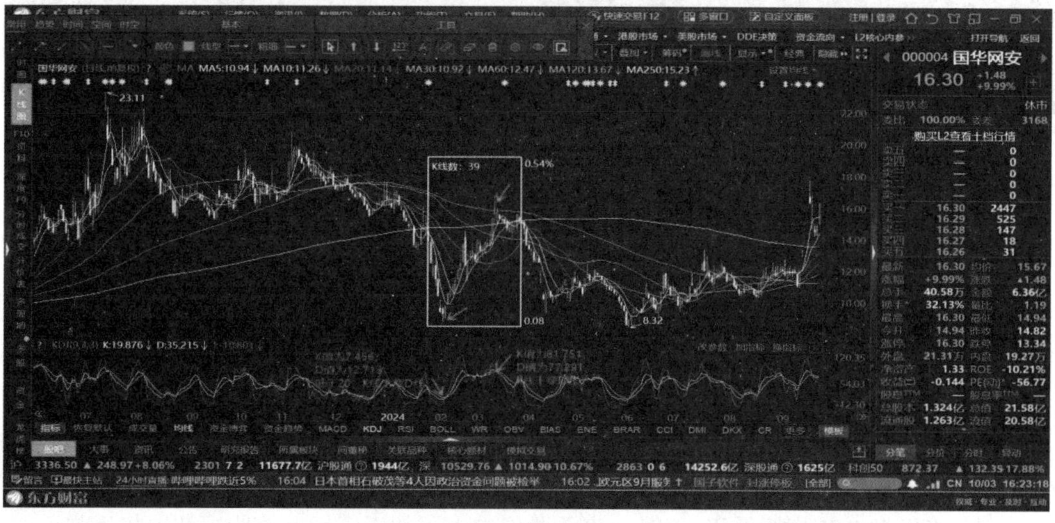

图 8-18　国华网安的 KDJ 指标

三、RSI 指标

（一）RSI 指标的含义及其计算

相对强弱指标又叫作 RSI 指标，是由韦尔斯·王尔德（Welles Wilder）开创的，通过对比一段时间内平均收盘涨数与平均收盘跌数，分析市场买沽盘意图与强弱，由此推测出价格今后变化的方向，以及按市价涨跌幅来表明行情强弱程度。

RSI 以天数为参量，即考虑时间的长短，一般有 5 日、9 日、14 日等，这里的 5 日与移动平均线中的 5 日线是截然不同的。现以 14 日为例，介绍 RSI（14）计算方法。先找出包括当日在内的 15 天连续收盘价，以每一天的收盘价减去前一天的收盘价，得到 14 个数字，这 14 个数字中有正（比上一天高）有负（比上一天低）。A 是 14 个数中正数的总和，B 是 14 个数中负数的总和乘以负 1。A 和 B 都是正数，这样就可以算出 RSI（14）。RSI（14）的计算公式如下：

$$RSI(14)=\frac{A}{A+B}\times 100$$

其中，A 表示市价在 14 天内向上波动的幅度，B 表示向下波动的幅度，$A+B$ 是市价波动总量的大小，RSI 的值在 0～100 之间。RSI 实际表示向上波动的幅度占总波动幅度的百分比，若比重较大，则为强市，反之，则为弱市。RSI 的计算仅与收盘价有关，并可选用不同参数，如图 8-19 所示。

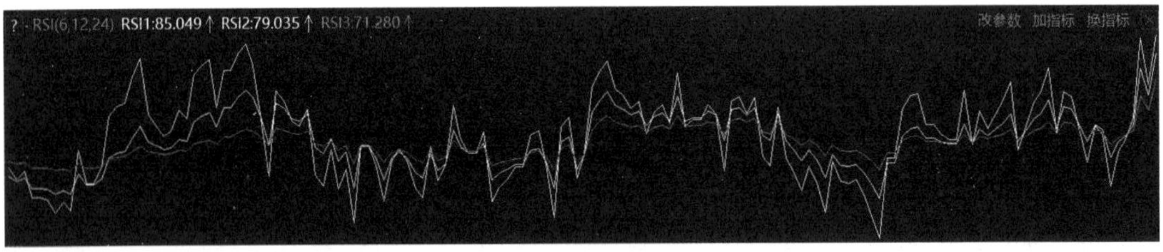

图 8-19　RSI 指标

（二）RSI 指标适用法则

RSI 指标一般分为短期 RSI 指标（软件上常用白色线来表示）和长期 RSI 指标（软件上常用黄色线来表示），当短期 RSI 指标低于 20，白色线上穿黄色线时则为买入信号。

（1）当短期 RSI 指标低于 50 时，表示股票价格走弱。

（2）当短期 RSI 指标超过 50 时，表示股票价格走强。

（3）当短期 RSI 指标超过 80 时，表示股价进入了超买区域，该股短期内将回档。

（4）当短期 RSI 指标低于 20 时，表示股价进入了超卖区域，该股短期内将反弹。

（三）RSI 指标的应用

下面以天玑科技（300245）为例，介绍 RSI 指标的应用。

（1）打开东方财富软件，如图 8-20 所示。

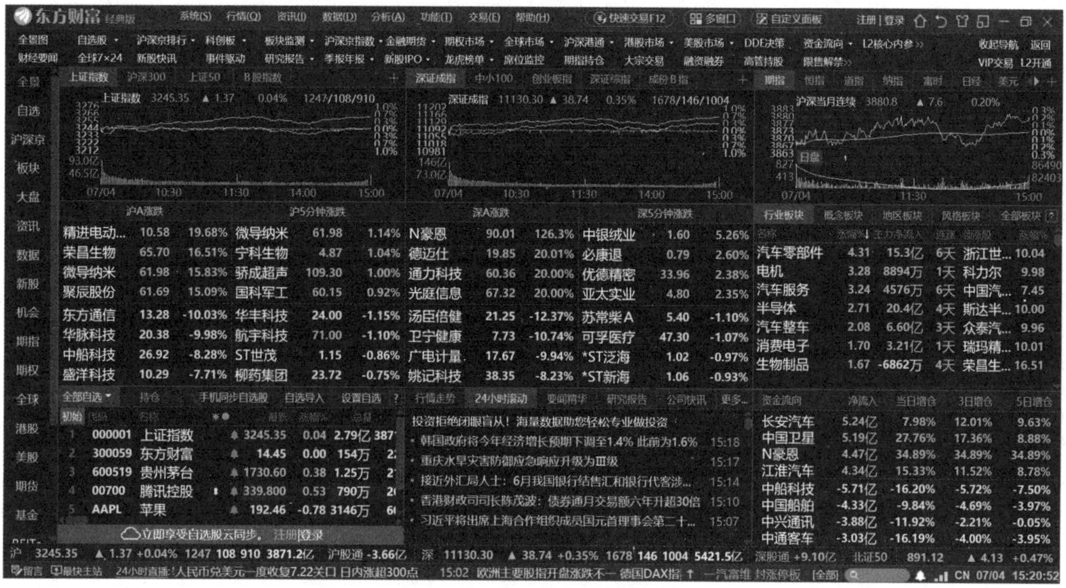

图 8-20　东方财富打开界面

（2）找到天玑科技（300245）股价走势图，将这一只股票股价走势图锁定在 2022 年 4 月份至 2023 年 2 月份这个区间，调出画图工具栏，如图 8-21 所示。

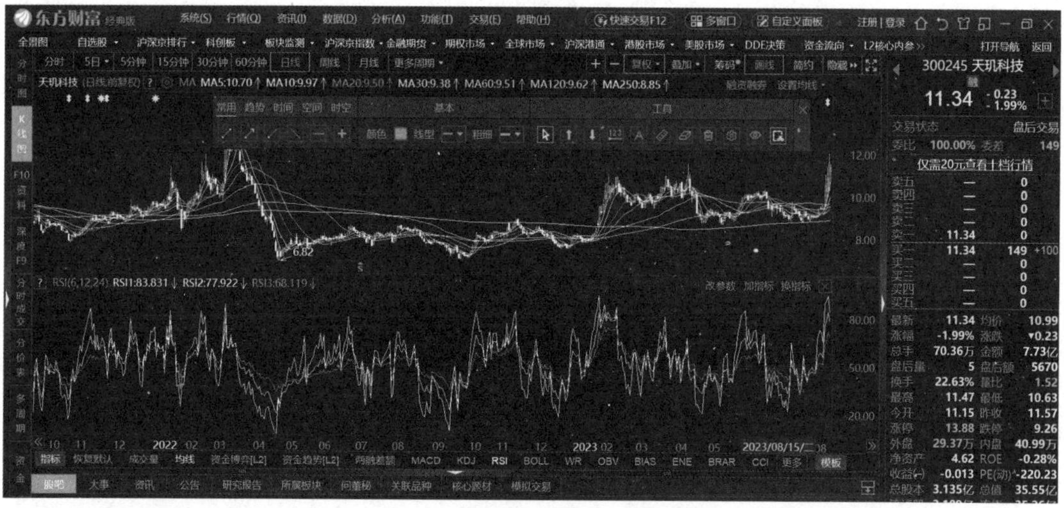

图 8-21　调出画图工具栏

（3）经过长达一个多月的持续阴跌，天玑科技（300245）2022 年 4 月 27 日走出地板价 6.82 元 / 股，相对应地，该股短期 RSI 指标为 7.10，长期 RSI 指标为 20.33，处于超卖区，股价跌无可跌，随后白色线上穿黄色线，股价渐渐走强。2023 年 2 月 16 日，该股股价创出 10.88 元 / 股价格，短期 RSI 指标高达 93，长期 RSI 指标高达 83，股价进入超买区，短期内出现回档，如图 8-22 所示。

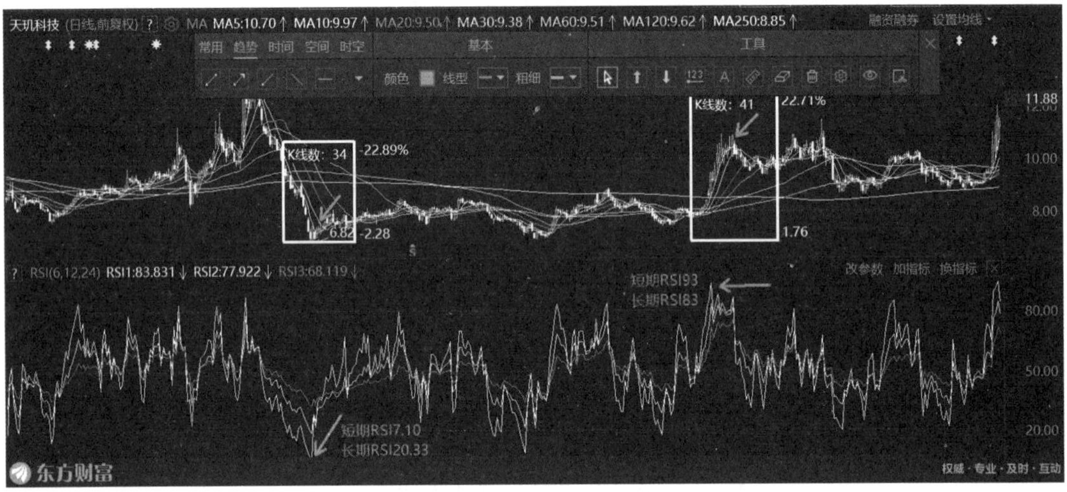

图 8-22　天玑科技的 RSI 指标

四、乖离率指标

（一）乖离率指标的含义及其计算

乖离率（BIAS）又称偏离率，它是反映市价在一定时间内与移动平均线背离程度的一种指标。与移动平均价率相比，乖离率具有更高的灵敏性、准确性及预测能力。移动平均数通常可以看作是在某一时期买卖双方均可接受的均衡价格，市价与移动平均线相距过远时将再次接近平均线。乖离率多用于预告市价大涨大跌之后的市场反转，也就是市价高于移动平均线较远时可卖出；市价低于移动平均线较远时可买入。

乖离率指标是指测算市价偏离移动平均线的幅度的指标。由此认为，市价急剧波动时，由于背离了移动平均趋势而可能产生回档或者反弹。乖离率是反映市场价格走势和预测行情变化最有效的工具之一，也是证券投资技术分析研究中常用到的一种分析方法。乖离率表示市价和市价移动平均线之间的距离，其计算公式和参数设置如下：

$$n\text{日乖离率}=\frac{\text{当日收盘价}-n\text{日移动平均价}}{n\text{日移动平均价}}\times 100\%$$

$$BIAS(n)=\frac{C-MA(n)}{MA(n)}\times 100\%$$

其中，分子是市价（收盘价）到移动平均线之间的绝对距离，它可以是正数也可以是负数，其除以分母之后为相对距离。*BIAS* 公式中包含参数项 *MA*，如此，*MA* 参数也为 *BIAS* 参数，即天数。参数大小选取先对 *MA* 产生影响，再对 *BIAS* 产生影响，在一般情况下，参数选得越大，市价离 *MA* 越远。

（二）乖离率指标适用法则

乖离率有正负之分，正乖离率表示股价超过平均线，该比率越高，表示股票获利越大，短期回吐的可能性越大；反之，负乖离率指股价低于平均线，该比率越低，表示股票亏损越大，短期企稳反弹的可能性越大。

30 日乖离率曲线超过 + 16 则进入超买区，股价短期回档可能性比较大；该曲线达到－16 则进入超卖区，股价短期企稳反弹的概率较大。

10 日乖离率曲线超过 + 8 则进入超买区，股价短期回档可能性比较大；该曲线达到－8 则进入超卖区，股价短期企稳反弹的概率较大。

在上涨行情中若出现负乖离率，待股价回跌可买进；在下跌行情中若出现正乖离率，待股价反弹可卖出。

（三）乖离率指标的应用

下面以宁德时代（300750）为例，介绍乖离率的应用。

（1）打开东方财富软件，如图 8-23 所示。

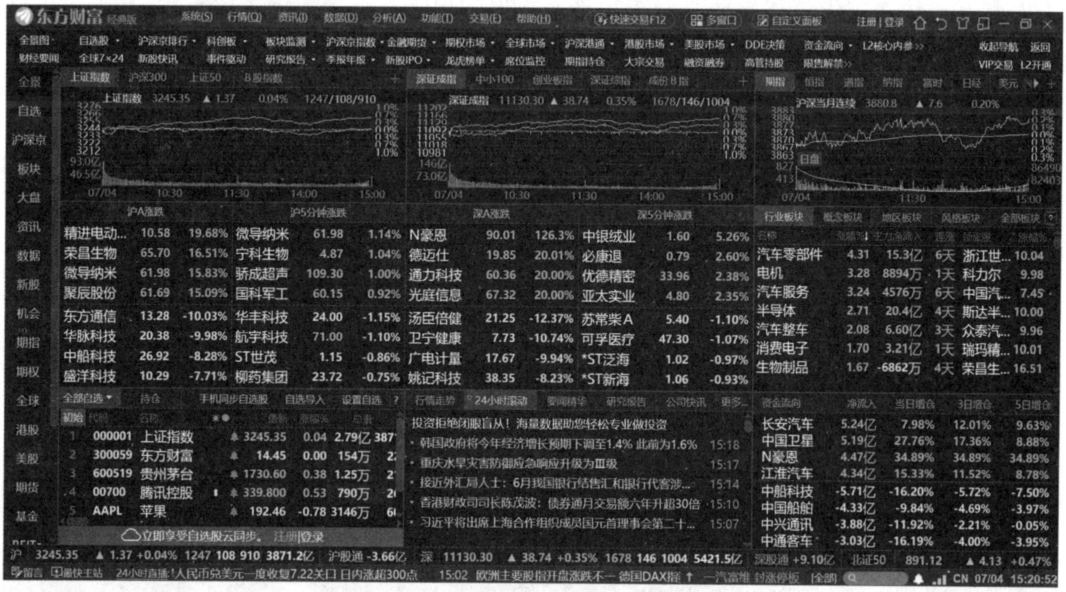

图 8-23　东方财富打开界面

（2）找到宁德时代（300750）股价走势图，将这一只股票股价走势图锁定在 2022 年 4 月份至 2022 年 7 月份这个区间，调出画图工具栏，如图 8-24 所示。

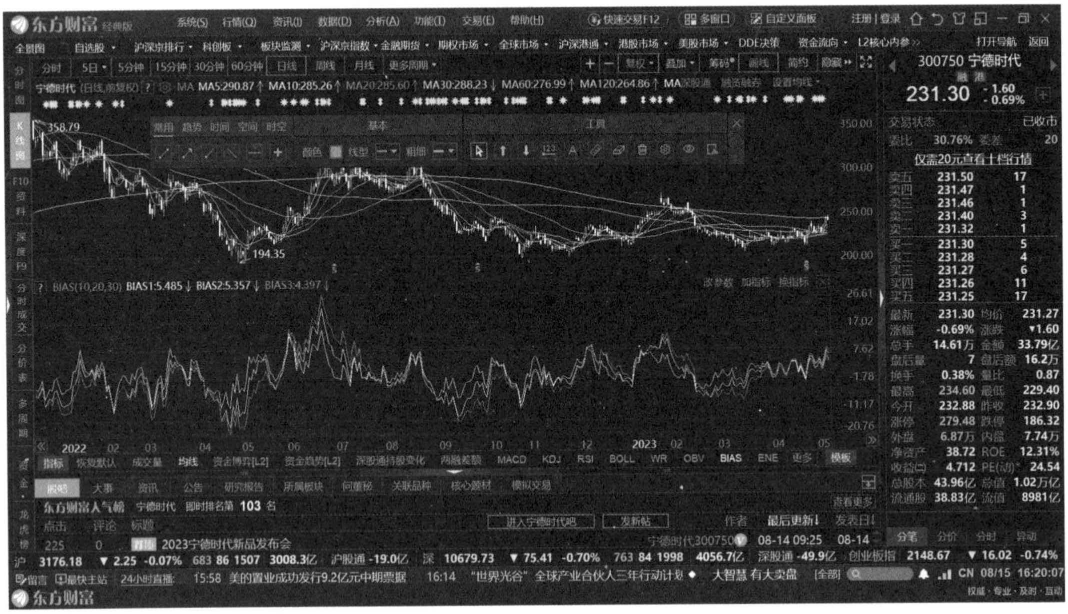

图 8-24　调出画图工具栏

（3）宁德时代（300750）这只股票从 2021 年 12 月份开始持续阴跌，至 2022 年 4 月底股价开始见底，10 日乖离率指标 −12（低于 −8），30 日乖离率指标 −21（低于 −16），显示股价进入超卖区，股票短期内随时迎来反弹，2021 年 5 月初开始走平并出现抬头向上的趋势，在途中出现长短期乖离率指标为负值的情况，表示上涨中继。至 2021 年 7 月份，长短期乖离率指标不断飙高，显示进入超买阶段，此后股价创新高后随即掉头向下，如图 8-25 所示。

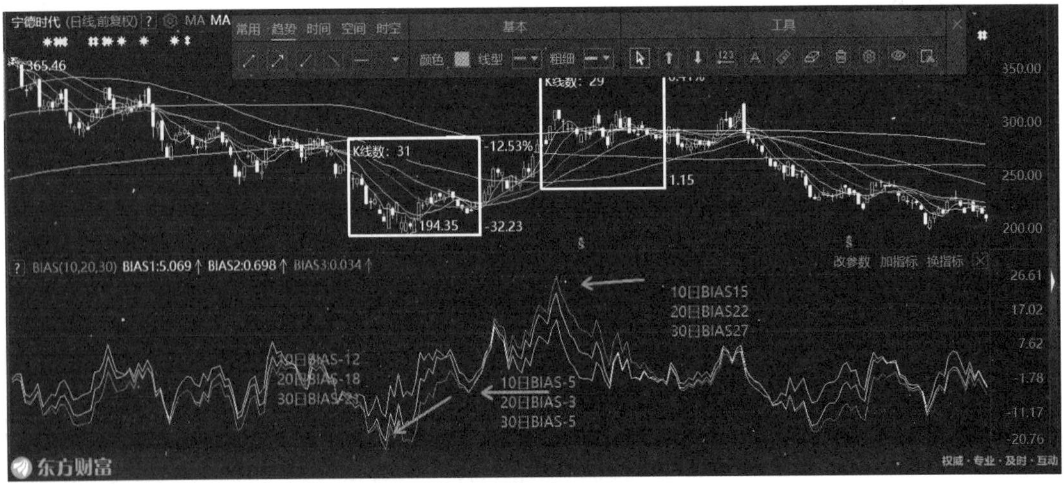

图 8-25　宁德时代的乖离率指标

第四节 人气型指标

一、意愿指标

（一）人气指标

人气指标（AR）也叫买卖气势指标，它反映了行情当前形势下多与空两方斗争的结果，也是证券投资技术分析的一个重要指标。一般情况下，在一定时期内，人的心理状态和情绪对行情有着重要影响。人气旺的行情多方占主导地位，买得积极，市价就涨；反之，人气低迷，买方被动，成交量少，价格必然下降。AR 选择的市场均衡价值（双方均能接受的临时位置）为每个交易日的开盘价，选开盘价为均衡价位比较合理。由于目前实行集合竞价产生开盘价，这使得以开盘价作为当日多空双方正式开始进行战斗的均衡起点更具有实际意义。AR 选择了以开盘价作为多空双方事先已接受的均衡价位，简化了多空双方在争斗中的演变过程，以最高价到开盘价的距离描述多方向上的力量，以开盘价到最低价的距离描述空方向下的力量。AR 的计算公式和参数如下：

$$\text{多方强度} = H - O$$

$$\text{空方强度} = O - L$$

其中，H 为当日的最高价，L 为当日的最低价，O 为当日的开盘价。

仅仅使用一天的多空双方强度参数可能具有偶然性和片面性，在研究目前的多空力量比较时，考虑的范围要更广一些，所含天数要多一些。所选天数为 AR 中的一个参数。以 26 为参数，AR 的计算公式如下：

$$AR(26) = \frac{P_1}{P_2} \times 100$$

其中，P_1 为 26 天多方强度之和，P_2 为 26 天空方强度之和；AR 是指这 26 天多空双方总体强度之比。AR 越高，说明多方力量越强，AR 越低，说明空方力量越强，多空之间谁强谁弱分界线为 100，100 以上为多方优势，100 以下为空方优势，恰为 100 表示双方的实力相当，如图 8-26 所示。

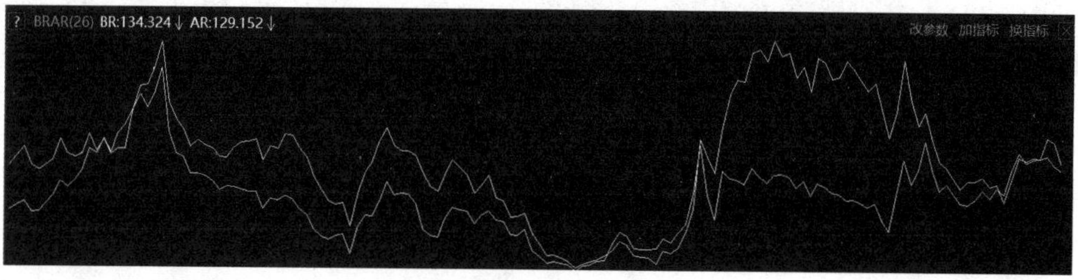

图 8-26 人气指标

使用 AR 时应注意以下两个方面。

1. 在 AR 取值上观察大势所处态势

AR 以 100 作为分界线来判别多空双方的强弱，在一般情况下，当 AR 数值徘徊于 100 左右时，表明大趋势基本均衡；然而大多数情况下，多空双方之间的力量对比不可能一直保持着一个均衡状态，而是存在很大差距。当 AR 取值在 80～120 时，表明市场在整理中。在多方市场中，AR 几乎全大于 100，且随多方强度越来越大，AR 的值将继续增大。与其他指标相同的是物极必反，AR 升至一定水平（如超过 150）时，要考虑获利了结，150 这一数字应按所选参数及所购个股加以校正。在空方市场中，AR 多数时候小于 100，且随着空方力量加大，AR 的数值将继续减小。根据经验，当 AR 在 60 以下时，应考虑进行干预，同样，60 这一数字需按具体情况加以调整。

2. 在 AR 和市价偏离上观察走势

与多数技术指标相同，AR 还具有领先市价到达峰顶与谷底的作用，从而给背离原则的适用带来便利。通常情况下，当 AR 达到极高，回头的时候，若市价仍不断上升，即是获利了结的表现；若 AR 到了谷底，回头往上走，而且市价仍在持续走低，即是对股市进行干预的好时机。

下面以捷邦科技（301326）为例，介绍人气指标的应用。

（1）打开东方财富软件，如图 8-27 所示。

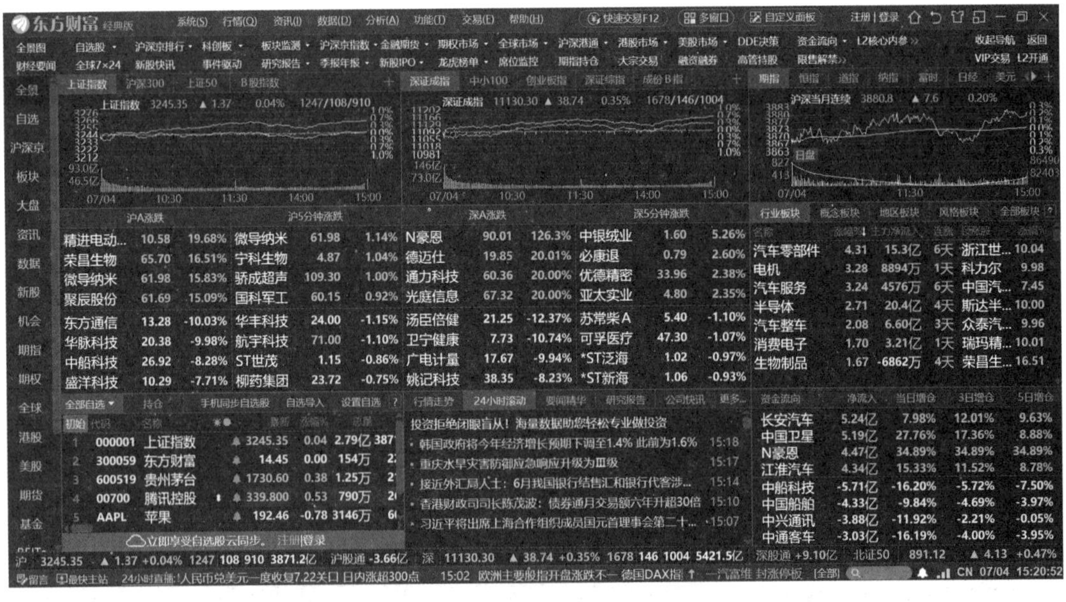

图 8-27　东方财富打开界面

（2）找到捷邦科技（301326）股价走势图，将这一只股票股价走势图锁定在 2023 年 5 月份至 2023 年 6 月份这个区间，调出画图工具栏，如图 8-28 所示。

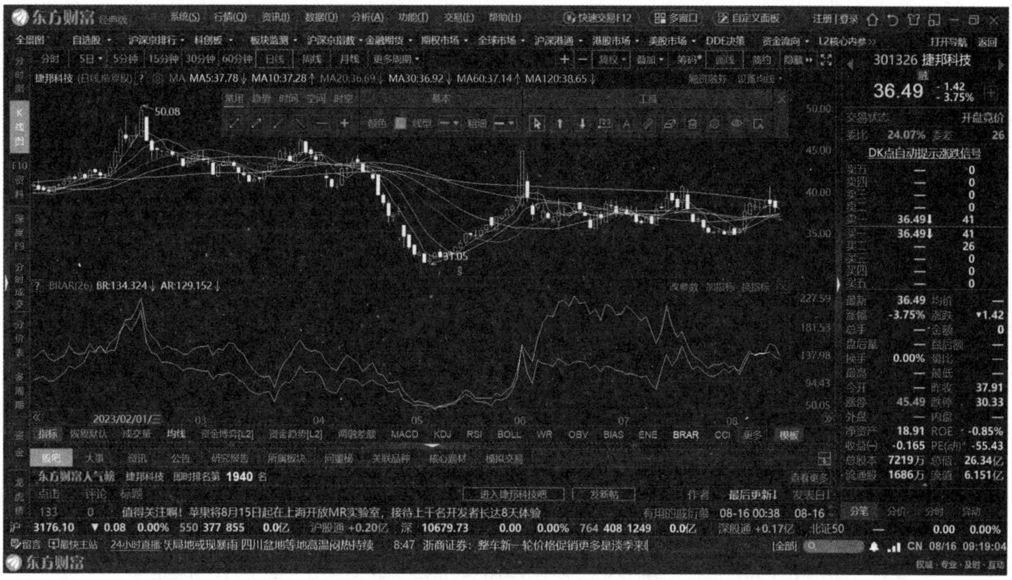

图 8-28　调出画图工具栏

（3）经过十几个交易日的阴跌，捷邦科技（301326）在 2023 年 5 月 10 日走出阶段性低价 31.05 元 / 股，此时市场人气涣散，AR 降至 51.88，低于 60 这一阈值，该股进入超卖区域，随即就有资金伺机进场，股价缓缓抬升，市场人气重新聚拢起来，AR 也在不断上升，2023 年 6 月初，AR 已经飙升至 160.64，超过 150 这一阈值，股价开始下降，如图 8-29 所示。

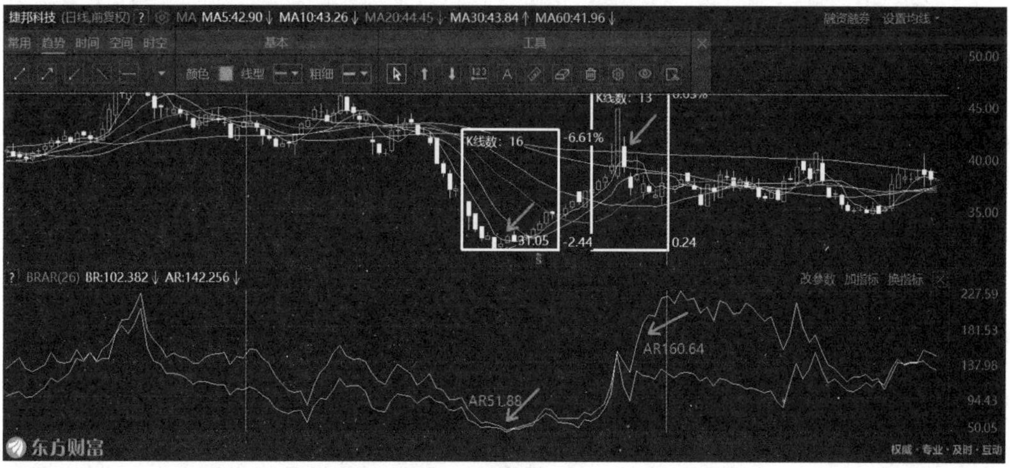

图 8-29　捷邦科技的人气指标

（二）买卖意愿指标

买卖意愿指标（BR）是以前一日收盘价为基础，分别与当日最高、最低价相比，反映市场买卖意愿程度的指标。BR 的计算公式和参数如下：

$$P_1 = H - YC$$
$$P_2 = YC - L$$

其中，P_1 表示多方强度总和，P_2 表示空方强度总和，H、L 为当日最高价和最低价，YC 为前一日的收盘价。同 AR 一样，为了避免偶然性和片面性，比较多空双方多日的强度时，选择的天数就是 BR 的参数。同理，以 26 为参数，BR 的计算公式如下：

$$BR(26) = \frac{P_1}{P_2} \times 100$$

1. BR 的基本适用法则

（1）BR 波动比 AR 更敏感，当 BR 波动于 70～150 时，属于盘整行情，应该继续观望。

（2）当 BR 超过 400 后，股价有可能在任何时候回档，应该择期抛售。

（3）当 BR 在 50 以下时，股价随时都有可能回升向上，应该择机买进。

2. AR 和 BR 合用的基本适用法则

通常，AR 是可独立使用的，BR 则需要和 AR 一起配合使用。所以，当 AR、BR 同时被计算出来的时候，AR 和 BR 的曲线应绘制在同一张图上。

（1）AR 与 BR 同步急升，表示股价峰位已接近，持有股票要注意适时获利了结。

（2）BR 低于 AR，即 BR 自上而下突破 AR，而指标在 100 之下的时候，可以考虑逢低买入。

（3）当 BR 由峰值回落后，下跌幅度过大时，如 AR 没有警戒信号，则应逢高买入。

（4）若 BR 大幅上涨，且 AR 并不上涨，反而持平或小幅回档，则为逢高卖出迹象。

（5）从 AR、BR 曲线来看走势，AR、BR 均具有引领股价到达峰顶、谷底的作用。

（6）当 BR 由高档下降，这时 AR 在 40 附近处于较低的水平，不断积累能量，并且 BR 自上而下慢慢接受 AR 的影响，二者相接，或比 AR 略小时，是极佳的买入机会，也叫最好狙击买点。

（三）中间意愿指标

中间意愿指标（CR）也称为价格动量指标。CR 以上一个计算周期的中间价与当前周期的最高价、最低价比较，计算一段时间内股票价格的“强弱”，由此再对部分股价异常波动行情进行分析。从理论上讲，高于中间价的价格，它的能量就是“强”，低于中间价的价格，它的能量就是“弱”。此外，CR 不仅可以衡量人气是否火爆、价格动量的潜能，并能显示股价压力带与支撑带，为对未来股价走势进行分析和预测，对股票买卖时机进行判断，提供了重要参考依据。CR 的计算公式和参数如下：

$$P_1 = H - YM$$
$$P_2 = YM - L$$

其中，P_1 表示多方力量总和，P_2 表示空方力量总和，H、L 为当日最高价和最低价，YM 为前一日的中间价。利用 P_1 和 P_2 之间的比值来计算 CR，以 26 为参数，CR 的计算公式如下：

$$CR（26）= \frac{P_1}{P_2} \times 100$$

CR 适用法则如下：

（1）由 CR 计算公式可知，CR 易为负值，但是按通行的做法，对 CR 进行研判时，一旦 CR 数值出现负值，一律当成 0 对待。

（2）CR 数值是 100 时，说明中间意愿买卖是平衡的。

（3）当 CR 数值在 75～125 之间（有的设定为 80～150）波动时，说明股价是一个盘整行情，投资者宜采取观望态度。

（4）对于牛市行情（或牛股），当 CR 数值大于 300 时，说明股价进入了高价区，随时都有回挡的可能，要择机抛掉。

（5）对于反弹行情，当 CR 数值大于 200 时，说明股价回升的意志已就位，随时都有再跌的危险，要及时出局。

（6）对于盘整行情，当 CR 数值小于 40 时，说明市场的调整已接近尾声，股价随时都有再上涨的风险，投资者可以在适当的时候买入。

（7）对于熊市行情，结束时 CR 数值小于 30 的情况下，说明该股已严重超跌，也许随时都有反弹上涨的可能，投资者可在低位吸纳。

（8）CR 判断高数值比判断低数值精度高，即暗示股价进到高价位区的能力强于低价位区。

（9）CR 越小，表示买入时越有安全感。若 CR 剧烈上移，投资人可根据具体情况考虑出售。

二、心理线指标

（一）心理线指标的含义及其计算

心理线（PSY）就是以投资人的心理趋向为依据，把投资者在一定时期内偏向买方或卖方这一心理和事实转化为数值，构成人气指标，作为股票买卖参数，它对投资者进行投资决策具有重要意义。PSY 的计算公式和参数如下：

$$PSY（n）= \frac{A}{n} \times 100$$

其中，n 为天数，是 PSY 的参数；A 为这 n 天之中市价上涨的天数。例如，$n = 10$，

10 天之中有 3 天上涨，7 天下跌，则 $A = 3$，$PSY(10) = 30$。这里的上涨和下跌的判断是以收盘价为准的，今天的收盘价如果比前一天的收盘价高，则今天就定为上涨；今天的收盘价如果比前一天的低，则今天就定为下降。心理线指标如图 8-30 所示。

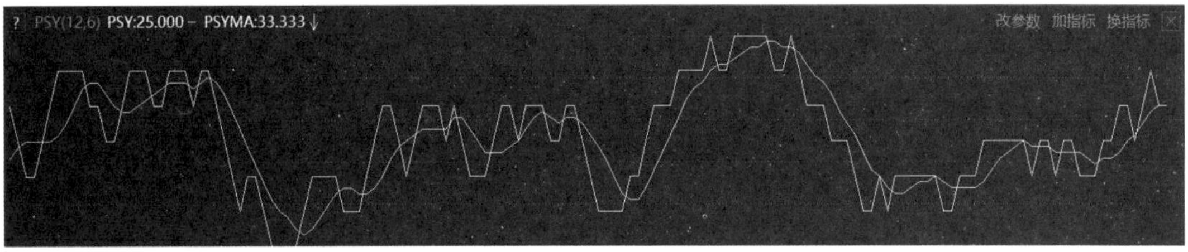

图 8-30　心理线指标

（二）心理线指标适用法则

（1）通过心理线公式计算出比值，一般在 25～75 之间，75 以上时为超买，25 以下时为超卖。涨升行情中，应该把卖点抬高至 75 以上；跌落行情中，应该把买点减少到 45 以下。具体数值应根据经验并与其他指标相配合调整。

（2）在一个上升行情开始之前，一般情况下，超卖的低点有两个；在一个下跌行情开始之前，超买的高点也有两个。当二次超卖新低或者超买新高，通常情况下，就是买或者卖的机会。

（3）在比值下降到 10 或者更低的时候，就是真超卖，这时是短线抢反弹时机，应立即买入。对应地，比值上升到 90 或者更高，就是真超买，股价下跌的可能性很大。

（4）心理线更多体现市场心理上的超买盘或者超卖盘，所以当比值处于常态区域向上或者向下运动的时候，通常应采取观望态度。

（5）高点密集有 2 次，是卖出信号；低点密集有 2 次，是买入信号。

（6）心理线与成交量变异率相互配合确定短线买卖点位，可发现每波高点或低点。

（7）心理线与逆时针曲线相互配合可以增加准确度并清楚地指出头与底的关系。

（三）心理线指标的应用

下面以银之杰（300085）为例，介绍心理线指标的应用。

（1）打开东方财富软件，如图 8-31 所示。

（2）找到银之杰（300085）股价走势图，将这一只股票股价走势图锁定在 2019 年 1 月份至 2019 年 3 月份这个区间，调出画图工具栏，如图 8-32 所示。

（3）银之杰（300085）自 2015 年 7 月份股灾之后，开启了 4 年的熊市之路。至 2019 年年初，该股市场人气涣散，投资者信心不足，交投比较清淡，PSY 降至最低值 16.67，低于 25，这个位置主力开始偷偷地吸收筹码，股价开始企稳走平，2019 年 2 月初开始有所抬头，该股真正发力是在 2 月中旬之后，PSY 也迅速攀升，至 2019 年 3 月中旬，该指标值已达 91.67，获利盘已经在悄悄出货，如图 8-33 所示。

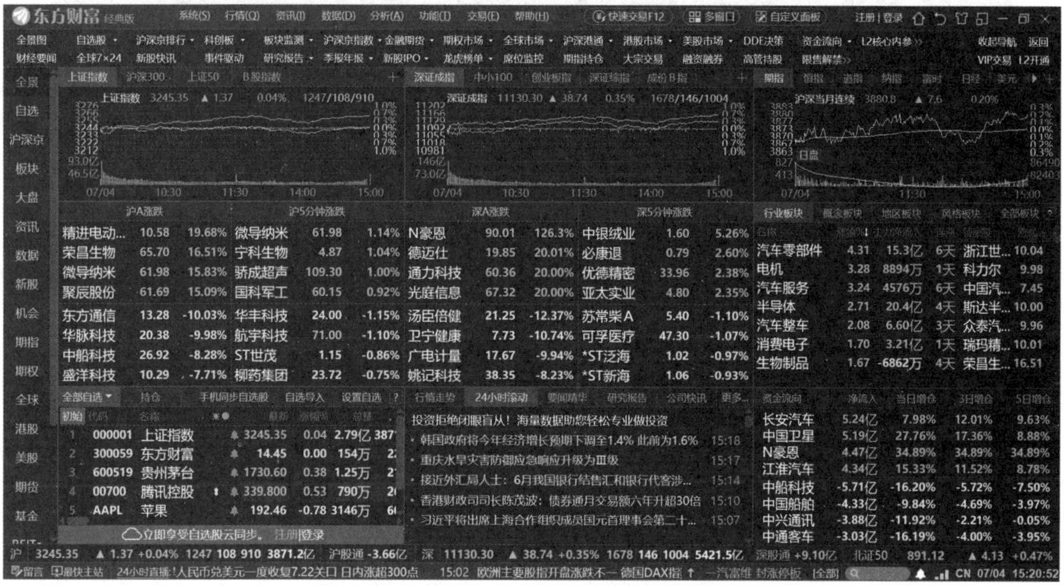

图 8-31　东方财富打开界面

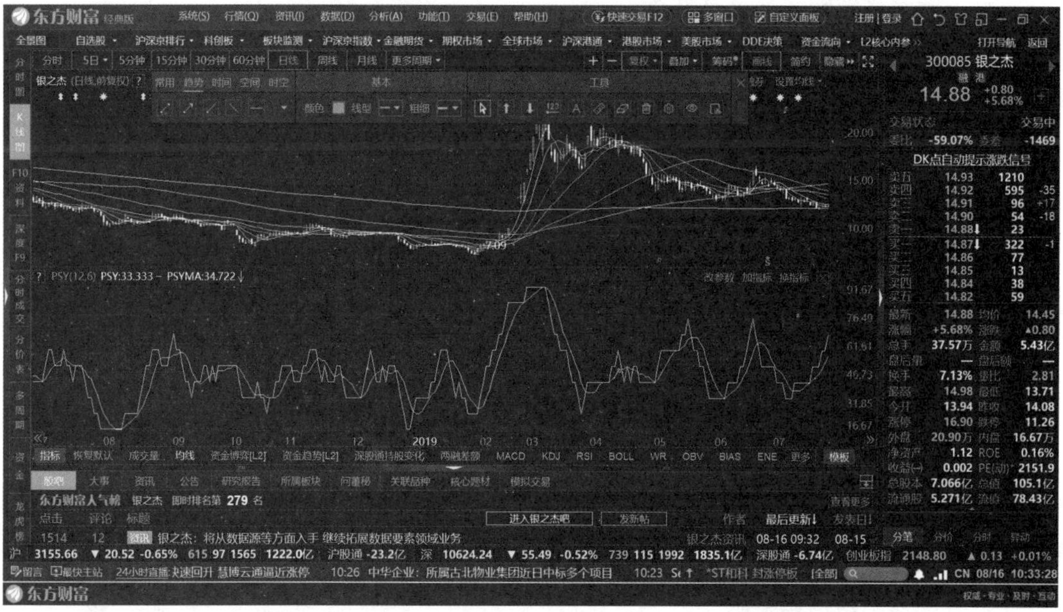

图 8-32　调出画图工具栏

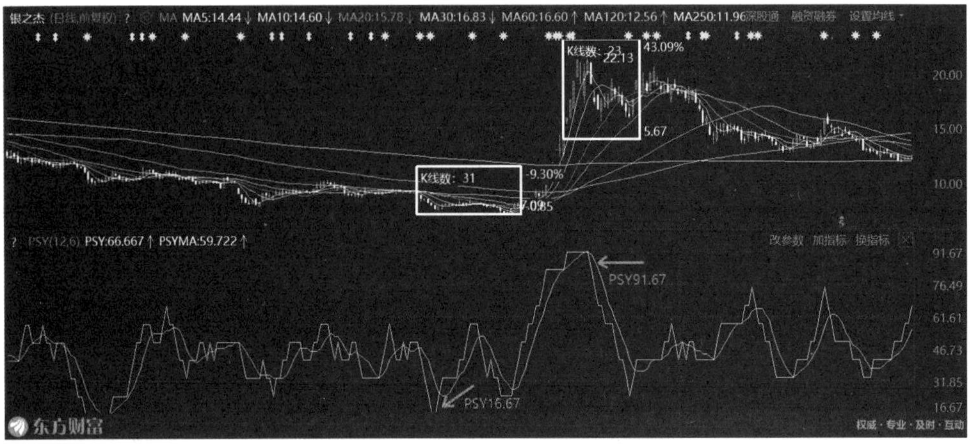

图 8-33　银之杰的 PSY 指标

第五节　大势型指标

一、腾落指数

（一）腾落指数的含义及其计算

腾落指数（ADL）是用股票每日涨跌的家数来计算和观测股票市场人气兴衰，探测大势内在的资金动能是强势还是弱势，用于判断未来股市走势的技术性指标。

首先，假定前一交易日 ADL 值已获知，接着算出今天 ADL 值。若今天上涨个股共 NA 只，下跌个股共 ND 只，持平的为 M 家，在此涨跌的评判标准就是把今天收盘价和前一日收盘价进行对比，这样，今日 ADL 计算公式如下：

$$\text{今日} ADL = \text{昨日} ADL + NA - ND$$

进而可以推导出：

$$\text{今日} ADL = \sum NA - \sum ND$$

其中，$\sum NA$ 是从开始交易的第一天算起，每一个交易日的上涨家数的总和；$\sum ND$ 是从开始交易的第一天算起，每一个交易日的下跌家数的总和。

（二）腾落指数适用法则

腾落指数和股价指数较为相近，都是体现大势的运动和走向，但它没有给出个股上涨或下跌信号。由于股价指数受权值较高股票的制约，在某些条件下，在这些股票有大涨和大跌的情况下，股价指数很可能会出现过度反应，由此向投资者传递不实信息，腾落指数能弥补此类不足。

由于腾落指数与股价指数的关系比较密切，在分析时，要把二者连在一起进行研究。通常，股价指数上涨时，腾落指数也呈上升趋势；反之亦然，则可以对升势或跌势进行确认。如若股价指数大动而腾落指数震荡，或者二者反方面波动，无法相互印证，表明大势不稳，不能轻率地进入市场。

具体而言，主要有以下六种情形：

（1）股价指数持续上涨，腾落指数亦上升，股价可能仍将继续上升。

（2）股价指数不断回落，腾落指数也随之回落，股价或将延续回落。

（3）股价指数上涨，腾落指数下跌，股价就有回踩的可能。

（4）股价指数走低，但腾落指数升高，股价有反弹的可能。

（5）当股市是多头市场的时候，腾落指数有上涨的趋势，在这期间若突然发生急速下跌的情况，然后马上转头往上看，创新高的点位就说明市场可能会创新高。

（6）当股市是空头市场的时候，腾落指数呈减少趋势，在这期间，若突然发生上升现象，然后再回过头来跌破了原来创出的新低，那么就说明有可能又出现了新一轮下跌走势。

二、涨跌比指标

（一）涨跌比指标的含义及其计算

涨跌比指标（ADR）就是对于一段时间内所有上市交易股票上涨家数与下跌家数，求出涨与跌之比，推断出大盘中多空双方力量的变动，然后对行情中的实际情况做出判断。因与 ADL 指标有一定关系，ADR 也称回归式腾落指数。

由于所选计算周期不一，涨跌比率 ADR 体系 n 天 ADR 和 n 个星期 ADR、n 月 ADR 与 n 年 ADR 及 n 分钟 ADR 等构成。常用来研判股市的指标有日 ADR 和周 ADR，它们在计算中的取值不同，但是基本计算方法一致。日 ADR 计算公式如下：

$$ADR(n)=\frac{P_1}{P_2}$$

其中，n 为选择的天数，即 ADR 的参数；P_1 与 P_2 的计算公式如下：

$$N\text{日内股票上涨家数之和：}P_1=\sum NA$$
$$N\text{日内股票下跌家数之和：}P_2=\sum ND$$

选取某一参数周期中个股上升与下降加总之和，旨在避免因股市在一定时间内出现特殊表现，误导研判。例如，选数日股市涨跌家数之和，就是要避免因为某天市场特殊表现导致的 ADR 数值出现偏离。ADR 图形围绕 1 上下起伏，波动幅度根据 ADR 取值确定。ADR 取值受多种因素影响，主要是公式中的分子、分母间取值及参数选取大小等。通常情况下，参数选取较小时，ADR 值向上和向下变化的空间较大，曲线波动更为剧烈；参数选取较大时，ADR 值向上和向下变化的空间较小，曲线上下波动则较为平缓。不同类型的股票市场有其自身特点，在具体的应用中应结合具体情况加以确定。参数设置无统一标准，它可以随市场变化、投资者喜好而自由设置。这里我们主要讨论参数的选取问题，而不涉及具体的数值大小问题。市面上较为常见的参数有 10、14 等，也可使用 5、25、30、60 等。这些参数一般是以某一特定时间段内的股价走势作为参考依据的，并不是所有时期的股价趋势都能被用来判断。ADR 参数选取对 ADR 研判起着决定性作用，参数的选择不同，对于市场的判断也会有不一样的结果，这在以后的特殊研判中会有详细的介绍。

（二）涨跌比指标适用法则

（1）从 ADR 的取值看大势。第一，ADR 在 0.5～1.5 之间是常态情况，此时，多空双方处于均衡状态。第二，在极端特殊的情况下，如出现突发的利多、利空消息引起股市暴涨暴跌时，ADR 常态的上限可修正为 1.9，下限修正为 0.4。超过了 ADR 常态状况的上下限，就是采取行动的信号，表示上涨或下跌的势头过于强烈，股价将有回头的可能；ADR 处于常态时，买进或卖出股票都没有太大的把握。

（2）ADR 可与综合指数配合使用，其应用法则与 ADL 相同，也有一致与背离两种情况。

（3）从 ADR 曲线的形态上看大势。第一，ADR 从低向高超过 0.5，并在 0.5 上下来回移动几次，是空头进入末期的信号。ADR 从高向低下降到 0.75 之下，是短期反弹的信号。第二，ADR 先下降到常态状况的下限，但不久就上升并接近常态状况的上限，则说明多头已具有足够的力量将综合指数拉上一个台阶。

（4）在大势短期回档或反弹方面，ADR 有先行示警作用。若股价指数与 ADR 呈背离现象，则大势即将反转。

三、布林线指标

（一）布林线的含义及指标原理

布林线指标（BOLL）是利用统计原理求出市价的标准差及其信赖区间，从而确定市价的波动范围及未来走势，利用波状带（市价波动在上限和下限的区间）显示市价的安全高低价位，这条带状区的宽窄将随着市价波动幅度的大小而变化，市价涨跌幅度加大时，带状区则变窄。BOLL 是根据统计学中的标准差原理，设计出来的一种非常简单实用的技术分析指标，一般而言，市价总是围绕某一价值中枢（如均线、成本线等）在一定的范围内变动，BOLL 正是在上述条件的基础上，引入了“市价信道”的概念，认为市价信道的宽窄会随着市价波动幅度的大小而变化，而且市价信道又具有变异性，它会随着市价的变化而自动调整。

BOLL 的计算引用了统计学中的标准差概念，涉及上轨线（UP）、中轨线（MB）和下轨线（DN）的计算，另外，由于选用的计算周期不同，BOLL 也包括日 BOLL、周 BOLL、月 BOLL、年 BOLL 及分钟 BOLL 等各种类型。尽管计算周期取值有所不同，但其计算方法是一致的，这里以日 BOLL 的计算为例进行介绍。

（1）计算移动平均值 MA，计算公式如下：

$$MA=\frac{n\text{ 日内的收盘价之和}}{n}$$

（2）计算标准差 MD，计算公式如下：

$$MD=\sqrt{\sum_{i=1}^{n}\frac{(C_i-MA_i)^2}{n}}$$

（3）计算 MB、UP、DN，计算公式如下：

$$MB=(n-1)\text{ 日的 }MA$$
$$UP=MB+2MD$$
$$DN=MB-2MD$$

BOLL 一共由四条线组成，即上轨线（UP）、中轨线（MB）、下轨线（DN）和价格线。其中，上轨线（UP）是 UP 数值的连线，用黄色线表示；中轨线（MB）是 MB 数值的连线，用白色线表示；下轨线（DN）是 DN 数值的连线，用紫色线表示；价格线以美国线表示，颜色为浅蓝色。布林线如图 8-34 所示，黄色的线为上轨线，紫色的线为下轨线，白色的线为中轨线，也就是布林线。

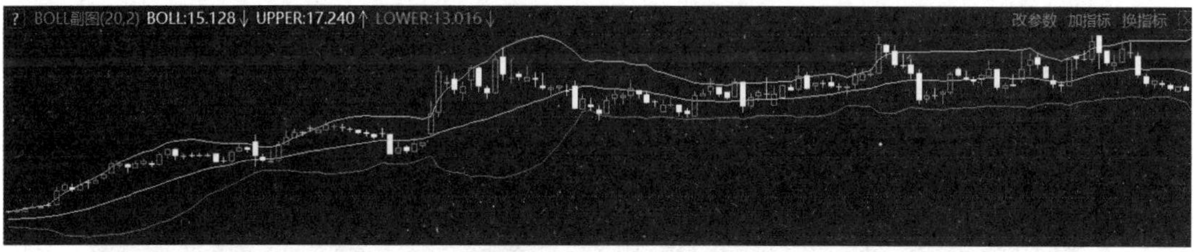

图 8-34　布林线

（二）布林线适用法则

（1）股价自下而上通过下轨线时，可视为买入信号。

（2）股价自下而上通过中轨线时，是增仓买入的信号。

（3）股价在中轨线和上轨线之间波动的是震荡市场，可以继续观望。

（4）股价长期在中轨线和上轨线之间运行，从上到下跌中轨线作为卖出信号。

（5）股价在中轨线和下轨线之间向下波动的是利空市场，不利于多方投资者。

（6）布林中轨线在长期大幅下跌后持平，上升的转折点、股价在两三天内都在中轨线之上。这时股价回调，其最低点往往是适量低吸的断点。

（7）股价在中轨线和上轨线之间运行的是利多市场，可以用低吸在中轨线附近建仓。

（8）股价往往在布林线通道运行，一旦穿破通道，成交量就会得到释放，如果回到通道之内，代表行情到了转折点或者是回调的状态。

（三）布林线的应用

下面以华升股份（600156）为例，介绍布林线的应用。

（1）打开东方财富软件，如图 8-35 所示。

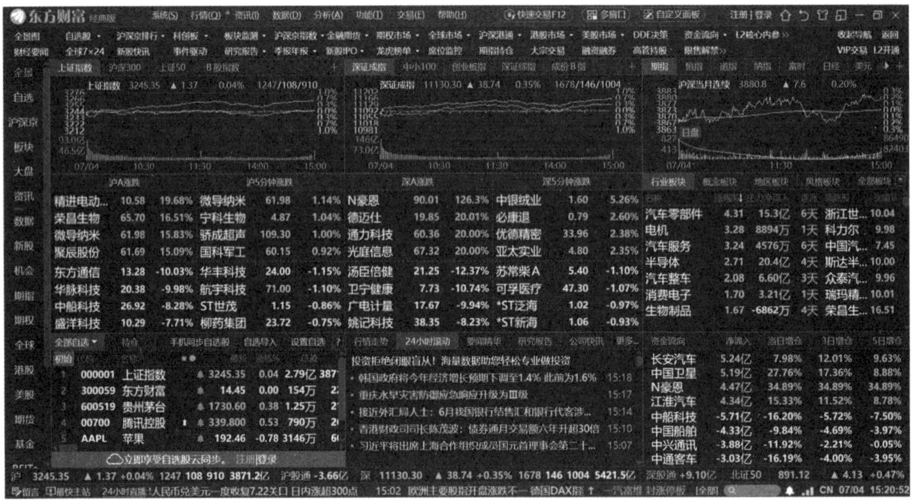

图 8-35　东方财富打开界面

（2）找到华升股份（600156）股价走势图，将这一只股票股价走势图锁定在 2023 年 3 月份至 2023 年 4 月份这个区间，调出画图工具栏，如图 8-36 所示。

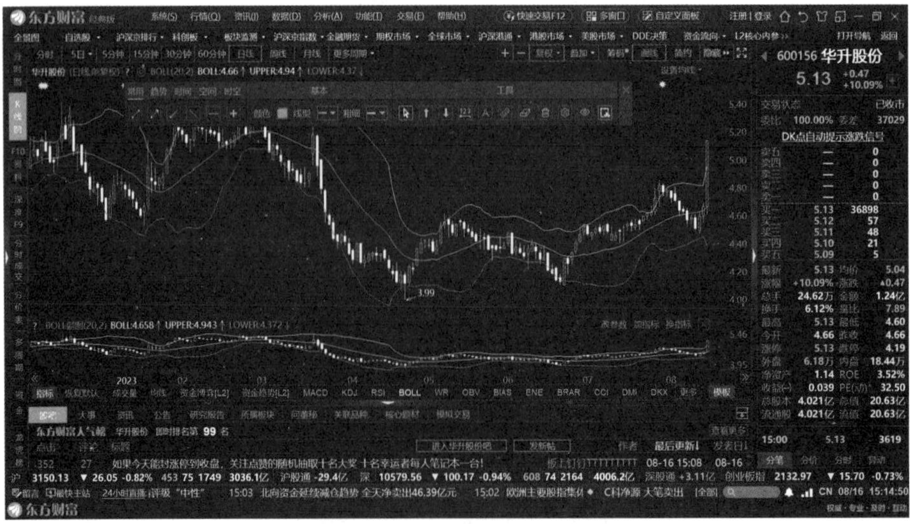

图 8-36　调出画图工具栏

（3）华升股份（600156）2023 年 3 月 6 日至 2023 年 4 月 25 日这一段时间股价处于下跌通道，同时股价也处于中轨线与下轨线之间，2023 年 4 月 28 日突破中轨线，股价随即进入上轨线与中轨线中间，虽然中间回踩至中轨线与下轨线之间通道，但始终改变不了股价继续上涨的趋势，如图 8-37 所示。

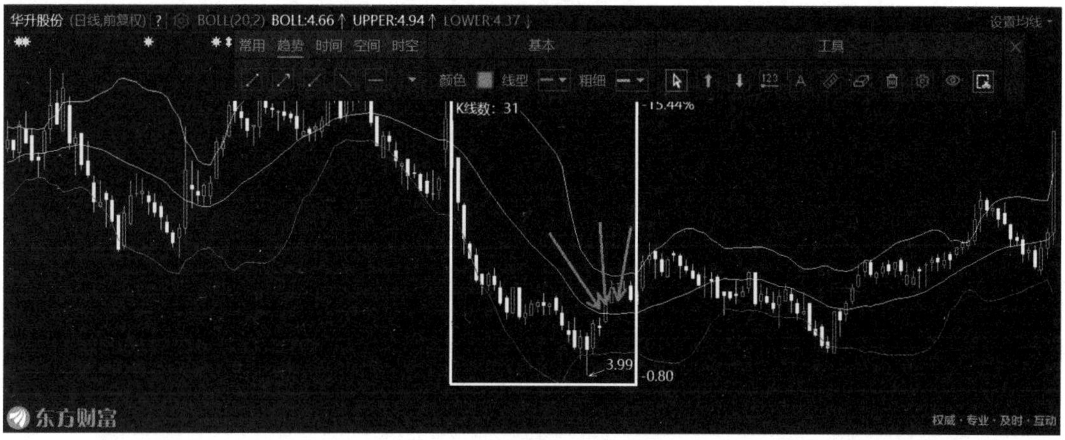

图 8-37　华升股份的布林线

本章小结

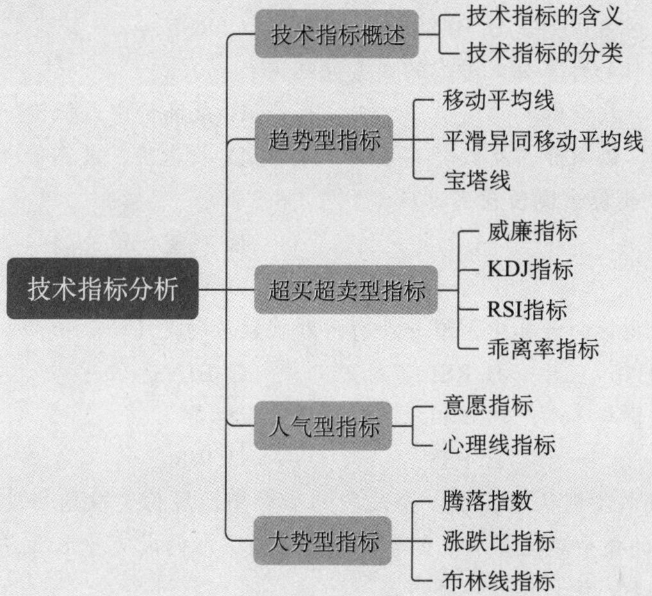

课程思政

课程思政

课后练习题

一、单选题

1.（　　）主要是从股票投资者买卖趋向的心理方面，对多空双方的力量对比进行探索。

A. PSY　　B. BIAS

C. RSI　　D. WMS

2. 下列指标中，根据其计算方法，理论上所给出买卖信号最可靠的是（　　）。

A. MA　　B. MACD　　C. WR　　D. KDJ

3. 表示市场是否处于超买或超卖状况的技术指标是（　　）。

A. PSY　　B. BIAS　　C. RSI　　D. WMS

4. KDJ 指标的计算公式考虑的因素包括（　　）。

A. 开盘价、收盘价　　B. 最高价、最低价

C. 开盘价、最高价、最低价　　D. 收盘价、最高价、最低价

5. MACD 指标出现顶背离时应（　　）。

A. 买入　　B. 观望

C. 卖出　　D. 无参考价值

6. 在下列指标的计算中，唯一没有用到收盘价的是（　　）。

A. MACD　　B. RSI　　C. BIAS　　D. PSY

7. 描述股价与移动平均线相距远近程度的指标是（　　）。

A. RSI　　B. PSY　　C. WR　　D. BIAS

8. 葛兰威尔法则认为，在一个波段的涨势中，股价突破前一波的高峰，然而此段股价上涨的整个成交量水准低于前一个波段上涨的成交量水准，此时（　　）。

A. 缩量扬升，做好增仓准备

B. 股价趋势有潜在反转的信号，适时做好减仓准备

C. 股价创新高，强力买入

D. 以上都不对

9. 葛兰威尔法则认为，在一波段的长期下跌形成谷底后，股价回升，成交量并没有因股价上升而递增，然后再度跌落至原先谷底附近，或略高于谷底，成交量低于前一个谷底，此时（　　）。

A. 股价再度回落，应及时止损

B. 成交量再度萎缩，应做好减仓准备

C. 股价将要上升，应做好加仓准备

D. 以上都不对

二、多选题

1.（　　）属于大势型指标。

A. ADL　　B. ADR　　C. AR　　D. RSI

2. 下列关于技术分析指标 PSY 的说法，正确的有（　　）。

A. 一般进入高位区至少两次其发出的卖出信号才更可靠

B. 在 50 以上是空方市场

C. 取值过高或过低，都是行动的信号

D. 在 50 以上是多方市场

3. 下列指标应用正确的有（　　）。

A. 利用 MACD 预测时，如果 DIF 和 DEA 均为正值，当 DEA 向上突破 DIF 时，应该买入

B. 当 WR 高于 80，即处于超买状态，行情即将见底，应该买入

C. 当 KDJ 在较高位置形成多重顶，则考虑卖出

D. 当短期 RSI 小于长期 RSI 时，属于多头市场

4. 在使用技术指标 WR 的时候，下列结论正确的有（　　）。

A. WR 是相对强弱指标的发展

B. WR 在盘整过程中具有较高的准确性

C. WR 在高位回头而股价还在继续上升，则是卖出信号

D. 使用 WR 指标应从 WR 取值的绝对数以及 WR 曲线的形状两方面考虑

5. 下列（　　）情况下发出的是买入信号。

A. 某个股票股性不太活跃，当 BIAS（5）＞ 3% 时

B. 某个股票股性不太活跃，当 BIAS（5）＜ −3% 时

C. 当短期 BIAS 在高位下穿长期 BIAS 时

D. 由于突发的利空消息，BIAS（10）＜ −20%

三、判断题

1. 葛兰威尔法则认为，在一个波段的涨势中，股价突破前一波的高峰，然而

此段股价上涨，成交量却逐渐萎缩，成交量是股价上涨的原动力，原动力不足显示股价趋势具有潜在的反转信号。 ( )

2. MACD 能够表示股价的波动趋势，并追随这个趋势，不轻易改变。MA 则不具备这个保持追踪趋势的特性。 ( )

3. 股市中常说的“死亡交叉”，实际上就是指短期移动平均线向上突破长期移动平均线，即压力线。 ( )

4. DIF 和 DEA 均为正值时，属于多头市场。DEA 向上突破 DIF 是买入信号；DEA 向下跌破 DIF 只能认为是回落，做获利了结。 ( )

5. 当短期 RSI ＜长期 RSI 时，一般可判断属于多头市场。 ( )

6. PSY 是指近一段时间内，上涨的天数在 N 天内所占的比率。可以简单地认为上涨是多方的力量，下跌是空方的力量，即 PSY 以 50 为中心，50 以上是多方市场，50 以下是空方市场。 ( )

7. 大势型指标主要对整个证券市场的多空状况进行描述，一般只用于研判证券市场整体形势，而不能应用于个股。而其他大多数技术指标都是既可以应用到个股，又可以应用到整个市场的。 ( )

8. ADL 保持上升趋势，指数却在中途发生转折，但很快又恢复原有趋势，并创新高，这是卖出信号，预示后市是空方力量强盛的标志。 ( )

四、案例分析题

利用平滑异同移动平均线（MACD）判断悦安新材（688786）这只股票未来走势，同时，利用心理线指标以及买卖意愿指标观测该股的市场人气，最后利用威廉指标检测该股是否处于超买或者超卖状态，算出该股至少一个超买点或者超卖点。

第九章 证券投资价值分析

学习目标

一、知识目标

- 能够完整陈述股息零增长模型、股息稳定增长模型；
- 能够大致了解股息不稳定增长两阶段模型；
- 能够完整陈述市盈率与市净率股票估值法；
- 能够完整陈述影响债券价值的因素；
- 能够完整陈述永久债券、无附息债券以及息票债券价值计算公式；
- 能够大致了解开放式基金、封闭式基金以及 ETF 和 LOF 的价值。

二、能力目标

- 能够运用股息零增长模型、股息稳定增长模型以及股息不稳定增长两阶段模型等贴现模型计算股票的价值；
- 能够运用市盈率与市净率方法对股票价值进行估算；
- 能够运用贴现模型计算永久债券、一次性还本付息以及息票债券价值；
- 能够计算开放式基金、封闭式基金以及 ETF 和 LOF 的价值。

三、素质目标

- 能够找准自己的定位，努力学习专业知识，为毕业以后实现人生价值打下基础；
- 能够坚信每一个人都有自己的人生价值，找到实现自己人生价值的舞台。

教学案例

国债招标根据不同的标准可以划分为不同的类型。按照招标过程是否公开，可以分为封闭招标和公开招标两种。由于在封闭招标中各方难于相互监督是否按照契约行事，投标者之间达成勾结以操纵招标结果的可能性较小。从各国的实践来看，用于国债发行的招标也大多采取封闭招标的形式。按照招标标的的不同，国债招标可以分为缴款期招标、价格招标、利率招标和收益率招标等。

划分国债招标种类最主要的方法是按照中标者认购价格的确定方式分为单一价格招标（又称荷兰式招标）和多种价格招标（又称美国式招标）。单一价格招标和多种价格招标主要有三个方面的区别，现以利率招标为例分别说明。

第一，当期国债票面利率的确定方式不同。在单一价格招标方式下，先将所有投标人所报的利率标位由低到高排列，与此同时将各个投标额相加，当投标总额达到预定发行额时，此时对应的最高利率标位即为当期国债的票面利率；在多种价格招标方式下，同样是将所有投标人所报的利率标位由低到高排列，并将各个投标额相加直至投标总额达到预定发行额，不同的是，这时是由所有中标标位根据投标额加权平均后的结果作为当期国债的票面利率。

第二，各中标人的实际收益率的确定方式不同。单一价格招标中，所有中标人的实际收益率都等于最高中标利率，也就是都等于当期国债的票面利率；而在多种价格招标中，各中标人的实际收益率为他自己投标时的实报标位。

第三，由于各中标人的实际收益率计算方式不同，各中标人的缴款额也相应地或者相同，或者不同。在面值和票面利率既定的情况下，中标人的缴款额取决于实际收益率的大小。以按年付息，到期一次还本的 n 年期附息国债为例，缴款额与实际收益率的关系由年金现值计算方式决定，公式如下：

$$P=\frac{M\times i}{(1+r)}+\cdots+\frac{M\times i}{(1+r)^{n}}+\frac{M}{(1+r)^{n}}$$

其中，P 为缴款额，M 为当期国债的面值，i 为当期国债的票面利率，r 为中标人的实际利率。

可见，在单一价格招标中，所有中标人相互之间的实际收益率相同并等于当期国债的票面利率，因此，它们的缴款额就等于面值 100；而在多种价格招标中，各中标人的缴款额由于其实际收益率的不同而不同。具体来说，如果投标人的实际收益率（其投标时的实报标位）高于当期国债的票面利率（所有中标标位根据投标额加权平均后的结果），则其缴款额就会小于面值 100。反之，其缴款额就会大于面值 100。假定现发行 100 亿元按年付息、到期一次还本的 5 年期国债，则两种招标方式的结果见表 9-1。

表 9-1　单一价格招标与多种价格招标比较示例

投标人	投标标位	投标额 / 亿元	中标额 / 亿元	票面利率		缴款额 /（元 / 百元）*	
				单一价格招标	多种价格招标	单一价格招标	多种价格招标
A	2.0	40	40	2.5%	2.18%	100	108.96
B	2.2	40	40				99.09
C	2.5	30	20				100
D	3.0	20	0				87.22

注：* 缴款额为每百元投标额应缴的款项。

比较来看，多种价格招标与单一价格招标各有特点。由于国债需求的波动性、市场信息的不对称性，以及投资人风险偏好的不确定性等原因的影响，二者之间不存在绝对的优劣之分。首先，多种价格招标一个明显的缺陷在于所谓“赢家的损失”，投标人越是担心流标，就越倾向于报出较低的利率，导致的结果就是尽管其中标概率不断增大，但是，由于实际缴款与所报利率之间存在负相关关系，其成本的期望值也不断增加。其次，在多种价格招标条件下，一方面，由于票面利率的加权平均决定方式有利于中和招标过程中的非理性报价；另一方面，由于相异的缴款额客观上督促着投标人更加深入地研究市场并做出更加合理的预期，并在一定程度上避免了部分机构制造的风险由市场各方共同承担的情况，因此，一般在成熟的市场条件下多种价格招标方式更能在公平的前提下客观地反映市场状况。再次，在多种价格招标中，因投标人实际收益率各不相同，因而较单一价格招标更能反映投标人购买债券的真实意愿。第四，尽管理论上来说单一价格招标有利于政府收入的最大化，但这一结论的成立必须包含一系列严格的假设前提，包括不存在风险厌恶者、投标人的同质性、销售目标单一性、不存在串谋等。从美国等国的实践来看，不仅两种国债招标方式在提高政府收入方面没有显著区别，而且单一价格招标容易导致在多次招标结果之间存在较大波动，影响招标结果的稳定性。最后需要强调的是，无论选择哪种招标方式，都必须与金融市场的客观发展水平相适应。举例来说，假如在一个发展水平较低，成员投资水平较差的市场中生搬硬套多种价格招标，有可能会由于各投标人之间预期差异很大而导致不仅这种招标方式本应具有的优势无从发挥，而且使得计算方式及发行手续更为烦琐，增加了不必要的发行成本。

第一节 股票投资价值分析

一、贴现现金流模型

贴现现金流模型是指将股票未来产生的现金流贴现加总算出股票内在价值的方法，对于股票来说，其未来产生的现金流是预期未来支付的股息。股息贴现现金流模型包括零增长模型、稳定增长模型以及不稳定增长两阶段模型。

（一）零增长模型

股息零增长模型是指股票每一期支付的股息是固定不变的，其计算公式如下：

$$V=\frac{D}{1+k}+\frac{D}{(1+k)^{2}}+\frac{D}{(1+k)^{3}}+\cdots+\frac{D}{(1+k)^{T}}=\sum_{t=1}^{T}\frac{D}{(1+k)^{t}}\approx\frac{D}{k}$$

其中，V 为股票的内在价值，D 为股票每一期支付的股息，k 为贴现率（或者称为必要报酬率），T 为股票持有期限。

（二）稳定增长模型

股息稳定增长模型是指股票每一期支付的股息都以一个固定不变的增长率增长，其计算公式如下：

$$
\begin{aligned}
V &= \frac{D_1}{1+k}+\frac{D_2}{(1+k)^2}+\frac{D_3}{(1+k)^3}+\cdots+\frac{D_T}{(1+k)^T} \\
&= \frac{D}{(1+k)}+\frac{D\times(1+g)}{(1+k)^2}+\frac{D\times(1+g)^2}{(1+k)^3}+\cdots+\frac{D\times(1+g)^{(T-1)}}{(1+k)^T} \\
&= \sum_{t=1}^{T}\frac{D\times(1+g)^{(t-1)}}{(1+k)^t} \\
&\approx \frac{D}{k-g}
\end{aligned}
$$

其中，V 为股票的内在价值，D 为股票第一期支付的股息，k 为贴现率（或者称为必要报酬率），g 为股息增长率，T 为股票持有期限。

（三）不稳定增长两阶段模型

不稳定增长两阶段模型是指假设股息增长呈现两个阶段：第一阶段为超常增长阶段，又称为观测期，其增长率高于永续增长率；第二阶段是永续增长阶段，又称永续期，增长率为正常稳定的增长率，其计算公式如下：

$$
\begin{aligned}
V &= \frac{D_1}{(1+k_1)}+\frac{D_2}{(1+k_1)^2}+\frac{D_3}{(1+k_1)^3}+\cdots+\frac{D_t}{(1+k_1)^t}+\frac{D_{t+1}}{(1+k_2)^{t+1}}+\cdots+\frac{D_T}{(1+k_2)^t} \\
&= \frac{D}{(1+k_1)}+\frac{D\times(1+g_1)}{(1+k_1)^2}+\frac{D\times(1+g_1)^2}{(1+k_1)^3}+\cdots+\frac{D\times(1+g_1)^{t-1}}{(1+k_1)^t}+ \\
&\quad \frac{D\times(1+g_1)^{t-1}\times(1+g_2)}{(1+k_1)^t(1+k_2)}+\cdots+\frac{D\times(1+g_1)^{t-1}\times(1+g_2)^{T-t}}{(1+k_1)^t(1+k_2)^{T-t}} \\
&= \frac{D\times(1+g_1)\times\left[1-\left(\frac{1+g_1}{1+k_1}\right)^t\right]}{k_1-g_1}+\frac{D\times(1+g_1)^{t-1}\times(1+g_2)}{(1+k_1)^{2t}\times(k_2-g_2)}
\end{aligned}
$$

其中，V 为股票的内在价值，D 为股票第一期支付的股息，k 为贴现率（或者称为必要报酬率），g_1 为第一阶段股息增长率，g_2 为第二阶段股息增长率，t 为第一阶段股息增长率 g_1 持续时间，T 为股票持有期限。

二、市盈率估值法

市盈率又称本益比，它是每股股价与每股收益之间的比值。计算公式如下：

$$市盈率=\frac{每股股价}{每股收益}$$

上式中每股股价为报告期当日的收盘价，每股收益为距离报告期最近一期财务报表每股收益。这一比率隐含着一个假设，那就是投资者买入某一只股票后一直持有，该投资者获得股票唯一的收益来源就是股息，并且这个股息在该投资者持有期间一直保持固定不变。显然，市盈率越高，投资者收回成本所花费的时间就越长，股价相对就比较高，该股被高估的概率就比较高；反之，市盈率越低，投资者收回成本所花费的时间就越短，该股被低估的概率就比较低。市盈率的高低是相对而言的，不同行业的上市公司市盈率是不一样的，对于成长性较强的新兴行业，其股票的市盈率相对就比较高；而对于防御型行业，其股票市盈率就相对偏低一点。

市盈率估值法在使用的过程中存在一定的局限性，就是必须保证上市公司的净利润是大于 0 的，若上市公司的市盈率是负数，这一估值法也就失去了它的意义。

三、市净率估值法

市净率是每股市场价格与每股净资产的比值，计算公式如下：

$$市净率=\frac{每股市场价格}{每股净资产}$$

上式中每股净资产是股票的账面价值，也就是股票所含的实际资产价值，它既是支撑股票市场价格的物质基础，也代表公司解散时股东可以分得的权益。市净率可以反映当前股票价格是相对过高还是相对过低。市净率过高，说明股票市场价格偏离其理论价格过高，该股被高估；市净率过低，说明股票市场价格还远远达不到理论价格，该股被低估。

第二节 债券投资价值分析

一、影响债券价值的因素

（一）债券期限

一般来说，在其他条件相同的情况下，期限长的债券由于产生更多的未来现金流，因此其内在价值比期限短的债券内在价值要高。

（二）票面利率

在其他条件相同的情况下，票面利率比较高的债券票面利息也比较高，由此产生的现金流现值也比较高。

（三）市场利率

市场利率是债券投资的机会成本，它与债券内在价值存在负相关的关系，当市场利率上升的时候，债券投资的机会成本上升，债券投资需求会减弱，债券的价格会因此降低；反之，当市场利率下跌的时候，债券投资的机会成本下降，债券投资需求会增强，债券价格因此而上涨。

（四）信用评级

在其他条件相同的情况下，信用等级较低的债券由于其持有者面临着更高的遭受损失（包括承受较高的交易成本和资本损失）的风险，这一类债券的风险必须通过债券价格折扣得到补偿，因此，这一类债券内在价值相对较低；相反，信用等级比较高的债券由于其本身信誉度比较高，有着广泛的市场需求，流动性自然比较好，因此，这一类债券的内在价值相对比较高。

（五）税收待遇

债券的利息税收负担会降低债券的实际收益率，因此，税收待遇是影响债券市场价格和收益率的一个重要因素。在其他条件相同的情况下，免税债券的到期收益率比类似的应纳税债券的到期收益率低，其内在价值较高。

（六）通货膨胀水平

债券是固定收益类证券，通货膨胀率会使债券实际收益率降低，从而会使债券投资需求减弱，债券价格由此下跌。同时，通货膨胀率降低债券实际收益率及债券价格下跌的双重因素叠加，导致债券持有者纷纷抛售债券，进一步加剧债券价格的下跌。可见，通货膨胀水平与债券价格也存在着负相关的关系。

二、债券价值的计算

（一）永久债券价值计算

永久债券也称为年金债券，是指债券的发行是无限期的，该债券没有到期日，债券发行人会定期支付固定利息给债券持有者。永久债券一般附有息票，购买此债券的人，不能要求还本，只能按期得到利息收入。在国际资本市场上，永久债券是比较成熟的金融产品。其价值计算公式如下：

$$P=\frac{C}{1+r}+\frac{C}{(1+r)^{2}}+\frac{C}{(1+r)^{3}}+\cdots+\frac{C}{(1+r)^{n}}=\sum_{t=1}^{n}\frac{C}{(1+r)^{t}}\approx\frac{C}{r}$$

其中，P 为永久债券的内在价值，C 为永久债券的票面利息，r 为必要收益率，n 为永久债券期限，这个值趋于无穷大。

（二）无附息债券价值计算

无附息债券是指债券发行人在债券有效期内不支付任何利息，债券到期后将债券本金和利息一次性支付给债券持有人的一种债券。

如果按单利计息、单利贴现，债券价值计算公式如下：

$$P=\frac{M\times(1+i\times n)}{(1+r\times n)}$$

如果按复利计息、复利贴现，债券价值计算公式如下：

$$P=\frac{M\times(1+i)^{n}}{(1+r)^{n}}$$

其中，P 为无附息债券的内在价值，M 为无附息债券的票面价值，i 为票面利率，r 为必要收益率，n 为无附息债券期限。

（三）息票债券价值计算

息票债券是指债券发行人在债券有效期内定期支付固定利息给债券持有人，债券到期后将本金偿还给债券持有人的一种债券。其计算公式如下：

$$\begin{aligned}P&=\frac{C}{1+r}+\frac{C}{(1+r)^{2}}+\cdots+\frac{C}{(1+r)^{n}}+\frac{M}{(1+r)^{n}}\\&=\sum_{t=1}^{n}\frac{C}{(1+r)^{n}}+\frac{M}{(1+r)^{n}}\end{aligned}$$

其中，P 为息票债券的内在价值，M 为息票债券的票面价值，C 为息票债券的票面利息，r 为必要收益率，n 为息票债券期限。

第三节　基金投资价值分析

一、开放式基金价值的计算

开放式基金是指基金发起人在设立基金时，基金总规模不固定，可根据投资者的需求随时向投资者出售基金单位，并可以应投资者的要求赎回发行在外的基金单位的一种基金运作方式。

（一）申购价格

开放式基金一般不在证券交易所流通交易，而是在场外市场进行买卖。开放式基金的价值是以开放式基金净值作为基础的，投资者在申购开放式基金时，除了要支付每一基金份额单位净值之外，还要额外支付一笔附加费——申购费，因此开放式基金申购价格计算公式如下：

$$申购价格=\frac{单位基金净值}{1-申购费率}$$

$$单位基金净值=\frac{基金净资产}{发行在外基金份数}$$

$$基金净资产=基金总资产-基金总负债$$

（二）赎回价格

开放式基金允许投资者随时根据个人意愿赎回其基金份额，投资者赎回基金份额的时候，需要在基金净值的基础上支付一定的赎回费，开放式基金的赎回价格计算公式如下：

$$赎回价格=单位基金净值\times(1-赎回费率)$$

$$单位基金净值=\frac{基金净资产}{发行在外基金份数}$$

$$基金净资产=基金总资产-基金总负债$$

二、封闭式基金价值的计算

封闭式基金都是有期限的，基金规模也固定不变。与股票的交易一样，开放式基金一般都是在证券交易所进行流通交易的，它的价格由证券交易所在规定时间竞价交易形成，通常取决于单位基金净值、市场供求关系、宏观经济环境、证券市场状况、基金管理者的管理水平以及政府政策等因素。其中，决定封闭式基金净值的根本性因素为单位基金净值及其变动情况。

封闭式收益来源于利息收入、股息和红利收入、资本利得等，基金费用包括管理费、保管费、准备费等。

（一）ETF 基金价值计算

ETF 基金即交易所交易基金（Exchange Traded Fund，ETF），是一种在交易所上市交易的、基金份额可变的开放式基金。ETF 基金集合了封闭式基金和开放式基金的优点，投资者既可以在证券交易所买卖该基金，也可以通过场外市场申购和赎回该基金。投资者申购和赎回 ETF 流程比较烦琐，投资者申购该种基金时需要从二级市场购入证券组合，用此证券组合申购基金份额；若投资者想要赎回该基金，则需先在场外市场赎回证券组合，然后将这一证券组合拿到二级市场去卖出。

由于 ETF 可以在两个渠道投资，因此它有两个价格。一个是 ETF 净值（NAV），是指单位 ETF 基金份额所代表的证券投资组合（包括现金部分）的价值，以基金净资产除以基金份额总数计算。实际交易过程中参考 IOPV（Indicative Optimized Portfolio Value），即 ETF 的基金份额参考净值，计算方法是由证券交易所根据基金管理人提供的计算方法及每日提供的申购、赎回清单，按照清单内组合证券的最新成交价格计算。IOPV 值每 15 秒计算并公告一次，作为对 ETF 基金份额净值的估计。另外一个价格是 ETF 交易价格，这个交易价格由基金供求决定，该价格并非总是与净值保持一致。

当 ETF 交易价格高于基金净值与交易成本之和的时候，投资者可以先在场外柜台申购 ETF，然后在证券交易所将其卖出，具体操作是投资者先买入一篮子指数成分股，用这一篮子指数成分股在场外柜台申购 ETF，将该 ETF 份额在二级市场卖出，套利获取差价；反之，当 ETF 交易价格低于基金净值与交易成本之和的时候，投资者可以在二级市场买入 ETF 份额，然后在场外柜台将其赎回，具体操作是投资者先在二级市场买入 ETF 份额，然后在场外柜台将这一基金份额赎回，其基金份额的赎回其实就是赎回一篮子股票组合，最后投资者将这一篮子股票在二级市场上抛出，利用价差获得短期利润。利用 ETF 基金在场外柜台与二级市场之间进行套利交易是有门槛的，因为申购和赎回 ETF 时，最少的份额为 100 万份或者 50 万份，并不是所有投资者都能满足这样的条件。

（二）LOF 基金价值计算

LOF 基金即上市型开放式基金（Listed Open-Ended Fund，LOF），指基金发行结束后，投资者既可以在指定网点申购与赎回基金份额，也可以在交易所买卖该基金。

与 ETF 基金类似，LOF 基金既可以在指定网点申购与赎回基金份额，也可以在交易所买卖。投资者如果是在指定网点申购的基金份额，想要上网抛出，须办理一定的转托管手续；同样，如果是在交易所网上买进的基金份额，想要在指定网点赎回，也要办理一定的转托管手续。

同样地，由于 LOF 基金有两种投资渠道，其价格也有两种。一个是 LOF 净值（NAV），它是指单位 LOF 基金份额所代表的证券投资组合（包括现金部分）的价值，以基金净资产除以基金份额总数计算；另外一个价格是 LOF 交易价格，这个交易价格由基金供求决定，该价格并非总是与净值保持一致。

本章小结

- 证券投资价值分析
  - 股票投资价值分析
    - 贴现现金流模型
    - 市盈率估值法
    - 市净率估值法
  - 债券投资价值分析
    - 影响债券价值的因素
    - 债券价值的计算
  - 基金投资价值分析
    - 开放式基金价值的计算
    - 封闭式基金价值的计算

课程思政

课程思政

课后练习题

一、单选题

1. 下列指标中，不属于绝对估值法的是（　　）。

A. 经济增加值与利息折旧摊销前收入比　　B. 企业自由现金流贴现模型

C. 股东现金流贴现模型　　D. 经济利润估值模型

2. 债券的利率期限结构是指（　　）之间的关系。

A. 风险和到期收益　　B. 期限和到期收益率

C. 风险和期限　　D. 以上均不正确

3. 如果一种债券的价格上涨，其到期收益率会（　　）。

A. 上升　　B. 下降

C. 不变　　D. 不确定

4. 在其他条件相同的情况下，用单利计算的终值要（　　）用复利计算的终值，用单利计算的现值要（　　）用复利计算的现值。

A. 低于，高于　　B. 低于，低于

C. 高于，低于　　D. 高于，高于

5. 属于影响股票投资价值的外部因素是（ ）。

A. 上市公司决定并购一家企业

B. 上市公司决定回购股份

C. 上市公司所在行业是政府重点扶持行业

D. 上市公司决定不派发现金股利

6. 某公司目前处于高速增长期，在未来 5 年中每股股息将以 8% 的速度增长，从第 6 年开始进入稳定增长期，股息增长率将降至 5%，计算该公司的内在价值宜使用（ ）。

A. 不变增长模型　　B. 可变增长模型

C. 零增长模型　　D. 没有使用的模型

二、多选题

1. 下列关于内在价值与市场价格的描述，正确的有（ ）。

A. 市场价格围绕内在的价值而波动

B. 与市场价格一样，内在价值的大小与短期供求关系的变动有关

C. 当内在价值大于市场价格时，投资者应选择买入证券

D. 内在价值是一种相对“客观”的价格，每个人算出来的内在价值大小也是一样的

2. 下列说法正确的有（ ）。

A. 当给定终值及时间时，贴现率越高，现值越低

B. 当给定终值及贴现率时，时间越长，现值越低

C. 当给定时间及终值时，贴现率越高，现值越高

D. 当给定利率及终值时，时间越长，现值越低

3. 常见的相对估值法包括（ ）。

A. 调整现金模型　　B. 市盈率

C. 市净率　　D. 市值回报增长比

4. 关于利率期限结构的说法正确的有（ ）。

A. 正向的收益率曲线表示期限越长的债券收益越高

B. 反向的收益率曲线表示期限越长的债券收益率越低

C. 水平的收益率曲线是最常见的一种形状

D. 拱形的收益率曲线表示期限相对较短的债券，利率与期限呈正向关系，期限相对较长的债券，利率水平与期限呈反向关系

5. 说明股票的投资价值被低估的情况有（ ）。

A. 净现值大于零　　B. 净现值小于零

C. 内部到期收益率低于必要收益率　　D. 内部到期收益率高于必要收益率

三、判断题

1. 在证券市场完全有效的情况下，证券的市场价格与内在价格是一致的。 (　　)

2. 名义风险收益一般可以用相同期限零息国债的到期收益率来选取近似值。 (　　)

3. 到期收益率实际上是使得债券未来现金流贴现值恰好等于债券市场价格的贴现率。 (　　)

4. 理论上说，净值应与股价保持一定比例，即净值增加，股价上涨；净值减少，股价下跌。 (　　)

5. 股票价格的涨跌和公司盈利的变化并不完全同时发生。 (　　)

6. 一般来说，行业因素是影响股票投资价值的外部因素。 (　　)

7. 假定某公司在未来无限时支付的每股股利为 8 元，必要收益率为 10%，此时，某只股票的市场价格是 70 元，则该股票被低估 10 元，可以购买这只股票。 (　　)

8. 市净率越大，说明股价处于较高的水平；反之，市净率越小，说明股价处于较低的水平。 (　　)

9. 市净率是一种短期股价估计方法，而市盈率是一种长期股价估计方法。 (　　)

四、计算题

1. 2 年期的债券，票面价值为 100 元，债券价格为 96 元，票面利率为 6%，该债券到期还本付息，贴现率是 11%。

计算该债券的净现值 NPV。

2. 去年年底，某上市公司发放的股息为 2 元 / 股，该上市公司计划从今年开始，股息将以 10% 的比率增长，假设资本市场必要报酬率为 12%。

计算该公司股票价值。

3. 假定某债券票面价值为 1 000 元，息票率为 5%，市场利率为 4%，该债券为 5 年期。

计算该债券的价值。

第十章 证券投资组合理论

学习目标

一、知识目标

- 能够了解马科维茨资产组合理论的基本假设，解释资产组合的可行域、有效边界以及最优资产组合；
- 能够列举资本资产定价理论的假设条件，描述资本市场线和证券市场线，能够区别资本市场线和证券市场线；
- 能够识记套利定价理论的假设条件，了解单因素模型和多因素模型。

二、能力目标

- 能够计算证券的期望收益率与方差（或标准差），计算资产组合的期望收益率与方差（或标准差）；
- 能够推导资本资产定价模型，利用资本资产定价模型计算资本成本，进而估算证券的内在价值；
- 能够利用单因素模型和多因素模型预测证券回报率。

三、素质目标

- 能够建立理性的投资决策观念，避免盲目投资；
- 能够树立投资的科学观，能够运用科学来指导投资。

教学案例

某基金公司有三位优秀的基金经理，基金公司给这三位基金经理每一个人各配置1亿元的运作资金，基金经理A将这1亿元的资金全部投资在人工智能板块的股票；基金经理B则安排了50%的资金用于投资股票，并且这50%的资金分散在不同的行业，其中既有高成长性的行业，也有收益稳定的行业，剩下50%的资金则用于投资固定收益类证券；基金经理C则是将这1亿元的资金投注在一只股票上面。结果刚好在那个时期，人工智能板块的股票大热，基金经理A大获全胜，仅半年收益率就达到40%；基金经理B的收益则比较稳定，半年来的收益一直稳定在10%；基金经理C的投资业绩就比较惨淡了，由于该基金经理投资的股票已经连续三年亏损，而且这一年提前公布的年度简报已经预警今年亏损，股票濒临退市，该股股价一落千丈，半年来已亏损50%。

第一节 马科维茨资产组合理论

1952年，马科维茨（Markowitz）发表了《投资组合选择》一文，首次提出了投资组合理论，这是现代组合投资理论的开端。该理论包含两个重要内容：均值－方差分析方法和投资组合有效边界模型。

一、基本假设

（1）所有的投资者都是风险厌恶者，他们承担高风险的前提条件就是要给足与之相对应的较高的预期收益率作为补偿。

（2）所有资产的风险都用预期收益率的方差或者标准差来表示。

（3）所有投资者都是理性的，假设两个资产组合的预期收益率相同，则投资者会选择风险较小的资产组合；假设两个资产组合的风险相同，则投资者则会选择预期收益率较高的资产组合。

（4）资本市场强有效，信息是完全的，所有投资者在同一时间对同一资产具有相同的预期，他们对该资产的预期收益率、标准差以及证券之间的协方差有相同的看法。

（5）单一资产是可以无限细分的。

（6）税收和交易成本均忽略不计。

二、收益与风险的度量

（一）收益的度量

马科维茨资产组合理论有一个假设条件就是所有投资者都是风险厌恶者，他们都希望自己购买的资产可以获得较高的预期收益率，预期收益率是资产在各种情境下收益率的期望值，该资产组合理论就是用预期收益率来表示资产收益，所有资产的收益是不确定的，假设某资产获得收益的可能性有n种，各种可能性下获得的收益率以及概率见表10-1。

表 10-1　某种资产投资收益率的概率

收益率	r_1	r_2	r_3	……	r_{n-1}	r_n
概率	p_1	p_2	p_3	……	p_{n-1}	p_n

则该资产的预期收益率计算公式如下：

$$E(r)=r_1\times p_1+r_2\times p_2+r_3\times p_3+\cdots+r_{n-1}\times p_{n-1}+r_n\times p_n=\sum_{i=1}^{n}r_i\times p_i$$

$$1=r_1+r_2+\cdots+r_{n-1}+r_n=\sum_{i=1}^{n}r_i$$

（二）风险的度量

马科维茨资产组合理论假定所有资产的风险用预期收益率的方差或者标准差来表示，所谓方差或标准差就是实际收益率与预期收益率之间的偏离程度，偏离程度越高，方差或标准差越大，风险就越大，偏离程度越低，方差或标准差就越小，风险就越小，其计算公式如下：

$$\sigma^2(r)=[r_1-E(r)]^2\times p_1+[r_2-E(r)]^2\times p_2+\cdots+[r_n-E(r)]^n\times p_n$$

$$=\sum_{i=1}^{n}[r_i-E(r)]^2\times p_i$$

$$\sigma(r)=\sqrt{[r_1-E(r)]^2\times p_1+[r_2-E(r)]^2\times p_2+\cdots+[r_n-E(r)]^n\times p_n}$$

$$=\sqrt{\sum_{i=1}^{n}[r_i-E(r)]^2\times p_i}$$

三、资产组合收益与风险的度量

单一资产的收益与风险是用预期收益率与方差（标准差）来表示的，资产组合由若干单一资产组成，资产组合的收益与风险可由单一资产收益与风险组成。假设现有一资产组合，它由资产 A 以及资产 B 组成，资产 A 和资产 B 在资产组合中的比重分别为 ω_A 与 ω_B，预期收益率分别为 $E(r_A)$ 与 $E(r_B)$，标准差分别为 σ_A 与 σ_B，二者的相关系数为 ρ_{AB}，则该资产组合的预期收益率和方差计算公式如下：

$$E(r_p)=\omega_A\times E(r_A)+\omega_B\times E(r_B)$$

$$1=\omega_A+\omega_B$$

$$\sigma^2_p=\omega^2_A\times\sigma^2_A+\omega^2_B\times\sigma^2_B+2\omega_A\omega_B\mathrm{cov}(r_A,r_B)$$

$$=\omega^2_A\times\sigma^2_A+\omega^2_B\times\sigma^2_B+2\omega_A\omega_B\rho_{AB}\sigma_A\sigma_B$$

四、资产组合的可行域和有效边界

（一）资产组合的可行域

资产组合的可行域是指资产组合的机会集合，即资产可构造出的所有组合的期望收益和方差。简而言之，就是将某一资产组合所有期望收益与方差画在坐标图上的点所构成的形状。

资产组合可行域的形状取决于资产组合里面单个证券的收益和风险特征，即 $E(r_i)$、σ_i^2 的数值，资产组合当中证券的个数，单个证券收益之间相关性，以及资产组合中权数的约束（如不允许卖空，权数则为非负数）。下面介绍几种常见的资产组合可行域。

1. 两种完全正相关资产组合的可行域

两种完全正相关资产组合的可行域在坐标图上是一条向右上方倾斜的直线，如图 10-1 所示。

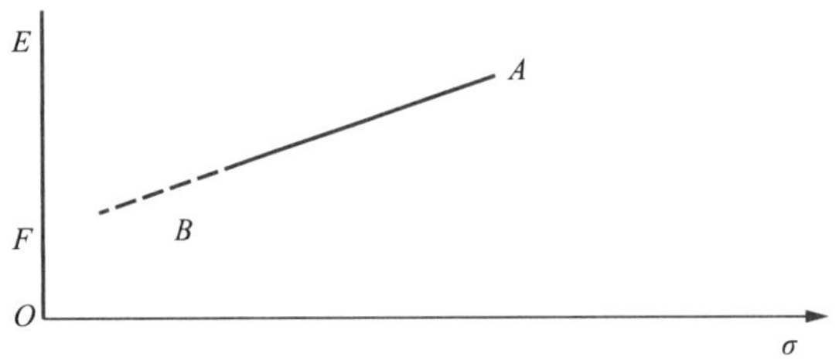

图 10-1　完全正相关资产组合的可行域

2. 两种完全负相关资产组合的可行域

完全负相关的两种资产构成的可行域是两条直线，其截距相同，斜率的正负相反，如图 10-2 所示。

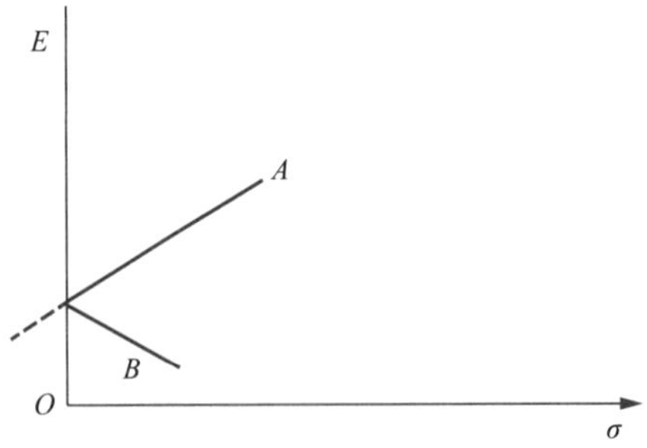

图 10-2　完全负相关资产组合的可行域

3. 两种不完全相关资产组合的可行域

两种不完全相关资产组合可行域为一条二次曲线，曲线的弯曲程度取决于这两种资产收益的相关系数，相关系数越高，弯曲程度越低，反之亦然，如图 10-3 所示。

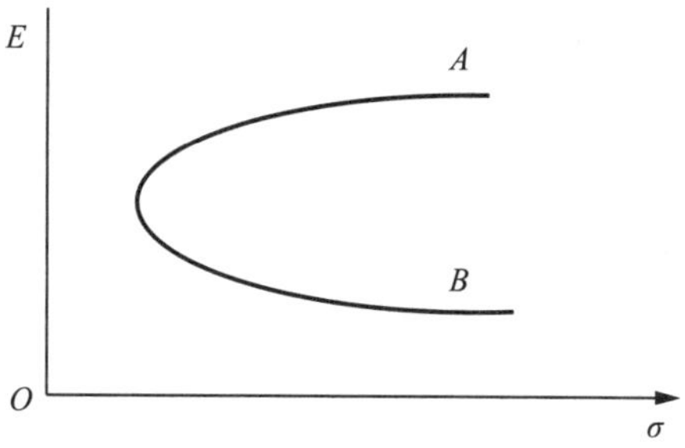

图 10-3　不完全相关资产组合的可行域

（二）*n* 种资产组合的可行域

如果 n 种资产中至少存在三项资产彼此不完全相关，则其可行域将是一个二维的实体区域；可行域是向左侧凸出的，因为任意两项资产构成的投资组合都位于两项资产连线的左侧，如图 10-4 所示。

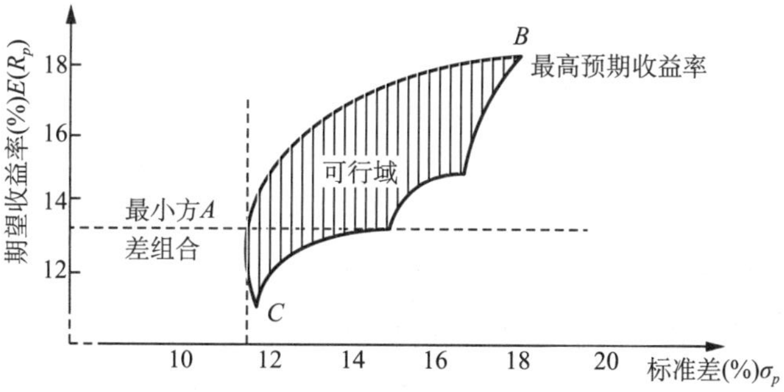

图 10-4　*n* 种资产组合的可行域

（三）资产组合的有效边界

资产组合的有效边界是指资产组合可行域当中既定风险下期望收益最高点的资产组合，或者既定期望收益下风险最低的资产组合，每一个组合代表一个点。资产组合的有效边界是有效资产组合的集合，即坐标系中有效组合的预期收益和风险的组合形成的轨迹。

资产组合的有效边界是根据一定的准则从可行域里面挑选出来的组合，这个准则就是在相同风险条件下期望收益率最大，或者在相同期望收益率条件下风险最低。所有满足以上准则的资产组合称为有效资产组合，由所有有效资产组合构成的集合称为有效边界。下面是几种常见资产组合的有效边界。

1. 两种资产组合的有效边界

当两种资产期望收益相关系数等于 1 时，有效边界就是直线 AC，当两种资产期望收益相关系数等于－1 时，有效边界就是直线 AB，当两种资产期望收益相关系数介于－1～

1 之间时，有效边界就是曲线 ADC，如图 10-5 所示。

2. n 种资产组合的有效边界

n 种资产（$n>2$）所构成组合的有效边界是从可行域最左边 E 点开始，沿可行域右上方的边界直到可行域的最高点 F，这一边界线 EF 即是有效边界，如图 10-6 所示。

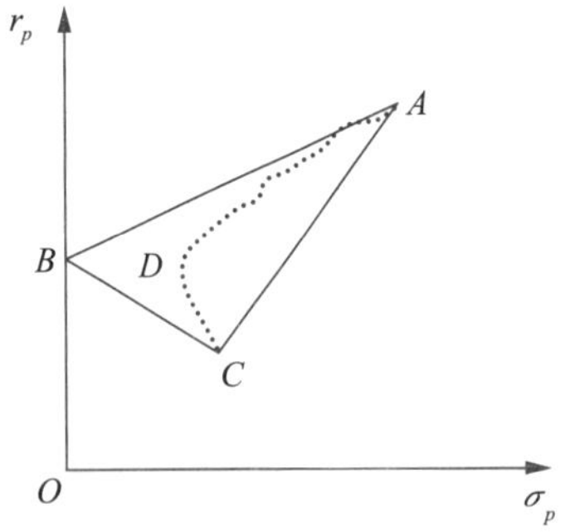

图 10-5　两种资产组合的有效边界

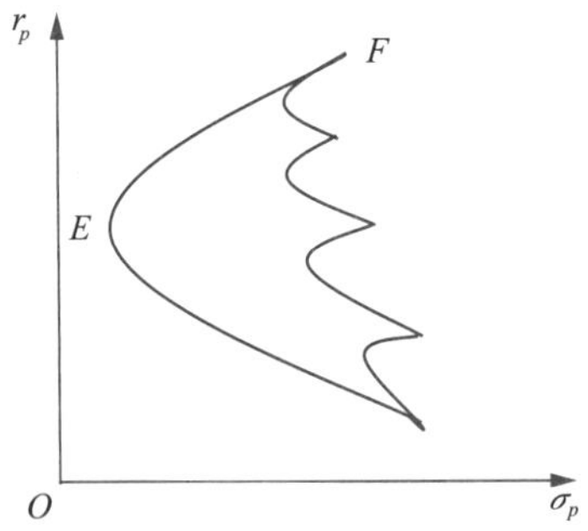

图 10-6　n 种资产组合的有效边界

五、最优风险资产组合的确定

根据马科维茨资产组合理论，最有风险的资产组合一定是给投资者提供最大效用的资产组合，而效用是用无差异曲线来表示的，无差异曲线是度量投资者风险偏好的曲线，由于该理论假设投资者都是风险厌恶型，因此，投资者的无差异曲线是一条往右上方倾斜的曲线，该曲线越陡峭，表示投资者的风险厌恶程度越高；相反，曲线越平缓，表示投资者风险厌恶程度越低。因此，投资者的最优风险资产组合是由无差异曲线与有效边界共同决定的。

最优资产组合的点就是投资者效用无差异曲线与有效边界的切点，如图 10-7 所示，投资者效用无差异曲线 I_2 与有效边界相切于点 P，该点就是投资者最优资产组合。

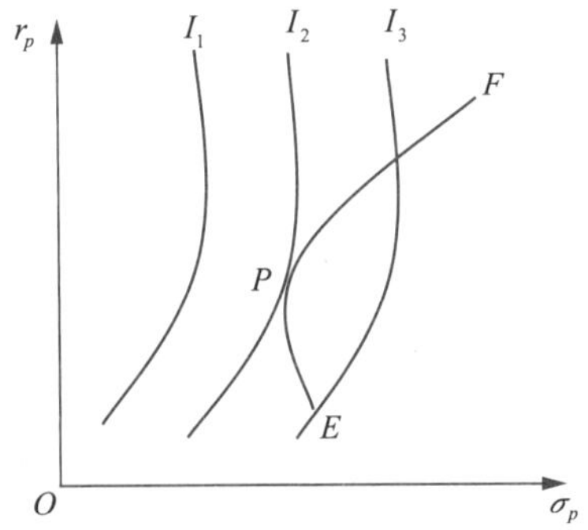

图 10-7　最优风险资产组合

第二节　资本资产定价理论

资本资产定价理论（Capital Asset Pricing Model，CAPM）是由美国斯坦福大学教授威廉·夏普（William Sharpe）、林特尔（Lintner）、特里诺（Treynor）和莫辛（Mossin）等人在 1964 年提出的一种证券投资理论，它是现代金融市场价格理论的奠基石。

资本资产定价理论主要研究证券市场中资产的预期收益率与风险资产之间的关系，以及均衡价格是如何形成的，它把资产的预期收益率和风险之间的理论关系用一个简单的线性方程表达出来。这一理论解决了资产的收益与风险的问题，提供了一种对潜在投资项目估计其收益率的方法。

一、基本假设

（1）所有投资者都是以期望收益率和方差（或标准差）来衡量资产的收益和风险的。

（2）所有投资者都是理性的，都是风险规避者，追求资产组合的风险最小化。

（3）投资者可以以无风险的利率借入或者贷出货币。

（4）证券市场是有效的，投资者可以及时免费获得充分的市场信息。

（5）投资者对证券市场的看法都是一致的，即他们对每一资产期望收益率、标准差以及资产之间的协方差具有相同预期。

（6）不存在税收和交易费用。

（7）资产可以无限细分，投资者可以购买任意数量的资产。

二、资本市场线

马科维茨研究的资产组合只包含风险资产，而在现实经济生活当中，投资者不仅投资风险资产，同时也投资无风险资产。此外，投资者不仅可以用自有资金进行投资，也可以用借入的资金进行投资。在资本资产定价理论当中，投资者不仅投资于风险资产，还参与了无风险资产的借贷活动，进一步将投资分散化，建立投资者对风险和收益不同偏好的组合。

假定投资者购买一资产组合，该资产组合包含风险资产 A 和无风险资产 B，风险资产的期望收益率为 r_m，无风险资产期望收益率为 r_f，风险资产投资比率为 ω_m，无风险资产投资比率为 ω_f，且 $\omega_m+\omega_f=1$，则这一资产组合的期望收益率为：

$$r_p=\omega_f\times r_f+(1-\omega_f)\times r_m$$

风险资产期望收益率的标准差为 σ_m，无风险资产期望收益率的标准差为 $\sigma_f=0$，则资产组合期望收益率标准差为：

$$\sigma_p=\sqrt{\omega_f^2\times\sigma_f^2+(1-\omega_f)^2\times\sigma_m^2+2\times\omega_f\times(1-\omega_f)\times COV_{fm}}$$

由于 $\sigma_f=0$，$COV_{fm}=0$，因此：

$$\sigma_p=(1-\omega_f)\times\sigma_m$$

可见，包含无风险资产的资产组合收益取决于无风险资产与风险资产的收益及各自的投资比例，风险则取决于风险资产期望收益率标准差以及投资比例。

将上式进行变换，得到：

$$\omega_f=1-\frac{\sigma_p}{\sigma_m}$$

将其代入到资产组合期望收益率表达式当中，得到：

$$r_p=(1-\frac{\sigma_p}{\sigma_m})\times r_f+\frac{\sigma_p}{\sigma_m}\times r_m=r_f+(r_m-r_f)\times\frac{\sigma_p}{\sigma_m}$$

由于 r_m、r_f 以及 σ_m 已知，因此资产组合的期望收益率就取决于其标准差，这是一个线性函数，它是资本市场线的表达式，将其画在坐标图上，就是一条向右上方倾斜的直线，如图 10-8 所示，曲线 *AB* 是风险资产组合的有效边界，引入无风险资产之后，这一有效边界的范围就扩大了，从纵轴上无风险资产期望收益率点（0，r_f）引出一条直线，它与有效边界 *AB* 相切于 *M* 点，这一条直线就是资本市场线，它上面所有的点表示加入无风险资产之后资产组合期望收益率与标准差的所有集合，其中点（0，r_f）表示资产组合全部配置在无风险资产，*M* 点表示资产组合全部配置在风险资产，介于点（0，r_f）与 *M* 点之间的线段表示既配置无风险资产又配置风险资产的所有资产组合，超过 *M* 点以外的直线表示允许卖空无风险资产获得的财富重新配置到风险资产的资产组合。

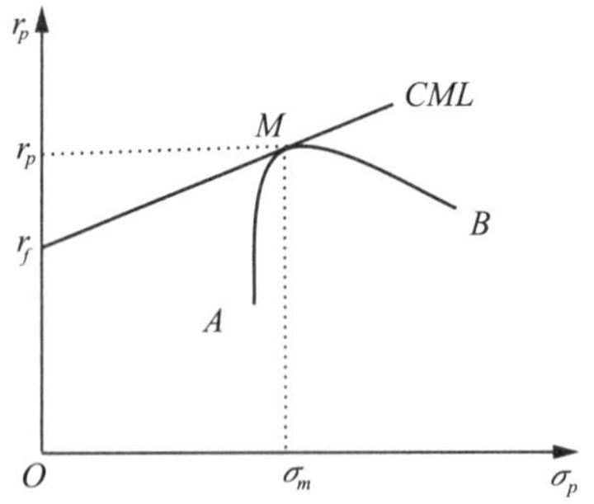

图 10-8　资本市场线

三、证券市场线

资本市场线反映了包含无风险资产的资产组合期望收益与风险之间的关系，但它并未展现单个证券期望收益与风险之间的关系，因此，我们还必须进一步找出在均衡市场条件下单一证券期望收益与风险之间的关系，即证券市场线。

在讲证券市场线之前，先来回顾之前的知识，就是资本市场中的风险可分为两种，分别为系统性风险和非系统性风险，其中，非系统性风险可以通过资产组合来分散，资产组合当中证券数量越多，非系统性风险就会越小。假设存在这样一个资产组合，该资产组合通过充分分散化，将非系统性风险降至 0，这样一来，该资产组合只存在系统性风险，我们把这样一种资产组合称为市场组合。资产组合中的 i 项资产系统风险可以用 β_i 来衡量。对于无风险证券而言，$\beta_f=0$；对于市场组合 m 而言，$\beta_m=1$。则资产（单一证券或资产组合）期望收益率的计算公式为：

$$r_i=r_f+(r_m-r_f)\times\beta_i$$

$$\frac{COV_{im}}{\sigma_m^2}=\beta_i$$

其中，r_m、r_f 分别表示市场组合与无风险资产各自的期望收益率，σ_m 则表示市场组合期望收益率标准差，COV_{im} 表示资产与市场组合期望收益率的协方差，β_i 表示资产的系统性风险系数。这样一来，每一项资产的期望收益率就分成两部分，一部分是无风险资产期望收益率，一部分是风险补偿，$(r_m-r_f)\times\beta_i$，即投资者因承担风险而获得的回报。以上公式也是资本资产定价模型。证券市场线画在坐标图上如图 10-9 所示，证券市场线也是一条向右上方倾斜的直线，横轴表示资产的系统性风险系数，纵轴表示资产的期望收益率，M 点是市场组合点。

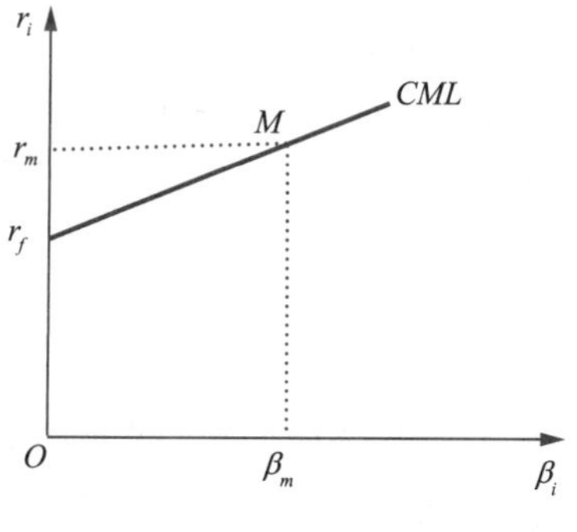

图 10-9　证券市场线

四、资本市场线与证券市场线的区别与联系

资本市场线与证券市场线的区别与联系见表 10-2、表 10-3。

表 10-2　资本市场线与证券市场线的区别

元素	含义	假设前提	适用范围	直线斜率	作用
资本市场线	包含无风险资产的资产组合整体风险与期望收益率之间的线性关系	严格	有效资产组合	反映每单位整体风险的超额收益，即风险的价格，其斜率不受投资者对待风险态度的影响	确定资产组合当中无风险资产与风险资产之间的投资比例
证券市场线	证券系统性风险与期望收益率之间的线性关系	宽松	既适用于单个证券，也适用于资产组合；既适用于有效资产组合，也适用于无效的资产组合	反映单个证券或资产组合每单位系统性风险的超额收益，其斜率取决于全体投资者对待风险的态度	确定资本成本，从而计算证券的内在价值

表 10-3　资本市场线与证券市场线的联系

元素	截距	纵坐标	函数关系
资本市场线	无风险资产收益率	资产期望收益率	期望收益与风险之间的线性关系
证券市场线			

第三节　套利定价理论

套利定价理论（Arbitrage Pricing Theory，APT）是由美国学者斯蒂芬·罗斯（Stephen Ross）在 1976 年提出的，该理论认为资产的收益率是各种因素综合作用的结果，并不仅仅只受资产组合内部风险因素的影响。

一、基本假设

（1）市场是强有效的，市场上所有的信息都会反映在证券价格上面；市场是充分竞争的，任何一个投资者都不能决定某一证券的价格，只能是证券价格的被动接受者；市场是无摩擦的，不存在税收和交易成本。

（2）投资者是不知足的，只要有套利机会就会不断套利，直到无利可图为止。

（3）资产的回报可以用因子表示。

二、单因素模型

因素模型是研究证券回报率与影响证券收益因素之间线性关系的模型，必须根据这一模型找出并最终确认影响证券收益的敏感性因素，将这些影响因素与证券回报率拟合成线性回归模型。因素模型根据因素的数量可分为单因素模型以及多因素模型。

（一）单因素模型的计算

假定证券的回报率仅仅取决于经济系统当中某一因素 f，除此以外的因素就是上市公司特有风险——参与风险 e_i，则可以建立以 f 为自变量，以证券回报率为因变量的模型。单因素模型的计算公式如下：

$$r_i = a_i + b_i f + e_i$$

其中，r_i 是证券 i 的期望收益率；a_i 是零因子，属于截距项；b_i 是证券 i 对因素 f 的敏感度或者因子载荷；f 是单一影响因素预测值；e_i 是上市公司非系统性风险。

（二）单因素模型的假设条件

单一因素 f 与随机项之间不存在多重共线性，也即 f 与随机项之间是独立的，这样就能保证因素 f 是证券回报率唯一的影响因素。

一种证券的随机项对其余任何证券的随机项没有影响，即两种证券之所以相关，是由于他们具有共同因子 f 所致。

三、多因素模型

单因素模型假定证券回报率只受到单一因素的影响，这一模型相对比较简单，但是不符合现实情况，影响证券收益的因素各式各样，很难笼统地用一个标准概括起来，在这个问题上，多因素模型可以给出影响证券收益的因素更好的描述。运用每个因素在每一时期的超额收益对证券的超额收益进行多元回归，估计证券收益对每一因素的 β 值（即敏感度系数），可得出多因素模型。

假定影响证券 i 收益的因素有 m 个，证券 i 的收益可表示为：

$$r_i = a_i + b_{i1} f_1 + b_{i2} f_2 + \cdots + b_{im} f_m + e_i = a_i + \sum_{j=1}^{m} b_{ij} f_j + e_i$$

其中，证券 i 的期望收益率 f_1，f_2，…，f_m 为影响证券 i 的 m 个因素；b_{i1}，b_{i2}，…，b_{im} 是证券 i 对各影响因素的敏感度或者因子载荷；e_i 是上市公司非系统性风险。

本章小结

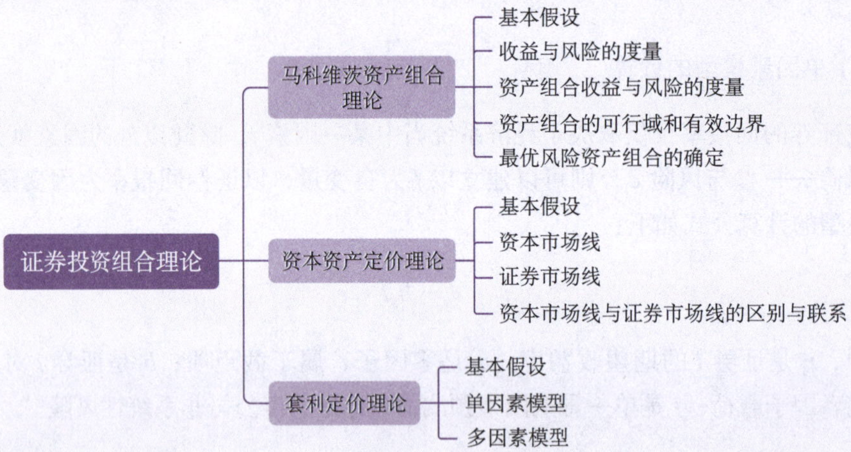

课程思政

课程思政

课后练习题

一、单选题

1. 政府的经济政策和管理措施可能会造成证券收益的损失，这种风险被称为（　　）。

A. 政策风险　　B. 利率风险　　C. 市场风险　　D. 经营风险

2. 依据资产组合理论，当相关系数 $\rho_{12}=1$ 时，说明这两种资产（　　）。

A. 完全负相关　　B. 完全正相关

C. 完全不相关　　D. 不完全相关

3.（　　）描述的是当资本市场处于均衡状态下，由多个资产构成的有效组合的预期收益率与标准差之间的线性关系。

A. 资本市场线　　B. 资本配置线

C. 证券市场线 D. 资产组合线

4. 投资组合是为了消除（ ）。

A. 全部风险 B. 道德风险

C. 系统性风险 D. 非系统性风险

5. 投资目标的确定应考虑的内容为（ ）。

A. 风险 B. 收益

C. 不会亏损 D. 风险和收益

6. 在不允许卖空的情况下，当（ ）时，可以通过按适当比例买入这两种风险证券，获得比这两种证券中任何一种风险都小的证券组合。

A. 两种证券的相关系数为 0 B. 两种证券的相关系数为 0.5

C. 两种证券的相关系数为 0.75 D. 两种证券的相关系数为 1

7. 有效边界是指（ ）。

A. 可行域的下边界 B. 可行域的上边界

C. 可行域的里面 D. 可行域的外面

8. 无差异曲线的位置越高，说明处于该线上的证券组合给投资者带来的满意程度（ ）。

A. 越高 B. 越低

C. 可能高，可能低 D. 与无差异曲线的位置无关

9. 以下不属于资本资产定价模型的基本假设的是（ ）。

A. 投资者都依据期望收益率评价证券组合的收益水平

B. 投资者对证券的收益、风险及证券间的关联性具有完全相同的预期

C. 资本市场没有摩擦

D. 投资者对风险持中立态度

10. 反映证券组合期望收益水平和总风险水平之间均衡关系的方程式是（ ）。

A. 证券市场线方程 B. 证券特征线方程

C. 资本市场线方程 D. 套利定价方程

二、多选题

1. 下列各项中，属于系统风险的有（ ）。

A. 政策风险 B. 财务风险 C. 购买力风险 D. 利率风险

2. 两种资产可行域的形状可能有（ ）。

A. 一条直线 B. 两条直线 C. 圆形曲线 D. 椭圆曲线

3. 下列各项中，属于资本资产定价理论基本假设的有（ ）。

A. 投资者可以用无风险利率借入或贷出货币

B. 所有投资者均是理性的，追求资产组合的方差最小化

C. 存在税收和交易费用

D. 投资者具有一致性预期

4. 投资者的共同偏好原则是指（　　）。

A. 如果两种证券的收益率相比，一种证券的收益率大于另一种，投资者会选择前者

B. 如果两种证券的收益率的方差相比，一种证券的收益率方差大于另一种，则投资者会选择后者

C. 如果两种证券组合具有相同的收益率方差和不同的收益率，那么投资者会选择期望收益率高的组合

D. 如果两种证券组合具有相同的期望收益率和不同的收益率方差，那么投资者会选择方差较小的组合

5. 对无差异曲线性质的描述正确的是（　　）。

A. 无差异曲线是由左至右向上弯曲的曲线

B. 同一条无差异曲线上的组合给投资者带来的满意程度相同

C. 无差异曲线的位置越高，其上的投资组合带来的满意程度就越高

D. 不同无差异曲线上的组合给投资者带来的满意程度不同

三、判断题

1. 模拟某种专业化指数的指数化型证券组合不属于被动管理。（　　）

2. 在不完全相关的情形下，相关系数决定结合线在点 A 与点 B 之间的弯曲程度，随着二者相关系数的增大，弯曲程度将降低。（　　）

3. 有效边界上的点对应的证券组合称为有效组合。（　　）

4. 投资者最满意的有效组合是无差异曲线与有效边界的切点所在的组合。（　　）

5. 资本市场线和证券市场线均是无风险利率与市场组合的连线，因此二者并无本质区别。（　　）

四、计算题

1. 假定某证券的无风险利率是3%，市场资产组合预期收益率是8%，β 值为1.1。

计算该证券的预期收益率。

2. 短期国库券（被认为是无风险的）的收益率为5%。假定一个 β 值为1的资产组合市场要求的期望收益率为12%，根据CAPM模型计算下列小题：

（1）市场资产组合的预期收益率是多少？

（2）β 值为 0 的资产组合的预期收益率是多少？

（3）假定投资者正在考虑买入一只股票，价格为 40 元。该股票预计下一年派发红利 3 元，并且投资者预期可以 41 元卖出。股票的 β 值为 -0.5，该股票的价格是高估还是低估了？

五、简答题

简述资本资产定价理论与套利定价理论的区别与联系。

第十一章 证券投资的原则

学习目标

一、知识目标

- 能够识别投资的不良习惯；
- 能够识别证券投资过程中人性的弱点；
- 能够完整陈述几大正确的投资理念。

二、能力目标

- 能够对照自己找出投资的不良习惯；
- 能够对照自己找出人性的弱点；
- 能够将正确的投资理念贯彻到证券投资实务当中。

三、素质目标

- 能够更加清晰地认识自己，更加客观地评价自己；
- 能够在以后的学习、工作、生活当中克服自己的一些不良习惯、人性弱点。

教学案例

说到投资，许多人都会想到1981年诺贝尔经济学奖得主詹姆士·托宾（James Tobin）的名言："不要把鸡蛋放在同一个篮子里。"这句话的意思是，在投资时应该通过分散化来降低风险。很多人深信并坚持这个原则，但实际上并没能有效地降低投资风险。这句话的后半句"但是也不要放在太多的篮子里"同样值得注意，过度的分散化有可能使收益趋同于市场平均收益。

收益与风险是相伴而生的，承担过度的风险，才有可能得到更优的预期回报。我们应该如何进行投资呢？

第一节　摒弃不良投资习惯

一、避免追涨杀跌

“追涨杀跌”是许多投资新人常犯的投资错误，也是投机者很喜欢的短线操作方式。以股票市场为例，“追涨”是指在股票上涨的时候买入，“杀跌”是指在股票下跌的时候卖出，追涨杀跌的本质就是想要跟随价格波动的趋势进行投资。

理论上，每天都会有上涨的股票，如果能够每天都抓住机会并且每次操作都能实现“高抛低吸”，那么收益率会很可观。但事实上，股票价格的波动是难以预测的，背后涉及各种各样的利好或利空信息，连专业机构的投资者也无法准确地预测。普通投资者获取信息的渠道相对较少，对股票真实价值的判断误差相对较大，如果一味追涨杀跌，很有可能造成亏损。

同时，在股票市场中还充斥着一些投机因素，比如有人故意大笔买入某股票提高价格以吸引投资者买进，然后卖出赚取价差，反应不及时的普通投资者就有可能遭受很大损失，这也就是我们常说的“割韭菜”。

很多奉行追涨杀跌方法的投资者总结出一些“经验”：比如可以看成交量，如果有哪只下跌的股票在价格底部突然有大金额的买入成交，说明其受到了资金的关注，或者如果哪只股票的换手率超过了 50% 甚至达到 100%，那就说明投资者已经完成变更，未来的投资方向有可能会发生改变。还有的投资者相信板块的轮转，认为某一股票板块上涨一段时间后，就会轮到另一个板块上涨。总而言之，所谓追涨杀跌的“经验”“策略”归根结底只是“臆想”，没有任何理论支持，无法作定量或定性的分析，对投资没有科学的参考价值。

二、远离集中持股

有些投资者会习惯性地投资自己所了解的行业板块或自己熟悉的公司，认为这样能更准确地掌握股票价格的波动趋势，因此很容易走到过度集中的误区。如果投资者仅仅持有两三只甚至一只股票，会让资产组合变得十分脆弱，也许一个小小的市场波动就会造成巨大的损失。

三、避免过度分散

有些投资者想要进行分散化投资，但有时并没有达到降低风险的效果，因为他们看起来是投资不同的股票，但这些股票或者是属于同一类型公司，或者是属于同一概念，其间的相关系数非常高，β 系数大致相同。也就是说，在同样的市场行情下，这些股票的价格波动可能是近似相同的，那么就等同于投资了同一个产品，并没有真正达到分散化。

有些投资者投资时会出现过度分散的情况，即选择投资过多股票，这样的投资策略也有很大问题。首先，投资多只股票就会导致相对应的持仓成本上升，频繁的交易会付出更高的成本；其次，每个人的精力是有限的，投资的股票都需要付出很多时间去了解相关信息，所以普通投资者很难兼顾多只股票；最后，投资的目的是追求符合预期的收益，配置资产组合的目的也是希望获得超过市场平均水平的收益率，过度分散就会使得收益率趋近于市场平均水平，这样投资不如直接购买追踪市场行情的指数或者基金，免去了费心费力的操作，还可以省去一些沉没成本。

四、克服人性弱点

（一）一味追求高收益

不同的投资者和不同类型的投资本金所能承受的风险程度是不同的，投资时应该选择最适合自己的投资产品，而不是一味地追求高收益产品。一般来说，没有稳定经济来源的学生的风险承受能力要小于有固定收入的投资者，所以学生相对更适合投资于货币型基金这样的产品，而有一定经济基础的投资者可以根据自身情况选择股票型基金。如果有一笔可以闲置一年以上的资金，可以投资长期的理财产品来获取相对较高的收益；如果资金闲置时间较短或随时有可能取用，就应该选择期限较短、流动性较高的产品来满足投资需求。

有的投资者为了追求高收益，盲目追求“热点股”“龙头股”，却忽略了自身的风险承受能力。收益与风险是正相关的，高收益背后有巨大的波动，对于承受能力较低的投资者来说，片面追求高收益是非常危险的投资方式。有的投资者甚至选择投资没有资质的互联网金融公司，结果遇到骗局，公司一旦跑路，投资者便会血本无归，这种案例比比皆是。

（二）跟风投资

有些普通投资者相对欠缺专业的投资知识，没有成型的投资策略，所以十分偏好所谓“专家”的意见，或者容易听信“内幕消息”。例如，有的投资者不知道自己所持有的股票未来的趋势，或者对自己的判断没有信心时，会选择去“股吧”“论坛”甚至QQ、微信群聊中询问他人的意见，当大多数人意见统一时，就选择相信大家的判断，这就是典型的“羊群效应”，某些投资者可能有自己准确的判断，但当大多数人与自己的判断不同时，他们可能就会动摇而选择相信多数；还有的投资者选择去相信所谓的“专家”，这些“专家”往往都打着类似于“有数十年经验”“收益率超高”“自创体系”等噱头来诱骗投资者进行投资以收取会员费或者背后进行趋同或反向交易的方式来牟利，而实际上这些人没有何专业性，投资者往往会因此遭受巨大的财产损失。

（三）过度自信

在投资者中经常会看到这样一个有趣的现象：当很多投资者聚到一起聊自己的投资策略时，每个人都说得头头是道，但一聊到收益率，却发现每个人都不高。大多数人都不会把收益率不高的原因归咎于自己能力不行，而是会归因于最近行情不好、运气不好、机构投资者操纵股价等，这在经济学上称为“自视偏误”。通俗的理解就是过度自信，人们总是习惯把成功归功于自己的能力，而把失败归咎于客观因素。经济学中假设人都是完全理性的，但现实中很多投资者都是不理性的。

（四）赌博心理

为了追求高收益，有的投资者会犯类似于赌博心理的错误，即想要以小博大，盲目追求类似衍生品或者质押回购、融资融券等风险较高的产品。一旦预测成功，可能会获取数倍乃至数十倍的利润，而一旦预测失败，便会亏空所有本金，这是一种典型的投机行为，大部分投资者不懂虚拟货币、区块链的本质，只是看到他人获得高收益就盲目地选择投资，最后损失惨重。

（五）情绪波动大

普通投资者最容易说的话就是“后悔买这只股票”“不该卖这只股票”，股票一涨了立刻高兴地去消费庆祝，一旦下跌就郁郁寡欢，这都是过度情绪化的表现。任何金融产品都有它的价格周期，不可能永远涨或者永远跌，只有正确地看待涨跌，时刻保持理性，才能避免情绪化操作。

从很多投资者的持仓情况看，如果能够长期持有，也会有不错的收益。但由于有的投资者情绪波动过大，不能坚持持有股票，不停地买入、卖出，最后反而没有正收益；有的人可能亏损一点的时候，为了挽回损失就马上加大投资，反而亏损更加严重，陷入了一个死循环，最后甚至血本无归。“投资有风险”，每个投资者都应该理性面对盈亏。

第二节　树立正确投资观念

一、了解能力圈

每个人都有自己的“能力圈”，如自己所处的行业、自身的知识储备、熟悉的领域等。人对自身能力圈的认知有这样一个过程：不知道自己不知道-知道自己不知道-不知道自己知道-知道自己知道。坚持在自己的能力圈内投资，做到这一点就“成功”了一半。

随着知识和经验的不断积累，能力圈会逐渐扩大，但一定不要经受不住利益的诱惑跨出能力圈——超出自己的能力圈，就仿佛在茫茫的大海中毫无方向地前行，极易犯错。比如，投资股票时，要尽量选择自己了解的股票，不要跟风买入自己不了解的股票。要理性、适度地扩大能力圈，把握自身投资的原则，掌握自身的投资方向，尽量在投资道路上少走弯路。

二、坚持风险管理

风险是客观存在的因素，投资者需要正确认识风险、管理风险、规避风险。如果有人向你推荐一种“没有风险”的投资理财方式，你可以毫不犹豫地拒绝他，因为这很有可能是骗子编织的谎言。投资者应合理地评估自己的风险承受能力，挑选适合自己的理财产品，不要盲目听从他人建议而选择不适合自己的产品，导致资产损失。投资者可以通过避免、抑制、分散、转移等方法管理风险。

三、寻找安全边际

安全边际是指现有销售量或预计未来可以实现的销售量与盈亏两平销售量之间的差额，其计算方法如下：

安全边际＝现有（预计未来可以实现的）销售量－盈亏两平销售量

安全边际是以绝对量反映企业经营风险程度的。一般来说，当安全边际或安全边际率较大时，企业对市场衰退的承受力也较大，其生产经营的风险程度较小；当安全边际或安全边际率较小时，企业对市场衰退的承受力也较小，其生产经营的风险程度较大。

对于投资而言，安全边际指投资品的价值与价格的差额。当价值被低估的时候安全边际为正，当价值与价格相当的时候安全边际为零，当价值被高估的时候不存在安全边际或安全边际为负。价值投资者只对价值被严重低估的对象感兴趣。安全边际不能保证避免损失，但能保证获利的机会比损失的机会更多。

对于债券或优先股而言，安全边际代表盈利能力超过利率或者必要红利率，或者代表企业价值超过优先索赔权的部分。对于普通股而言，安全边际代表计算出的内在价值高于市场价格的部分，或者特定年限预期收益或红利超过正常利息的部分。

安全边际更适合被视为一种投资的基础思维和方法论，而不是一个生搬硬套的技术指标或者行为标准。安全边际的意义在于让投资者认识到无论是什么投资品，核心都是保证自己的本金安全，以此为基点构建稳定合理的资产组合。

四、坚持逆向投资

在股票市场中，传统的有效市场假说认为股票收益是不可预测的。然而，近二十来的实证研究不断发现，股票收益率具有一定的可预测性，这使得传统的资产定价模型和市场效率理论遇到了巨大的挑战。在此背景下，行为金融理论和行为金融投资策略产生并发展起来，逆向投资策略就是其中之一。逆向投资策略是指对过去一段时间的股票收益率情况进行排序，买入过去表现较差的股票，卖出过去表现较好的股票，据此构成的零投资组合在未来一段时间内将获得较高收益的投资策略。

行为金融理论认为，投资者在实际投资决策过程中，往往过分注重上市公司近期表现的结果，通过简单外推的方法，根据公司的近期业绩表现对未来进行决策，从而导致对公司近期业绩情况做出持续过度反应，形成对绩差公司股价的过分低估和对绩优公司股价的过分高估现象，这就为投资者利用逆向投资策略提供了套利的机会。

运用逆向投资策略进行投资，实质上是使投资者通过修正基于过度自信等引起噪声交易者反应偏差从而获利。投资者应当密切关注证券市场上各种股票的价格走势，并将其价格与基本价值进行比较，寻找价格远远偏离价值的股票。构建投资组合，等价格回归价值时获得收益。在实际的证券交易中，投资者可以选择低市盈率、低市净率、历史收益率低、鲜有人问津的股票。这些股票由于长期不被投资者看好，价格泡沫现象严重，其未来的走势就可能是价值回归。特别是当股市走熊时，市场往往对具有较大潜力的中小盘成长股关注不够，投资者应该努力挖掘这类成长型股票并提前购入，等待市场走好、价值回归时出售获利。

本章小结

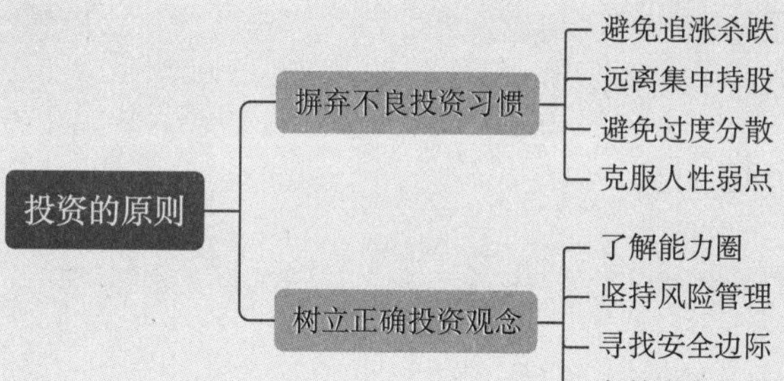

课程思政

课程思政

课后练习题

一、简答题

1. 过度集中和过度分散化的投资都是不正确的，在投资时应该怎么选择分散化的程度？在什么样的情况下可以适度集中投资，什么样的情况下可以相对分散地投资？

2. 有人认为，穷人没有理财的必要，再怎么增值也不会有多少，所以理财没有意义。你认可这样的观点吗？

二、案例分析题

你的某位朋友在听说有几只股票最近表现不错后，准备把所有积蓄都用来买这几只股票，还要拉着别人一起购买，这样的选择是理性的吗？你应该怎样劝他呢？你觉得怎样才能帮助身边的人树立正确的投资观？

第十二章 投资优质企业

学习目标

一、知识目标

- 能够熟记优质企业的四个判断标准；
- 能够理解波特五力分析模型；
- 能够掌握企业的四个生命周期阶段；
- 能够掌握市盈率估值法、市净率估值法、PEG估值法和市销率估值法。

二、能力目标

- 能够利用优质企业四个标准来选择投资标的；
- 能够利用波特五力模型分析具体某一个上市公司的行业地位；
- 能够判断出某个具体行业所处的生命周期；
- 能够利用市盈率估值法、市净率估值法、PEG估值法和市销率估值法计算某只股票的价值并判断其是被高估还是低估。

三、素质目标

- 能够更加清晰地认识自己的能力圈；
- 能够运用专业、科学的方法来客观评估企业。

教学案例

在投资中，选择很重要。小明和小刚是大学同学，两人都有很强的理财意识。小明对钢铁行业比较熟悉，他主要买的是钢铁股；小刚对科技行业比较熟悉，所以买的都是科技股。几年下来，小刚的收益翻了两倍不止，而小明的投资收益仅仅比定期存款高一些。

为什么小明和小刚的投资收益差距那么大？在投资的时候应该重点关注哪个方向？

第一节 投资优质企业的意义

一、长期投资优质企业的高回报

投资一家企业的股票，就是在购买这家企业的股权，本质是想获取这家企业未来能创造的价值，股价只是一个企业未来价值的货币表现形式。所以，企业的经营业绩决定着股票投资者的收益。如果企业经营状况良好，利润不断增加，一是会增强企业的红利分配能力，投资者可以获取现金分红；二是可以增加企业的净资产和净利润，提高企业的内在价值，进而驱动股价上涨，投资者可以获得所投入资本的增值价值。反之，如果企业经营状况差，盈利下降，一方面会降低企业的分红能力；另一方面会导致企业的内在价值下降，进而引起股价下跌，投资者将会损失部分投入资本。

如果在投资中能找到一个经营业绩持续向好的优质公司，持续投资十年、二十年、三十年，通常会获得非常可观的复合收益。

以市场公认的优质企业贵州茅台、伊利股份、腾讯控股和苏泊尔为例，以 2009 年 12 月 31 日收盘价作为持仓成本，持有至 2019 年 12 月 31 日，我们会发现，即使有些年份收益有所回撤，但十年下来，这些股票收益的长期趋势总体是向上的，而且持有时间越长收益越可观。10 年间，贵州茅台收益翻了 10 倍，伊利股份和苏泊尔收益均翻了约 7 倍，腾讯控股翻了约 11 倍，如图 12-1 所示。可以说，在优质企业身上，“时间就是价值”得到了充分的演绎。

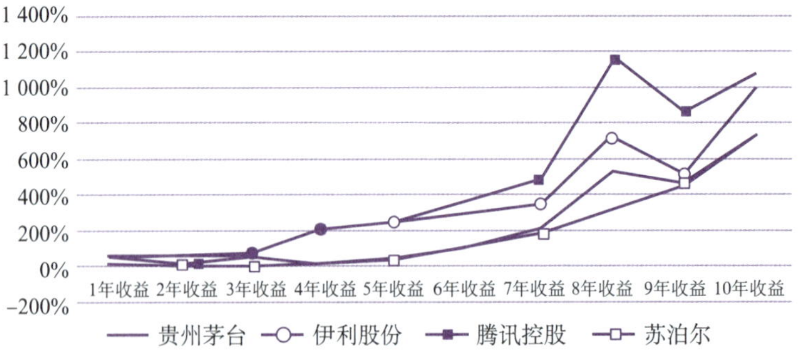

（数据来源：Wind）

图 12-1 长期持有优质股票的收益

反之，如果企业业绩不稳定或者经营情况持续恶化，即使持有股票时间再长，可能也无法获得良好的收益，甚至可能产生大幅的亏损。以 A 和 B 两家企业从 2009 年 12 月 31 日持有至 2019 年 12 月 31 日的投资收益为例，可以看到持有股票时间越长，亏损越多，即使偶有年份收益好转，但总体收益是一路往下走的。10 年间，持有 B 企业股票亏损 78%，持有 A 企业股票亏损 46%，如图 12-2 所示。

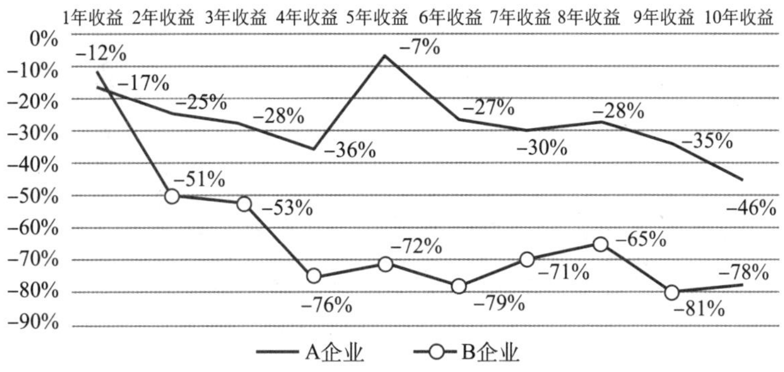

（数据来源：Wind）

图 12-2　长期持有 A 企业和 B 企业股票的收益

二、企业和投资者的共赢

投资优质企业股票对于企业和投资者来说是一件共赢的事情。对于投资者来说，通过购买优质企业的股票，获取企业的股权，可以分享企业发展的红利，手中闲置的资金得到了充分利用。对于优质企业而言，通过发行股票，可以获得支持其发展的资金，而且这些资金不需付利息，也不用在规定期限内偿还，不会增加自身的债务压力。

第二节　优质企业的判断标准

一、行业的景气度

俗话说，大池塘中才容易养大鱼。企业就像池塘中的鱼，其所处的行业就像池塘，只有池塘够大、水够多，才可能养出肥硕的大鱼。

对于企业而言，行业的未来空间要大，这样企业的成长空间才会比较大。尽管有些龙头企业具备很强的竞争优势，但由于其所属的行业发展空间已经不大，所以经营上稍有不慎就容易导致致命风险。而有些企业所属的行业未来空间很大，企业稍加努力就可能会创造出较高的收益。

此外，朝阳行业的景气度更高，且持续的时间跨度也比较大，其间更容易孕育出优质企业。

从上市公司情况看，沪深两市 3 561 家上市公司中，从股票上市日算起，截至 2018 年年底，共有 118 家公司股票涨幅超过 10 倍，如图 12-3 所示。

观察这 118 家公司的行业分布能很明显地发现，有些行业很容易出现带给投资者丰厚回报的优秀公司，如医药生物行业出现 10 倍个股的概率远远大于其他行业。钢铁、建

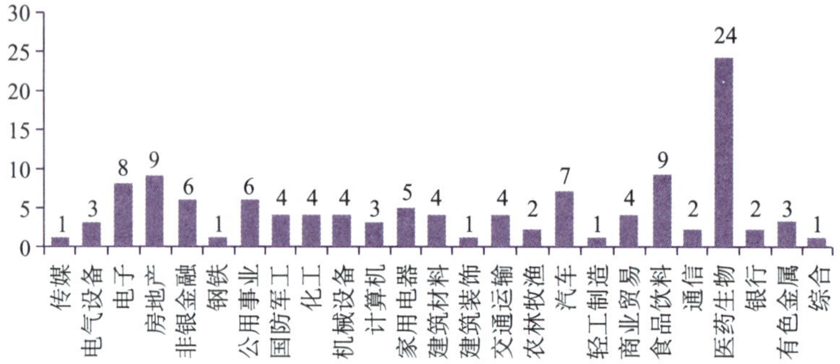

（数据来源：Wind）

图 12-3　沪深两市上市日到 2018 年涨幅超过 10 倍个股行业分布情况

筑装饰、农林牧渔等行业很难出现表现持续优异的公司，由此可以看出行业景气度对投资结果的重大影响。一般情况下，影响行业景气度的因素主要有技术进步、政府干预、消费习惯改变等。

（一）技术进步

一个新技术、新发明的出现往往会改变一个行业，这个改变可以使一个行业更上一层楼，也可以使一个行业逐渐走向衰亡。例如，电灯发明以后，大众照明不再使用蜡烛，从而导致蜡烛行业逐渐衰落。再比如，高铁的发明及在国内的大范围运用，使得人们的出行变得越来越方便，原来选择坐汽车或飞机的旅客更多地开始选择高铁，铁路客运行业的发展更上一层楼。目前，人工智能、生物技术、航空航天等新技术正在蓬勃发展，对各行业的影响是极为深远的。充分了解各种行业技术发展的状况和趋势，对投资者来说至关重要。

（二）政府干预

政府的干预往往影响着众多行业的变迁。例如，随着全球能源危机和环境污染问题日益突出，全社会高度重视节能、环保相关行业，发展新能源汽车已成为全球共识。世界各国纷纷加大对新能源汽车的政策支持力度，通过制定发展规划、给予补贴，甚至明确燃油车退出时间表等措施，推动新能源汽车产业的发展。我国在 2001 年将新能源汽车列为国家“十五”期间的“国家高技术研究发展计划”（简称 863 计划）。2008 年奥运会时，北京推出了 500 多辆新能源汽车，往返于鸟巢、水立方、奥运村之间。2009 年，中华人民共和国科学技术部、中华人民共和国财政部、中华人民共和国国家发展和改革委员会、中华人民共和国工业和信息化部四部委联合启动“十城千辆节能与新能源汽车示范推广应用工程”，提出通过提供财政补贴，计划用 3 左右的时间，每年发展 10 个城市，每个城市推出 1 000 辆新能源汽车开展示范运行。2010 年，财政部决定对新能源汽车进行购买补贴，新能源汽车进入全面政策扶持期。正是由于政府政策的大力扶持，新能源车行业迎来了快速发展期。2014 年，国务院常务会议提出对新能源汽车免征车辆购置税。

2015 年，财政部、科技部、工业和信息化部、发展改革委联合发布《关于 2016—2020 年新能源汽车推广应用财政支持政策的通知》，调整补助政策。2019 年，新能源汽车补贴新政落地，补贴退坡，优化技术指标。2020 年，国务院发布《新能源汽车产业发展规划（2021—2035 年）》，明确未来 15 年的发展目标和重点任务。2023 年，财政部、税务总局、工业和信息化部发布公告延续和优化新能源汽车车辆购置税减免政策。对购置日期在 2024 年 1 月 1 日至 2025 年 12 月 31 日期间的新能源汽车免征车辆购置税，其中，每辆新能源乘用车免税额不超过 3 万元；对购置日期在 2026 年 1 月 1 日至 2027 年 12 月 31 日期间的新能源汽车减半征收车辆购置税，其中，每辆新能源乘用车减税额不超过 1.5 万元。

（三）消费习惯改变

随着社会的发展，民众经济收入水平和受教育水平提高，大众的很多消费习惯会发生变化，进而影响对应行业的兴衰。例如，近年来，国民的发胖率开始提升，国内掀起了“健身潮”，健身行业由此迅速兴起。

二、企业的行业地位

运用波特五力分析模型可以帮助我们了解企业在该行业中的地位，进而明确这家企业是否值得投资。波特五力分析模型是美国哈佛商学院教授迈克尔·波特（Michael Porter）于 20 世纪 80 年代初提出的，可以有效地分析公司的竞争环境。五力分别是：供应商的议价能力、购买者的议价能力、潜在竞争者进入的能力、替代品的替代能力和行业内竞争者现在的竞争能力，如图 12-4 所示。

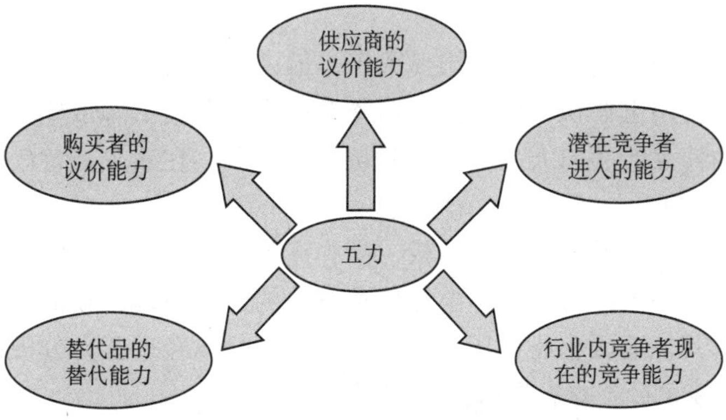

图 12-4 波特五力分析模型

以 A 股市场上的涪陵榨菜为例进行五力分析。涪陵榨菜公司的主营业务是榨菜，以 2024 年上半年销售结构为例，主营产品榨菜占比超过 85%，泡菜销售占比 9.92%，萝卜销售占比 1.84%。该公司也是榨菜行业目前仅有的一家在 A 股上市的公司。

（一）对上游供应商的议价能力

榨菜的主要原料是青菜头，在重庆涪陵地区种植青菜头面积最大（约占 60%）且质量最高。刚收割的青菜头属于生鲜类产品，运输成本较高，这就决定了榨菜企业必须围绕青菜头产地开展布局，降低成本。涪陵榨菜一家公司的需求量占整个涪陵区供应量的 30% 以上，上游是零散的农户，所以公司对上游供应商的掌控能力较强。

（二）对下游消费者的议价能力

佐餐行业下游消费者较为分散，消费者对价格敏感度较低，公司的历次成功提价也证明了这一点。受消费升级影响，消费者在购买食品时愿意花较高的价钱购买知名品牌的商品，因此，公司对下游的议价能力也较强。

（三）行业内竞争者的竞争能力

2023 年，涪陵榨菜的市场份额继续保持行业领先地位。根据相关数据，涪陵榨菜市场占有率约为 30%，长期居于行业第一。较第二名万洲鱼泉榨菜的 9% 高出 3 倍以上，行业龙头优势明显，行业话语权较高。

（四）潜在竞争者进入的能力

生产榨菜的技术含量不高，行业进入门槛很低，但生产原料青菜头属于区域性种植，运输成本高和青菜头易腐烂等问题限制了青菜头产地外的榨菜加工企业的发展，因此，原料的限制条件构建了一定的行业进入壁垒。但从整体看，进入门槛相对较低，潜在竞争者能够很容易进入该行业，与公司竞争。

（五）替代品的替代能力

榨菜的替代品有很多，如泡菜、橄榄菜等，但人们长久的饮食消费习惯不会突然改变。尽管如此，该公司也在积极拓展其他酱腌菜品类，开发了海带丝、萝卜干等新的榨菜产品，从单一的榨菜产品向大品类的佐餐调味品发展，在减少被替代风险的同时，也拓宽了公司的发展空间。

综合来看，公司对上下游均有议价权，品牌竞争力强，被替代风险较小，市场份额位居行业第一且仍有一定提升空间。虽然榨菜行业的进入门槛比较低，但由于原料的运输和保鲜问题，对其他地区企业也形成一定的进入壁垒。经过五力分析，可以认为涪陵榨菜是一家优秀的榨菜行业龙头公司。

三、企业的生命周期

就像人一生会经历幼年期、青年期、中年期、老年期四个时期，企业同样也存在着初创期、成长期、成熟期和衰退期几个阶段，如图 12−5 所示。在不同的时期，企业的价

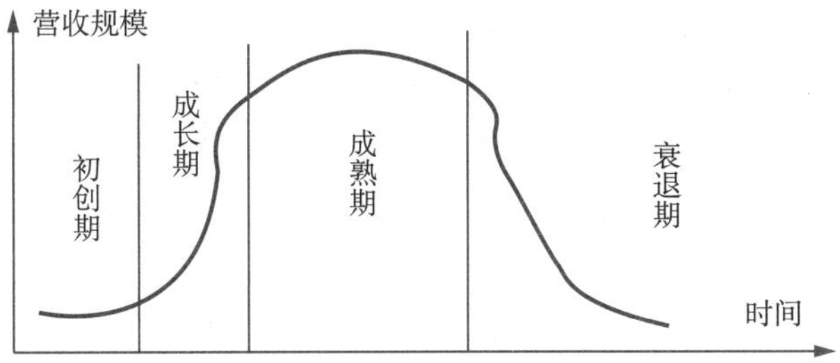

图 12-5　企业生命周期曲线

值和风险点也是不一样的。

初创期的企业由于创始团队人少，企业内部的沟通成本很低，但组织架构还不够完善，企业缺乏相关制度，且创始人往往是专制型的领导风格。同时，初创期的企业生产规模普遍较小，成品市场份额低，资金主要来源于创业者自身和风险资本。初创期的企业就像一个婴儿，一点风吹草动都可能要了企业的命。现金流断裂是初创期企业夭折的重要原因之一。以众所周知的阿里巴巴为例，公司于 1999 年成立，在马云的带领下，18 位创始人共出资 50 万元作为公司的启动资金，当年又从高盛公司、富达投资、新加坡政府科技发展基金、Investor AB 等机构融到了 500 万美元资金。2000 年，互联网泡沫破裂，无数网络公司纷纷倒下，阿里巴巴再次面临资金紧缺问题，急需找到新的融资渡过难关。马云在日本获得了日本软银集团 2 000 万美元的投资。软银集团的资金到位没多久，美国科技股就崩盘了，许多电子商务公司在这波熊市中倒下，而阿里巴巴则凭借软银集团的 2 000 万美元，有惊无险地挺过这场世纪风暴。可以说，如果当时马云没有融到资金，阿里巴巴很可能就夭折了。投资初创期的企业风险极高，成功率也很低，但一旦成功，往往会一本万利。

破除万难后，企业进入了成长期。这个时期，企业商业模式确立并得到市场认可，基本形成自己的产品系列，产品的市场份额稳步提高，市场竞争力也逐渐增强，盈利能力也开始上升。同时企业在行业中已经有了比较明确的市场定位，在不断保持、提升原有业务的同时，也开始寻求新的利润增长点。企业经营管理模式逐渐得到完善，组织架构从扁平组织向层级组织发展，人才不断涌入。由于抗风险能力加强，企业从银行或债券市场融资变得相对容易，目前 A 股很多上市的科技公司就属于成长期的企业。投资成长期企业的风险相对较低，但因为企业处于高速成长期，市场给予的估值也较高，所以波动往往较大，但如果方向选准，收益也很可观。

经过产品的不断迭代升级、业绩的持续爆发和组织架构的不断调整，企业会慢慢进入成熟期。这时企业资金雄厚、技术先进、人才资源丰富、管理水平提高，具有较强的生存能力和竞争能力，能够有效地协调日常业务流程和配置资源。此时，企业的融资渠道更加多元化，现金流转也较顺畅，资产结构较为合理，业绩进入稳步增长阶段。这类企业的股价在二级市场表现往往比较平稳，所以投资风险相对较小，但是获取良好收益需要更多的时间。

随着企业的不断壮大，可能会出现管理阶层官僚主义、产品市场份额逐渐下降等严重问题，企业开始进入衰退期。对这个阶段的企业，银行信用贷款往往会收紧，企业融资能力下降，甚至可能会发生资金链断裂，导致企业破产倒闭。进入衰退期的企业只有少部分能通过研发新品或大力改革重新焕发生机，大部分会逐渐走向死亡。投资时要尽量避免这类企业，因为一旦判断失误损失会非常惨重。

第三节 企业的估值

一、成熟期企业估值

投资者常常会听到一句话：“好企业还需要好价格。”一家企业再好，如果买入价格过高，投资者也很难获得较高收益，因此需要对企业进行估值。企业估值方法可以分为相对估值法和绝对估值法，以下重点介绍相对估值法。

相对估值法又称为可比估值法，是指根据一个参照物来判断企业目前的价格是高估还是低估。参照物一般是同行业的其他企业或该企业的历史估值情况。参照物的选择直接决定了估值结果的准确度。常见的相对估值法包括市盈率估值法、市净率估值法、PEG 估值法和市销率估值法等，分别适用于不同行业类型、不同生命周期阶段的企业。

由于初创型企业不具备经营历史，没有太多可供参考的财务数据和信息，且半途夭折的风险相对较大，因此，普通投资者很难评估其价值。

成熟期企业估值相对简单。由于成熟期企业的业绩增长相对稳健，利润率也相对稳定，所以可以采用市盈率估值法进行估值。市盈率的计算方法是每股股价除以每股收益，或用企业的总市值除以净利润。市盈率可以告诉投资者在假定企业利润不变的情况下，当利润全部用来分红派息时，需要多少年才能收回成本。例如，一家企业的市盈率是 30，即假定该企业以后每年的净利润都不变，按照目前的价格买入企业股票，投资者需要 30 年才能收回成本。

采用市盈率估值法时有两种比较分析方式，一种是将该企业的市盈率和同行业中其他企业的市盈率作横向对比，观察目前该企业的估值在同行业中是属于高估还是低估；另一种是将该企业目前的市盈率和它的历史市盈率相比较，得出该企业估值目前处于什么水平。在实际投资中，往往会二者结合使用。

以图 12-6 中五粮液为例，其当前的市盈率与同行业其他企业相比处于中等水平，既没有被高估也没有被过于低估。如果把五粮液当前的市盈率和它的历史市盈率作纵向比较，可发现目前处于历史偏高的水平，如图 12-7 所示。除非是在这个阶段发生了有利于其利润加速提升的因素，否则按五粮液历史市盈率来看，目前它是被高估的。通过以上分析可知，五粮液目前估值在行业中较合理，但和自身历史市盈率相比偏高。

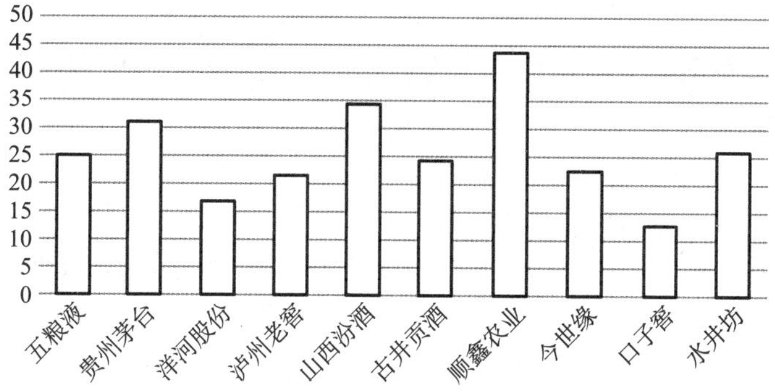

（数据来源：Wind）

图 12-6　白酒企业市盈率

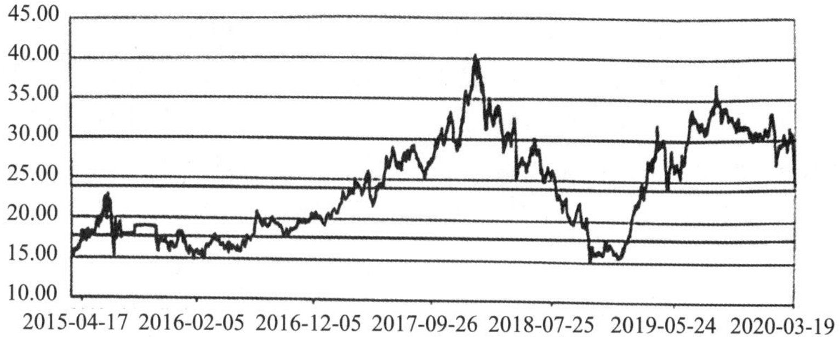

（数据来源：Wind）

图 12-7　五粮液估值分析

市盈率估值法往往适用于食品饮料为代表的消费类成熟企业。对金融行业及一些重资产行业的成熟期企业估值时，用市净率估值法会更为合适：金融企业的资产是以市场价标价的，也就是说，其账面价值和实际价值非常接近；重资产行业中大部分企业拥有大量工厂、土地和存货等，资产清算时一般具备较大价值，同时也是这些企业的现金流来源。

市净率等于企业的市值除以企业的净资产，而企业的净资产又叫所有者权益，是用企业的总资产减去总负债得来的，用来衡量投资这家企业每股股权投资者所花费的金额比原始股东多还是少。例如，一家企业的市净率小于 1，那就意味着投资者投资这家企业每股股权花费的金额比原始股东还要低。

二、成长期企业估值

从某种程度上说，成长性是决定一个股票市盈率高低的重要因素。成长性较高的企业一般具有较高的市盈率，成长性一般的企业市盈率较低。但对处于成长期的企业而言，到底多高或者多低的市盈率才是合理的，很难有一个统一的标准，所以需要有一个把市盈率和企业成长性结合起来的指标来衡量公司的长期估值是否合理，这个指标就是 PEG 率。

PEG 估值法是市盈率相对于盈利增长比率的比值方法，它的计算方法是用公司的市盈率除以公司未来 3—5 年的盈利复合增长率。例如，某个上市企业 2020 年净利润为 2 亿元，到 2023 年净利润增长到 16 亿元，其 3 年盈利复合增长率就是 $[(16 \div 2) \div 3-1] \times 100\% = (8 \div 3-1) \times 100\% = 166.67\%$。

PEG 估值法把股票当前的估值和企业未来的成长性联系起来，弥补了市盈率对企业动态成长性估计的不足。一般而言，PEG 值越低，股价遭低估的可能性越大。股票估值是否合理往往以 PEG 值为 1 作为界线。当 PEG 值等于 1 时，说明市场赋予这只股票的估值可以充分反映企业未来业绩的成长性；当 PEG 大于 1 时，则说明这只股票的市盈率太高，存在被高估的可能性；当 PEG 值小于 1 时，要么是市场低估了这家企业的价值，要么就是投资者高估了这家企业未来的成长性。例如，一家企业未来 3 年的年化复合增长率是 40%，当前市盈率是 30，它的 PEG 值就是 $30 \div 40 = 0.75$，可以认为这家企业是被低估的。计算 PEG 值的关键是要对企业的业绩作出准确的预测，至少要对企业未来 3 年的业绩作出判断，而不能只用下一年的盈利预测去计算，否则计算出来的结果只会误导投资者。在实际投资中，当所投资的成长企业 PEG 值小于或等于 1 时，在确定业绩成长性大概率不会比预期的差后，投资者就可以关注了。但是要注意，在熊市时因为市场情绪普遍悲观，所以最好在 PEG 值小于 1 时就介入；而在牛市或者是该企业所处行业景气度高时，可以给予一定的估值溢价，PEG 值比 1 大一点时，也是可以关注的。

本章小结

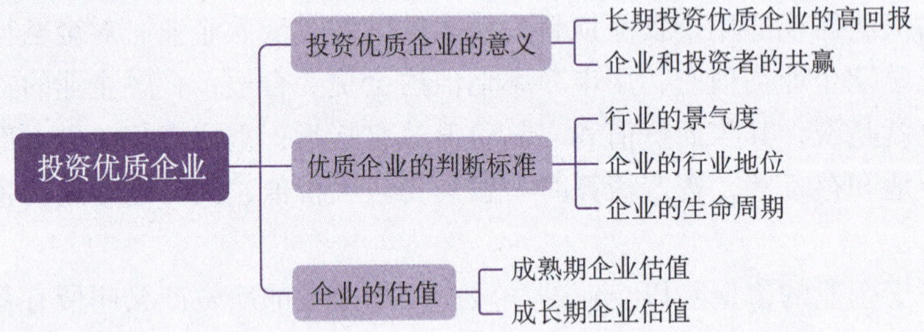

课程思政

课程思政

课后练习题

一、简答题

目前国内互联网社交领域基本形成腾讯（微信、QQ）、新浪微博、今日头条等垄断的格局，你认为目前这些公司处于企业生命周期的哪个阶段？是否处在最佳投资期？

二、案例分析题

小军就读于市场营销专业，明年就要大学毕业了。目前小军收到了两家公司的录取通知，一家是国内乳制品龙头企业，一家是未上市的科技公司（主营业务为研发可穿戴设备），工作岗位都是市场营销方向。

如果你是小军，你会如何选择？

第十三章 变动中的财富

学习目标

一、知识目标

- 能够列举影响投资成败的因素；
- 能够列举投资者的构成；
- 能够大致列出投资方式。

二、能力目标

- 能够运用经济周期理论来完成复苏、繁荣、衰退以及萧条这四个阶段的资产配置；
- 能够比较不同投资产品的收益率、不同投资者的收益率。

三、素质目标

- 能够具备一定的经济趋势判断能力；
- 能够更清晰地理解中国经济高质量发展轨迹，将自己的事业融入祖国经济发展轨迹当中。

教学案例

2019年1月，上证指数在经历了一年的调整之后，从2 440.91点开始持续上涨，到3月份已经上涨将近600点。小赵炒股多年，见行情大好，便将20万元投入股市。由于追逐热点、频繁交易，小赵半年内股票累计成交700多万元，但是资产却缩水了60%。小钱是一位很“懒”的投资者，在2018年股市大幅下挫之时，小钱用80万元资金购买了固定收益产品、指数基金、主动管理基金、股票等，股票总成交量才20多万元，最终盈利数万元。

为什么小赵和小钱的投资结果差别如此之大？我们应该形成怎样的投资思维？

第一节　影响投资成败的因素

一、逃不开的周期

（一）经济周期与金融周期

在经济的运行过程中，既有生产实体商品、提供服务的经营活动，也有提供信用背书的金融活动。例如，某开发商建造了一栋楼房，每套房子售价 100 万元。某消费者只有 50 万元资金，如果不去银行贷款 50 万元，就无力购买住房，开发商也无法获得一套房子的收入。于是消费者凭借相关证明，向银行申请贷款。银行审核通过后，向其发放 50 万元的住房抵押贷款，并要求贷款人在未来的若干年偿还利息。这样，开发商得到了收入，消费者购买了房子，银行获得了利息。在这一经济运行过程中，开发商建造并销售住房就是生产实体商品的经济活动，银行提供贷款就是金融活动。受各种因素的影响，这两种活动的规模会呈现周期性的变动。某些年份开发商建造的房子很多，而某些年份很少；某些年份消费者很容易获得购房贷款，而某些年份银行发放贷款非常谨慎。所有生产实体商品、提供服务的企业总体发展趋势有规律地扩张和收缩就是经济周期，而货币和信用等金融变量有规律地扩张和收缩就是金融周期。

经济周期与金融周期的联合传导路径可以简单概括为：信用扩张—价格上涨—企业盈利改善—投资和库存增加—经济产出增加—利率上涨。当货币大规模增发引起信用扩张时，长期来看，发生通货膨胀只是时间问题。从中国经济历史数据看，狭义货币供应量 M1 通常领先工业企业利润涨跌约 2 个季度，工业企业利润涨跌与价格水平涨跌基本同步。当企业盈利改善，企业对经济的预期持乐观态度，就会增加投资和库存，促进就业，经济产出增加，经济景气度提升。经济的扩张会触发政策的逆周期调节，同时增加对资本的需求，从而推升市场利率水平，随之而来的是信用扩张周期进入尾声。信用扩张开始紧缩后，将逐渐传导至经济生产活动，经济开始收缩，企业的产品供大于求，物价下降，盈利降低，经济走向衰退。一般而言，这个周期运转会经历繁荣、衰退、萧条、复苏四个阶段。

从期限来看，经济有长周期和短周期，如图 13－1 所示。按照经典的经济增长理论，长期经济增长有三个主要动力：劳动力、资本、技术。劳动力和资本的增长最终会达到临界水平，在此之后的增长则由技术驱动。这些因素是经济增长的决定因素，在较短的时间内很难发生大的变化。

短周期的经济波动多与消费、投资、政府购买和净出口的变动相关。1929 年大萧条前后，英国经济学家凯恩斯（Keynes）从需求管理的角度将经济构成划分为四个部分：消费、投资、政府购买和净出口。其中，投资需求和消费需求（居民消费和政府购买）对应经济内部需求，是为内需；净出口对应外部经济体产生的需求，是为外需。

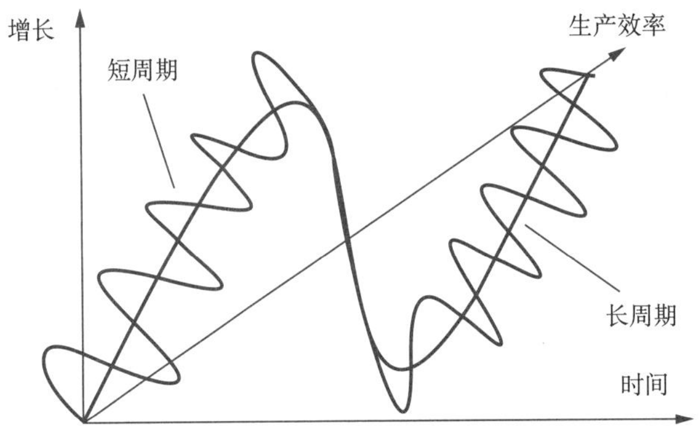

图 13-1 经济周期

（二）周期变动对资产配置的影响

理论上来说，要盈利就要“低买高卖”，寻找被低估的公司投资，然后耐心等待经济复苏。但是很多金融资产的价格会随交易实时波动，投资者的投资心理也会对投资决策有极大的影响。很多投资者往往不是“低买高卖”，反而经常陷入“高买低卖”的怪圈。经济繁荣时，投资者对未来充满信心，争相买入资产；经济萧条时，投资者看到的是“满目疮痍”，即使有乐观的因素也会被认为是昙花一现，对资产敬而远之。只有真正经过理性思考的投资者，才能在繁荣时有卖出的勇气，在危机时抓住投资的机会。

另外，在经济周期中，各类资产的价格变动与名义利率的调整存在时间差。短期货币供应增加会使资产价格上涨，但是名义利率下降；中期通过“信用扩张—价格上涨—企业盈利改善—投资和库存增加—经济产出增加—利率上涨”的传导链条，名义利率的上涨幅度才与价格上涨的幅度相当，所以，利率的调整滞后于价格的调整。对于权益类资产和商品的持有者而言，利率是持有资产的时间成本，而资产的价格变动是持有的时间价值；对于资金和债权类资产的持有者而言，价格变动是持有资金的时间成本，利率是持有资金的时间价值。在信用扩张初期，货币供给增加降低名义利率，使得持有资产的时间成本降低，此时持有权益类资产不仅时间成本更低，而且能够享受接下来信用继续扩张的红利；反之，到了信用紧缩时期，持有现金或者债权更合适。

二、周期下的经济政策

（一）货币政策

货币政策也就是金融政策，是中央银行为实现其特定的经济目标而采用的各种控制和调节货币供应量和信用量的方针、政策和措施的总称。负责制定货币政策的机关是各国的中央银行，如中国人民银行、美国联邦储备系统等。一般而言，货币政策工具主要包括调节法定存款准备金率、调节再贴现率、公开市场操作以及其他窗口指导。2008 年次贷危机后，货币政策工具更加丰富，中国人民银行推出了中期借贷便利。

法定存款准备金率是各国中央银行规定的商业银行和存款金融机构必须缴存中央银行的法定存款准备金占存款总额的比率。如果存款准备金率为 10%，就意味着金融机构每吸收 1 000 万元存款就要向央行缴存 100 万元的存款准备金以备客户提款的需要，这时用于发放贷款的资金为 900 万元。在其他条件不变的情况下，上调法定存款准备金率意味着商业银行上缴的存款准备金更多，可以用来发放贷款的资金更少，导致社会信贷总量减少。调节法定存款准备金率影响面广，对社会信用总量的影响显著，所以，各国央行对法定存款准备金率的调整比较谨慎。

再贴现率是商业银行或专业银行用已向客户办理过贴现的未到期合格商业票据向中央银行再行贴现时所支付的利率。如果中央银行提高再贴现率，商业银行的融资成本就会上升，能够用于发放贷款的资金会减少，从而紧缩社会信用。再贴现率引起的波动程度远比法定准备金率小，因而各国中央银行一般通过调整再贴现率来控制货币供应量。但是，调整再贴现率只有在商业银行资金紧缺、需要利用商业票据向央行贴现时才能生效，主动性弱于法定存款准备金率。

公开市场操作是指中央银行通过买进或者卖出有价证券来调节货币供应量的活动。当中央银行认为需要收紧货币供应时，就卖出有价证券，回收一部分货币；当中央银行认为需要扩大货币供应时，就买入证券，扩大货币供应。公开市场操作与其他货币政策工具相比更加主动、灵活、及时，表现在：中央银行可充分控制其规模，有相当大的主动权，多买少卖、多卖少买都可以，对货币供应既可以进行“微调”，也可以进行较大幅度的调整，具有较大的弹性；时效性强，当中央银行发出购买或出售的意向时，交易可以立即执行，参加交易的金融机构的超额储备金相应发生变化；可以经常、连续地操作，必要时还可以逆向操作，由买入有价证券转为卖出有价证券，使该项政策工具不会对整个金融市场产生大的影响。

货币政策的实质是国家根据不同时期的经济发展情况对货币的供应采取“紧”“松”“适度”等不同的政策趋向。货币政策对居民个人财富有非常大的影响。简单来讲，当货币政策宽松时，市场总体流通货币量大幅增加，这时，居民个人财富如果没有有效地同步增值，其相对购买力就会大幅下降，这是财富缩水的一种表现。由于资本具有逐利性，当市场流通货币量大幅增加时，某些资产就将在资本的推动之下急速增值。倘若部分投资者极具投资眼光，能提前布局增值资产，个人财富就会得到快速的积累。每一次货币大宽松时代的到来，都是一次财富的重新分配。

（二）财政政策

财政政策是国家制定的指导财政分配活动和处理各种财政分配关系的基本准则，主要实施工具是政府收入和政府支出。税收是政府收入的重要组成部分，在经济萧条时，政府可以通过减税让利来支持企业发展。如果税收的减少幅度大于个人收入和企业利润的下降幅度，税收便会产生一种推力，减缓个人消费和企业投资的过度下降，从而起到反经济衰退的作用。在经济过热时期，其作用机理正好相反。

政府支出具有自动稳定作用。政府支出包括政府购买和政府转移支付。政府购买指政府在市场上购买商品和劳务。经济出现衰退时，政府可以增加政府购买，弥补居民或者企业需求下滑的部分，稳定社会总需求。转移支付是政府在社会福利保险、贫困救济和补助等方面的支出，它不能算作国民收入的增加，只是政府将收入在不同社会成员间进行的再分配。政府转移支付也可以起稳定社会总需求的作用。在经济萧条的时候，符合领取失业救济和各种福利标准的人数增加，失业救济和各种福利的发放趋于自动增加，从而抑制消费支出的持续下降，防止经济的进一步衰退。在经济繁荣时期，其作用机理正好相反。

货币政策和财政政策对经济、资本市场有非常重要的影响，是居民投资理财不能忽视的部分。2008 年次贷危机爆发后，我国央行五次下调存款基准利率，中央政府出台了“四万亿”经济计划，是典型的实施宽松型货币政策和扩张性财政政策以刺激经济增长的例子。政策组合拳出台后，2009 年我国经济出现“V”形反转，主要股票指数涨幅逼近 80%，如果投资组合安排得当，危之后就是机；如果时机把握不当，机之后就是危。

三、投资者的能力

除去客观的经济环境、经济政策，投资者个人的投资思维、投资习惯对个人财富的影响也是巨大的。投资思维对投资成败的影响可能是决定性的，多数投资者很容易忽视对投资思维和投资习惯的思考。例如，很多投资者盲目进入股市来体验价格波动带来的刺激感，或者“道听途说”来选择股票，只有极少数人去坚持阅读经典投资类著作、上市公司年报、财务报表，并在充分思考的基础上去选择股票。对于前者而言，投资是一场昂贵的消遣，只有后者中的一部分人才能真正实现财富增长。

查理·芒格（Charlie Munger）在 1996 年发表的演讲“关于现实思维的现实思考？”中提出了五个有用的观念。

第一个观念是先解决答案显而易见的大问题。在投资理财中，什么是显而易见的大问题？经济是向上的吗？我选择的投资品的本质是什么？如果认为经济未来不会向上，股市未来不会向好，最好不要投资。如果投资股票，而不能认清股市基本行情，势必成为“七亏两平一赚”（在股市中，大约有 70% 的人会亏损，20% 的人能平本，只有 10% 的人能赚到钱）中的“七亏”之一。

第二个观念是学会数学的语言。伽利略（Galileo）说，唯有数学才能揭示科学的真实面貌，因为数学似乎是上帝的语言。对于很多投资市场上的经验传言，如果我们找到可靠的数据加以分析，就会发现它们极有可能是具有误导性的。

第三个观念是学会逆向思维。在复杂的投资世界里，有很多问题难以通过正面思考得到确切的答案，但是有很多错误是显而易见的，因为市场中有无数人在亏钱，聪明的投资者可以去观察这些人是如何亏钱的，然后避免重蹈覆辙。

第四个观念是要培养跨学科思考的学术智慧，最好能从各个学科中汲取营养，并经常运用。如果能熟练地掌握心理学、金融学、经济学、政治学、自然科学等诸多学科的一些基本概念，那么解决问题的方法将不受限制，对于投资问题也将有更加深刻的认识，不会在心里没底的时候去忐忑不安地盲目追随别人的意见。

第五个观念是寻找能够产生联合效应的几种关键因素，并想办法促使这些因素产生协同效果，芒格称之为“合奏效应”。

第二节　财富管理的发展趋势

一、投资者结构的变化

不仅个人需要投资，企业、政府、从事财富管理行业的机构也需要投资。在我国，投资者主要可以分为四大类：个人投资者、一般法人、境内专业机构投资者和境外专业机构投资者，如图 13-2 所示。

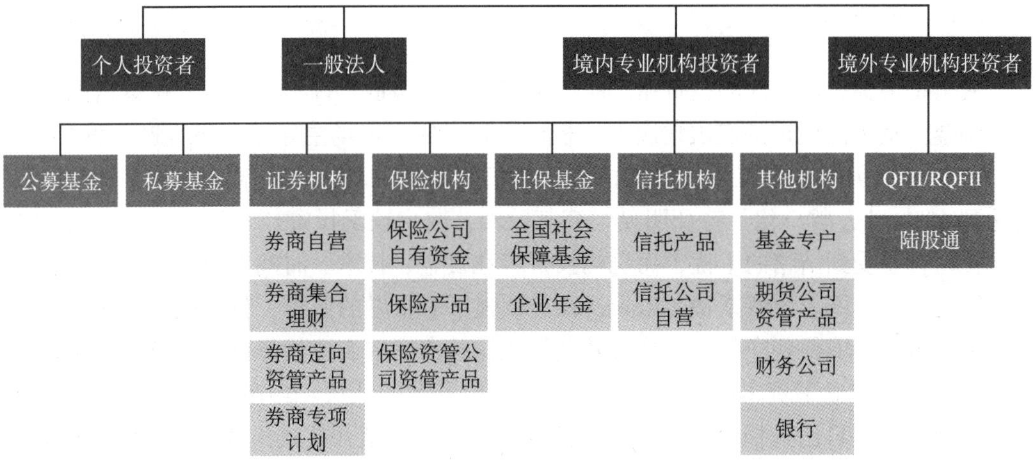

图 13-2　投资者分类

其中，一般法人指具有产业资本属性的法人单位，比如一般法人团体和非金融类上市公司；境内专业机构投资者指公募基金、私募基金、证券机构、保险机构、社保基金、信托机构、其他机构（基金专户、期货公司资管、财务公司、银行等）；境外专业机构投资者包括合格的境外机构投资者（QFII）、人民币合格境外机构投资者（RQFII）和陆股通等渠道进入大陆资本市场的境外投资者。除一般法人和境内外专业机构投资者之外的投资者均被纳入个人投资者范畴。

投资者结构多样化也是一个重要趋势。个人投资者比较青睐权益类基金，个人投资者在货币市场基金、混合基金、股票基金、海外投资基金、FOF（基金中的基金）以及商品基金等权益类基金中的资产维持比例远远超过机构投资者，而机构投资者则青睐于债券型基金，其在债券型基金中的资产维持比例远超个人投资者，见表 13-1。

表 13-1　2023 年年报各类型基金投资者比例

类型	份额合计 / 亿份	机构持有份额 / 亿份	比例	个人持有份额 / 亿份	比例
货币市场基金	109 860.04	30 029.17	27.33%	79 830.87	72.67%
债券型基金	78 783.48	68 391.89	86.81%	10 391.59	13.19%
混合基金	35 485.90	5 605.34	15.80%	29 880.56	84.20%
股票基金	25 022.76	8 693.75	34.74%	16 329.01	65.26%
海外投资基金	5 002.81	1 703.88	34.06%	3 298.93	65.94%
FOF（基金中的基金）	1 574.58	145.05	9.21%	1 429.53	90.79%
其他基金	214.81	179.96	83.78%	34.85	16.22%
商品基金	191.61	48.36	25.24%	143.26	74.76%
合计	256 135.99	114 797.38	44.82%	141 338.61	55.18%

（数据来源：天相投顾）

股票是最为大众关注的投资品。股票市场进入门槛低，许多人怀着一夜暴富的梦想在股市淘金。从美国股市的发展情况看，机构投资者成为市场主导是大势所趋。图 13-3 显示，1945 年，美国股票市场上机构持股比例仅为 9%，而到 2024 年第二季度机构持股比例达到 60%，“去散户化”特征明显。究其原因，散户缺乏投资技术和时间精力去研究投资，交易容易受到情绪的干扰，而机构投资者在资金、技术、时间上更具有优势。在“大萧条”之后，美国总统罗斯福（Roosevelt）加强了对金融的监管，打击操纵市场、内幕交易行为，市场环境得到净化，为公募基金等机构投资发挥专业优势创造了条件，规范、科学的运作逐步建立了资本市场的声誉，获得了投资者的认可。1979 年建立起来的“401K 计划”允许雇员自己选择股票、债券、公募基金、交易型开放式指数基金（ETF）等多种投资形式，由专业的金融机构代为管理，为股市导入长线资金，促进机构投资者发展。

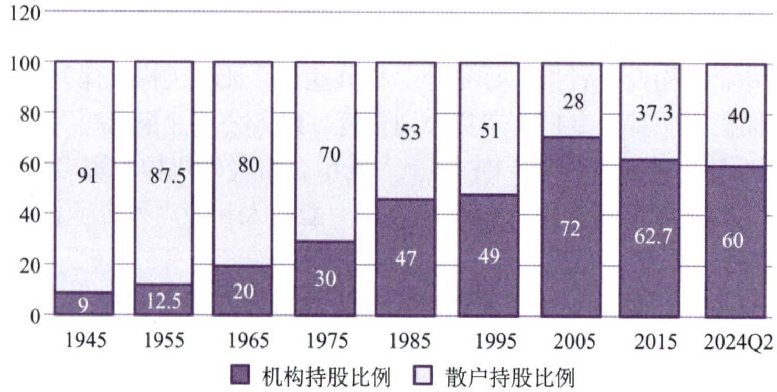

（数据来源：Federal Reserve Flow of Funds Accounts，华泰证券研究所）

图 13-3　美国股票市场投资者结构“去散户化”

反观中国的股票市场，机构投资者的主导地位并不明显。根据中国证券投资者基金业协会统计数据，截至2024年二季度，一般法人持有流通市值32.31万亿，占比48.99%；个人投资者持有流通市值18.57万亿，占比为28.15%；境内专业机构持有流通市值12.38万亿，占比18.76%；外资持有流通市值2.7万亿，占比4.10%，个人投资者在市场中还保持相当的影响力，交易量占比80%左右。从变化趋势看，2006年至2024年第二季度，个人投资者持流通市值占比从70%左右下降到28.15%，总体呈下降趋势；受2005年权分改革的影响，一般法人持有流通市值占比在2013年达到顶点60%，之后一直维持在高位；境内专业机构占比长期维持在15%左右；外资占比自2015年前后开始呈上升趋势。如图13-4所示。

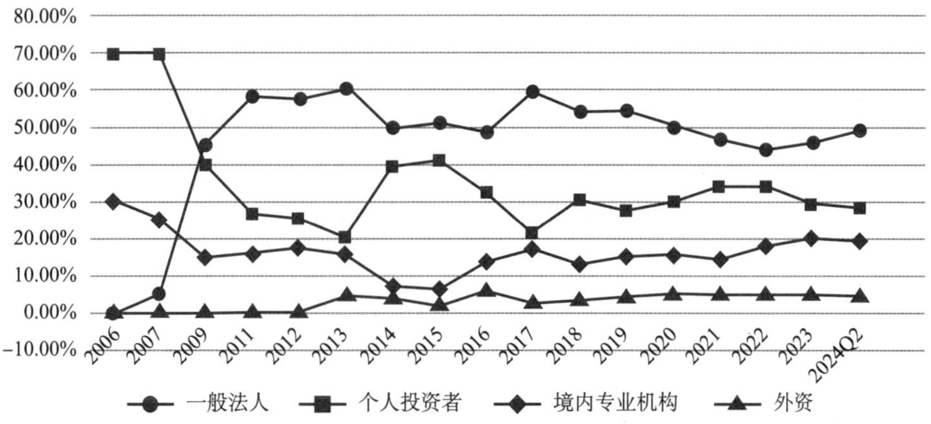

（数据来源：中国证券投资者基金业协会）

图13-4　A股投资者持有流通市值占比

中国股票市场以个人投资者为主导的结构存在一定的弊端。个人投资者对股票、组合投资技术缺乏深入认识，喜欢打探"内幕消息"，炒作概念题材，存在较多"追涨杀跌"、跟风炒作行为。由于机构也需要接受个人投资者主导的市场价格，部分大户、机构也会陷入短期零和博弈，这在一定程度上加剧了A股暴涨暴跌。2009年至2018年，上海证券交易所平均换手率为194.1%，深圳证券交易所为335.9%，而同期纽约证券交易所平均换手率为108.6%，伦敦证券交易所平均换手率为63%，这说明我国A股市场短期投机氛围浓厚，不利于资本市场长期稳健发展。所以，即使当前个人投资者仍在A股占据重要地位，但股权改革、注册制、资本市场对外开放等措施的推进将对A股投资者结构产生深远影响。

二、投资方式的变化

中华人民共和国正式成立后，由于缺乏成熟的资本市场和货币市场，居民的投资方式较为单一，基本上以银行储蓄为主。进入20世纪后，借助中国人口红利和加速的城市化进程，房地产作为经济支柱登上历史大舞台。时至今日，房地产依旧在中国家庭资产中占举足轻重的地位。2016 年年底的中央经济工作会议首次提出“房子是用来住的，不是用来炒的”，此后，与房地产相关的部门陆续出台了配套政策，覆盖房企融资、购房者信贷等方面。随着地产调控不断加码和中国人口红利的逐渐消失，中国居民逐渐意识到房地产投资的“黄金十年”可能已经悄然离去。由于投资方式的改变需要时间积累与演进，时至今日，中国居民个人可投资资产构成中，银行储蓄和银行理财依旧占据 65%～80%，如图 13-5 所示。

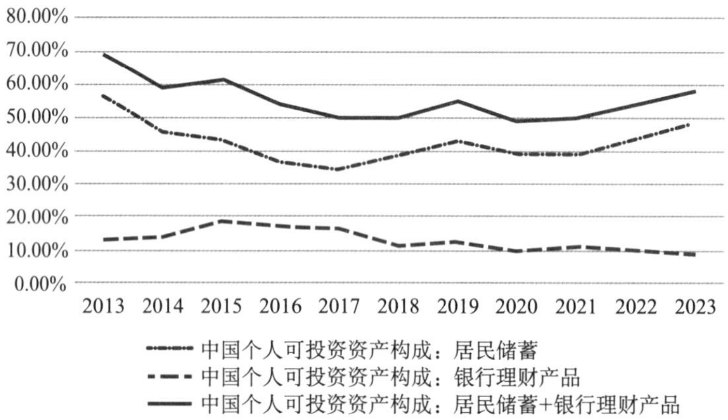

（数据来源：中国私人财富报告）

图 13-5　中国居民个人可投资资产构成

在美国等发达国家，居民资产结构与中国有较大的区别。《2018 年美国基金业年鉴》的数据显示，在美国家庭资产中，13% 为银行存款，23% 为基金资产，除房地产外其他部分主要由股票和保险构成。在 1980 年美国政府推出“401K 计划”之后，基金在美国家庭资产中的占比逐年提高，截至 2023 年，基金占比为 22.6%。

中国的资本市场虽然比美国资本市场起步晚，但基金行业在过去 20 年里也得到了快速的发展，只不过基金产品的组成结构仍与美国有较大的区别。截至 2023 年年底，美国基金行业中股票基金占比为 52%，货币基金占比为 23%，混合基金占比为 6%，债券基金占比为 19%，如图 13-6 所示。

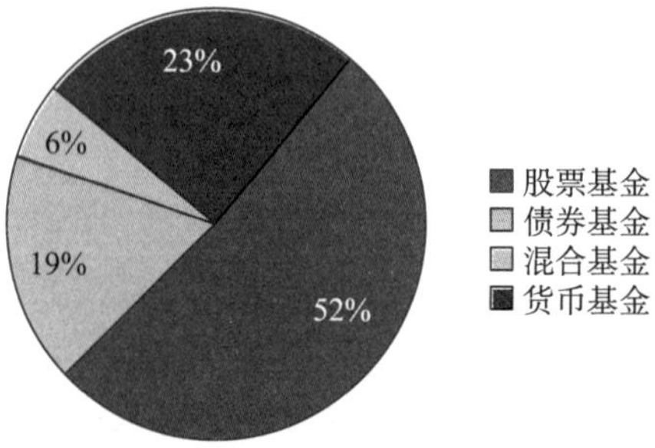

（数据来源：2024 年美国基金业年鉴）

图 13-6　美国基金市场结构

中国基金市场结构截然不同，截至 2023 年 12 月，中国公募基金资产净值达到 27.60 亿元的规模，其中货币基金资产净值规模为 11.28 万亿元、债券基金 5.32 万亿元、股票基金 2.83 万亿元、混合基金 3.95 万亿元。从基金市场结构来看，我国仍以低风险低利率的货币基金和债券基金为主。

2008 年全球金融危机爆发后，为刺激经济，世界各国央行从 2009 年开始持续降息，降低存款准备金率，欧洲中央银行、瑞士国家银行、丹麦中央银行与瑞典中央银行甚至设定过负利率，中国也不例外，从 20 世纪 90 年代动辄 10% 的一年期定期基准利率下降到近年的 1.5%，降息也直接导致货币基金等短期理财产品收益逐年下滑，中国居民意识到仅投资低风险理财产品越来越难以抵御通货膨胀带来的资产贬值。参考发达国家居民资产结构，我国居民以储蓄型为主的投资方式将逐步改变，从简单储蓄、房地产投资向构建投资组合进行资产配置转型是必然的趋势。

本章小结

- 变动中的财富
  - 影响投资成败的因素
    - 逃不开的周期
    - 周期下的经济政策
    - 投资者的能力
  - 财富管理的发展趋势
    - 投资者结构的变化
    - 投资方式的变化

课程思政

课程思政

课后练习题

一、论述题

1. 1929—1933 年美国经济大萧条时期，在货币政策方面，美联储没有按照市场所期盼的那样及时放宽货币政策，刺激经济复苏。

根据当时美国的经济情况，你认为用怎样的货币政策和财政政策才有利于美国恢复经济？

2. 为什么随着市场的发展，一般法人成为中国股票市场上持有流通市值占比最大的投资者？一般法人包括哪些主体？相关法律法规对一般法人持股有何规定？

二、案例分析题

格罗兹生活在1884年的亚特兰大。他愿意拿出200万美元来投资，成立一家生产非酒精饮料的企业“可口可乐”。格罗兹希望2034年可口可乐的市场价值能达到2万亿美元，为此，他只保留50%股份，将剩下的50%股份送给能够帮助自己实现这个计划的人。

如果你是格罗兹选中的合作对象，你将如何实现这个计划？

第十四章 证券投资实训

学习目标

一、知识目标

- 能够完整复述所有证券综合柜台业务；
- 能够完整陈述股指期货的定义；
- 能够熟记证券投资风险测评流程。

二、能力目标

- 能够完成个人证券账户开户业务；
- 能够完成机构证券账户开户业务；
- 能够完成个人证券资金账户开户业务；
- 能够完成机构证券资金账户开户业务；
- 能够完成第三方存管账户开立业务；
- 能够完成指定交易申请业务；
- 能够完成指定交易撤销业务；
- 能够完成转托管业务；
- 能够完成修改账号资料业务；
- 能够完成资金账户销户业务。

三、素质目标

- 能够对证券公司基本业务有一个清晰的认知；
- 能够具备做事细心的能力。

教学案例

小明是一位热衷于股票投资的投资者，他选择了一家证券公司进行股票交易。为了保障客户的资金安全，该证券公司引入了第三方存管机构，为客户提供资金存管服务。

1. 开户与资金划转

小明在证券公司开设了一个股票交易账户，并与第三方存管机构签订了存管协议。他通过银行转账将资金划转至第三方存管账户，再由第三方存管机构根据小明的指令将资金划转至证券公司的交易账户。

2. 交易操作

小明在证券公司的交易平台上进行股票买卖操作。每当小明进行交易时，证券公司会向第三方存管机构发送交易指令，第三方存管机构在核实交易指令的真实性和合法性后，将相应的资金从存管账户划转至证券公司的交易账户。

3. 资金结算与对账

每个交易日结束后，证券公司会向第三方存管机构提供当日的交易结算数据。第三方存管机构根据结算数据进行资金清算和对账，确保客户资金的安全和准确。

4. 资金提取

当小明需要提取资金时，可以通过证券公司的交易平台发起提取申请。证券公司审核通过后，会向第三方存管机构发送提取指令。第三方存管机构在核实提取指令的真实性和合法性后，将相应的资金从存管账户划转至小明的银行账户。

第一节 系统管理

一、硬件

（一）前台

前台应配备奔腾 4、主频 2.0 赫兹型号及以上处理器，有鼠标、网卡，内存 1 G 以上，硬盘 60 G 以上，彩色显示器分辨率 1 024 × 768 以上。

（二）数据库服务器

数据库服务器应选用高档计算机服务器，内存 2 G 以上，硬盘 120G 以上，彩色显示器分辨率 800 × 600 以上。

二、软件

（一）前台

操作系统应选用简体中文 Windows 2000 以上版本，分辨率 1 024 × 768 以上，颜色 32 位色以上，字体为小字体。

（二）数据库服务器

操作系统应选用简体中文 Windows 2000 Server 以上版本，采用 Microsoft SQL Server 2008 R2 数据库。

第二节　学生端

学生打开智盛智慧金融深度学习平台，选择“学生”身份，输入账号和密码，如图 14-1 所示。

图 14-1　学生登录界面

成功登录进去之后，就会出现如图 14-2 所示的界面，该界面展示了证券市场及工具、债券投资操作、证券综合柜台业务、行情分析与操作、证券投资收益、证券投资分

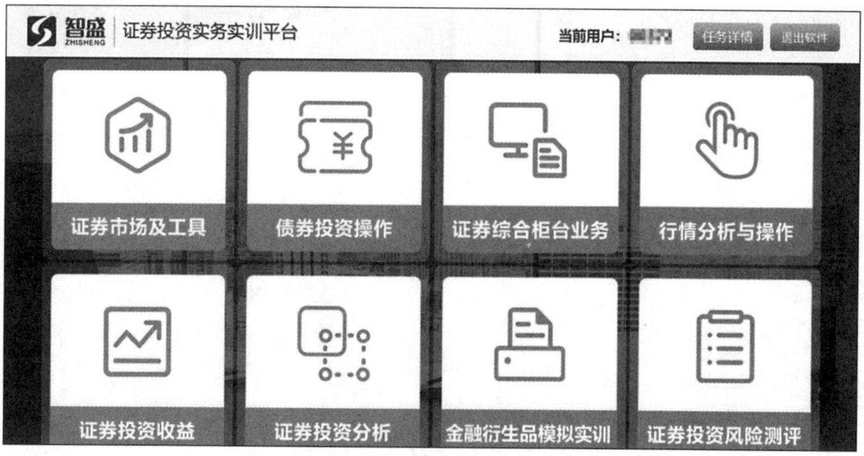

图 14-2　八大业务模块

析、金融衍生品模拟实训、证券投资风险测评八大模块，学生点击任意模块就可以进行相应的业务操作。

每个模块点开会出现相应的任务展示界面，如图 14-3 所示。

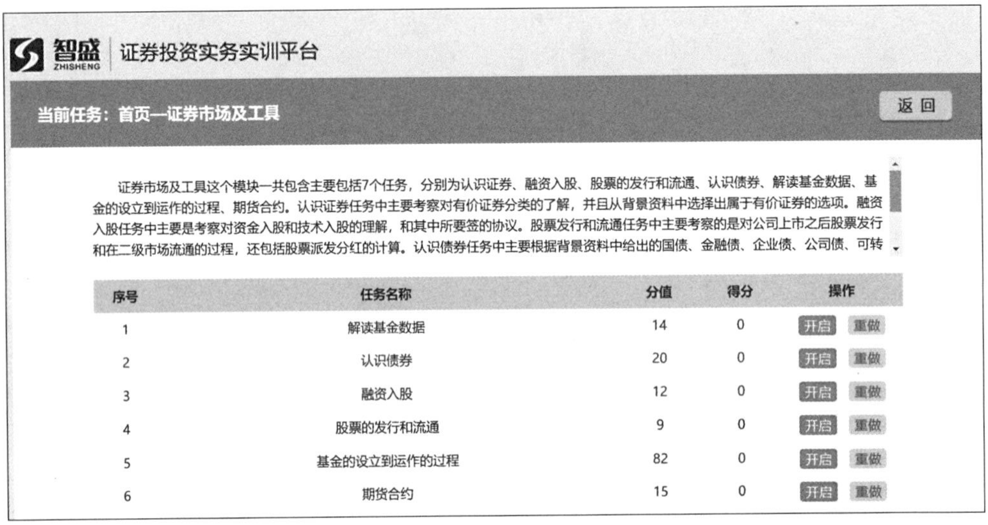

序号	任务名称	分值	得分	操作
1	解读基金数据	14	0	开启 重做
2	认识债券	20	0	开启 重做
3	融资入股	12	0	开启 重做
4	股票的发行和流通	9	0	开启 重做
5	基金的设立到运作的过程	82	0	开启 重做
6	期货合约	15	0	开启 重做

图 14-3 “证券市场及工具”界面

点击右上角“任务详情”按钮，会出现对应的任务详情界面，如图 14-4 所示。

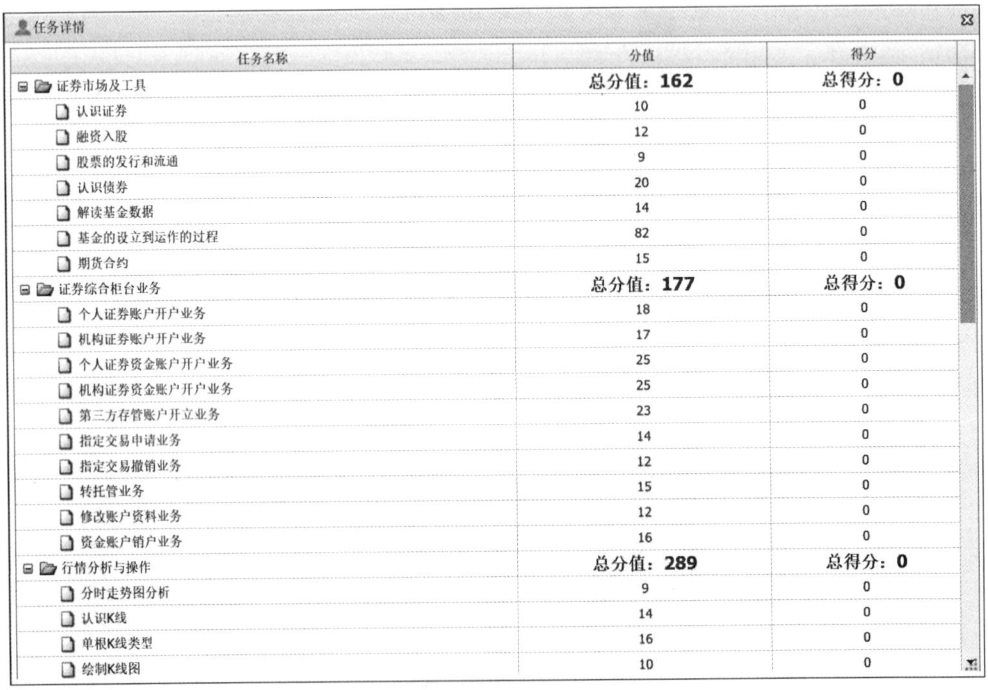

任务名称	分值	得分
证券市场及工具	总分值：162	总得分：0
认识证券	10	0
融资入股	12	0
股票的发行和流通	9	0
认识债券	20	0
解读基金数据	14	0
基金的设立到运作的过程	82	0
期货合约	15	0
证券综合柜台业务	总分值：177	总得分：0
个人证券账户开户业务	18	0
机构证券账户开户业务	17	0
个人证券资金账户开户业务	25	0
机构证券资金账户开户业务	25	0
第三方存管账户开立业务	23	0
指定交易申请业务	14	0
指定交易撤销业务	12	0
转托管业务	15	0
修改账户资料业务	12	0
资金账户销户业务	16	0
行情分析与操作	总分值：289	总得分：0
分时走势图分析	9	0
认识K线	14	0
单根K线类型	16	0
绘制K线图	10	0

图 14-4 “任务详情”界面

第三节　证券综合柜台业务

证券综合柜台业务模块主要是模拟证券公司柜台来办理各项业务，该模块的任务是分角色来完成的，参照背景资料填写相关表格，按照步骤完成操作。“任务答案”的主要内容是在操作中涉及的表格、签章等的答案。“任务解析”的主要内容是该项业务的拓展学习。

证券综合柜台业务主要分为：个人证券账户开户业务、机构证券账户开户业务、个人证券资金账户开户业务、机构证券资金账户开户业务、第三方存管账户开户业务、指定交易申请业务、指定交易撤销业务、转托管业务、修改账户资料业务和资金账户销户业务十个业务种类。具体操作步骤见电子资源二维码。

证券综合柜台业务

第四节　金融衍生品模拟实训

股指期货交易

在实训平台选择“金融衍生品模拟实训”，点击“股指期货交易”，弹出的界面如图14-5所示。

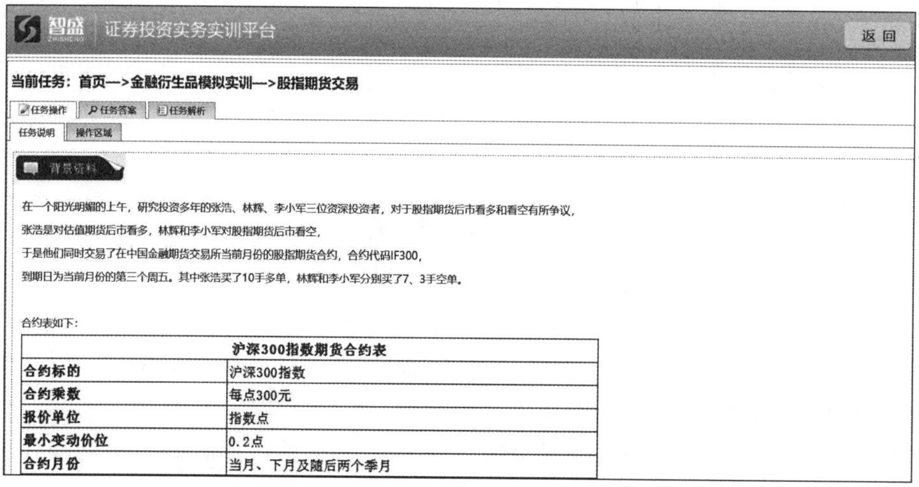

沪深300指数期货合约表	
合约标的	沪深300指数
合约乘数	每点300元
报价单位	指数点
最小变动价位	0.2点
合约月份	当月、下月及随后两个季月

图14-5　股指期货交易界面

点击“操作区域”，弹出的界面如图14-6所示。

选择“投资者A”，会出现如图14-7所示的界面。

图 14-6　股指期货交易操作区域界面

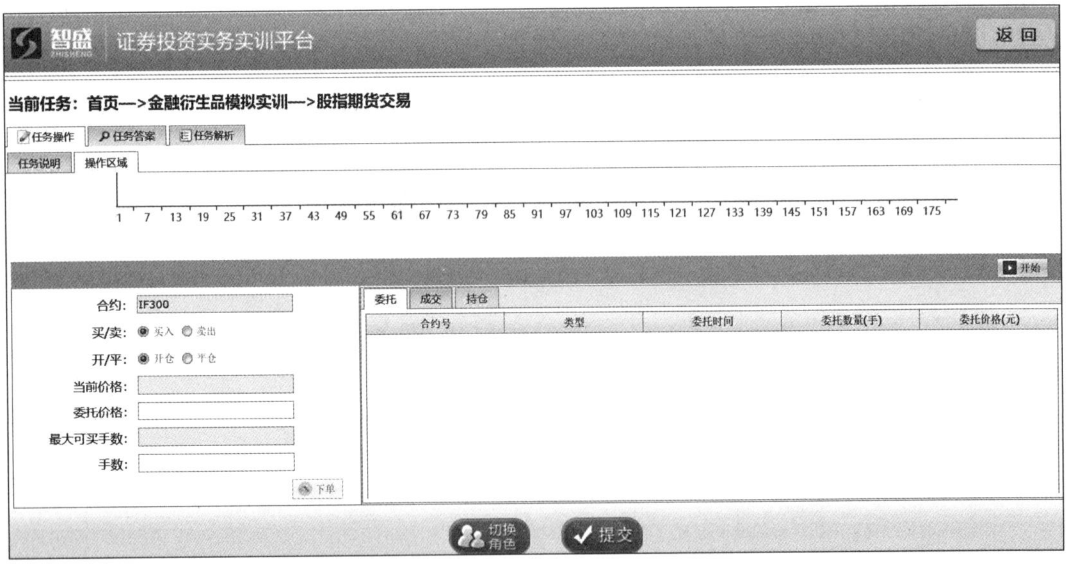

图 14-7　股指期货交易买卖界面

点击右边的“开始”按钮，根据背景资料中的信息填写手数，点击“下单”，交易信息会在“委托”中显示，如图 14-8 所示。

需要注意的是，如果剩余时间为 0 时还没有切换角色，那么需要重新操作，如图 14-9 所示。

点击“确定”，点击“切换角色”，选择“投资者 B”，如图 14-10 所示。

进入投资者 B 页面时，点击“开始”，然后在“手数”那一栏输入相应的数量，点击“下单”，“委托”中会显示交易信息，然后出现一个提示框，点击“确定”，点击“切换

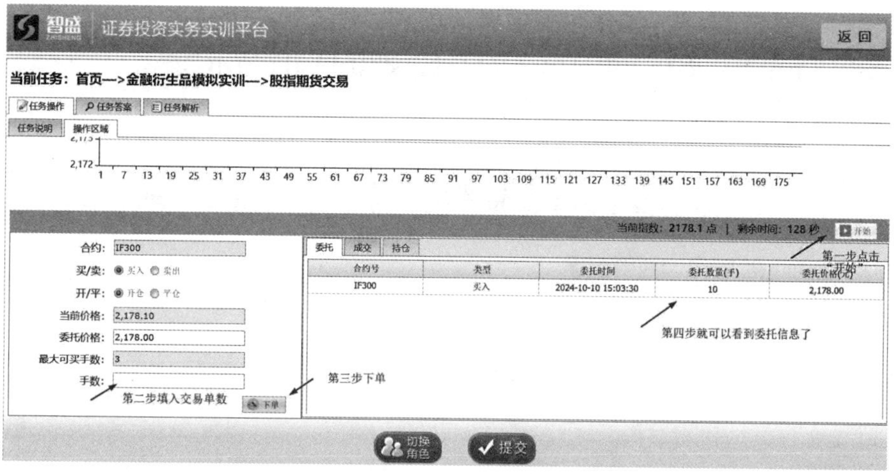

图 14-8　股指期货交易委托成功提示框

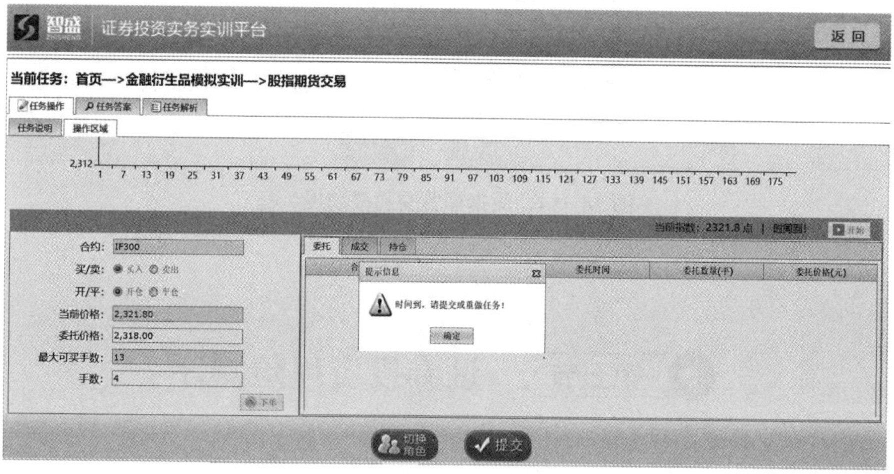

图 14-9　股指期货交易失败提示框

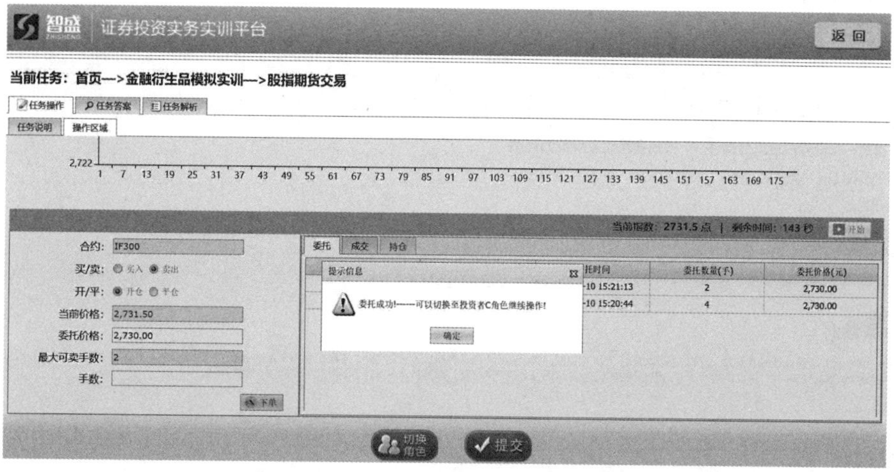

图 14-10　股指期货委托成功提示框

角色”，选择“投资者 C”，操作步骤依然是点击“开始”按钮，在“手数”那一栏填写数量，点击“下单”，“委托”中显示交易信息，如图 14-11 所示。

点击“确定”，提交即可。

图 14-11　股指期货交易成功提示框

第五节　证券投资风险测评

在实训平台选择“证券投资风险测评”，点击“投资者风险承受能力评估”，弹出的界面如图 14-12 所示。

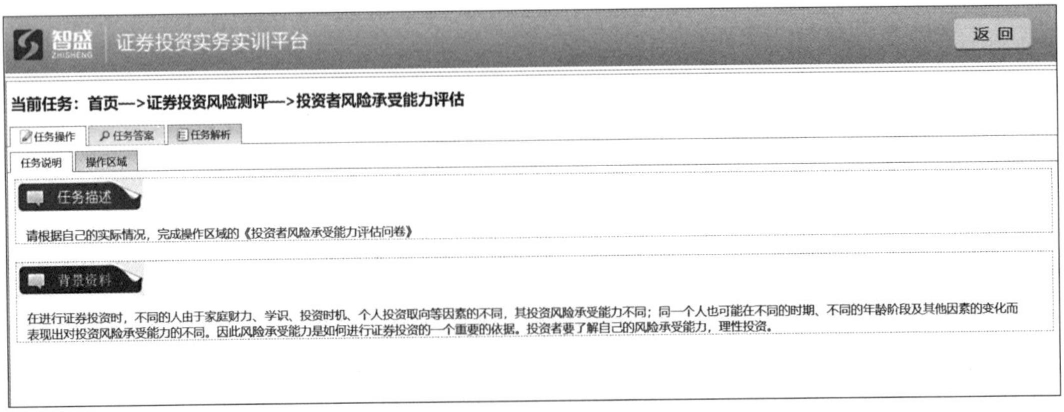

图 14-12　投资者风险承受能力评估界面

点击“操作区域”，会出现“投资者风险承受能力评估问卷”，该问卷以选择题的形式给出，来评估投资者的风险等级，如图 14-13 所示。

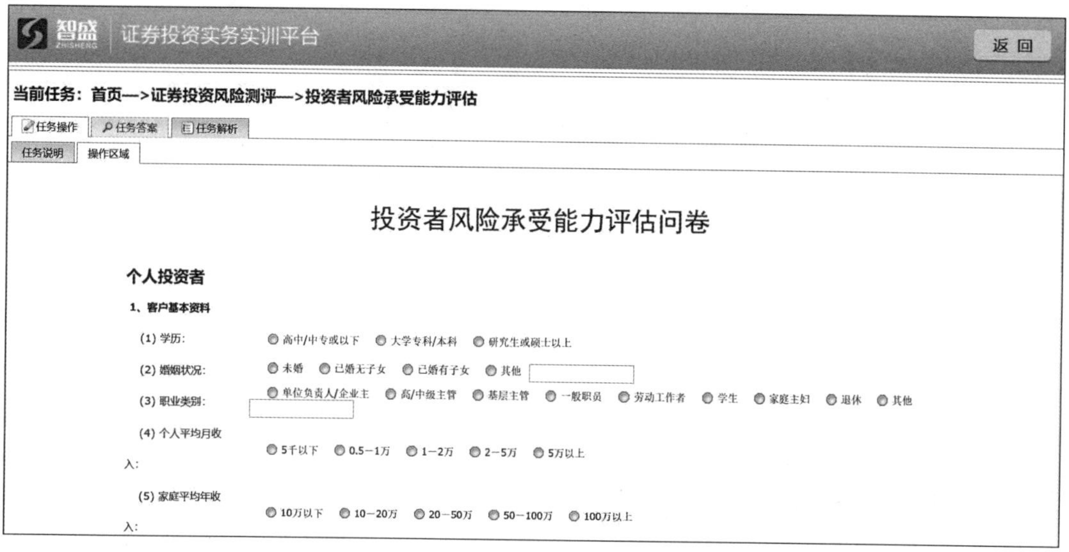

图 14-13　投资者风险承受能力评估问卷

填写完成后，点击“提交”，再点击“评估结果”，就可以看到评估分值、风险承受类型、投资偏好，如图 14-14 所示。

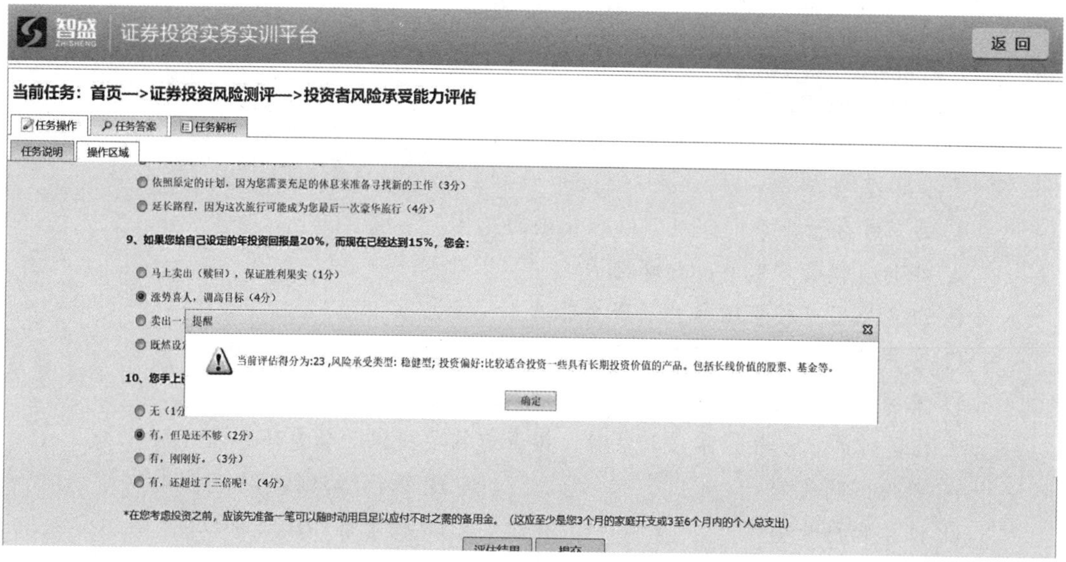

图 14-14　投资者风险承受能力评估结果提示框

本章小结

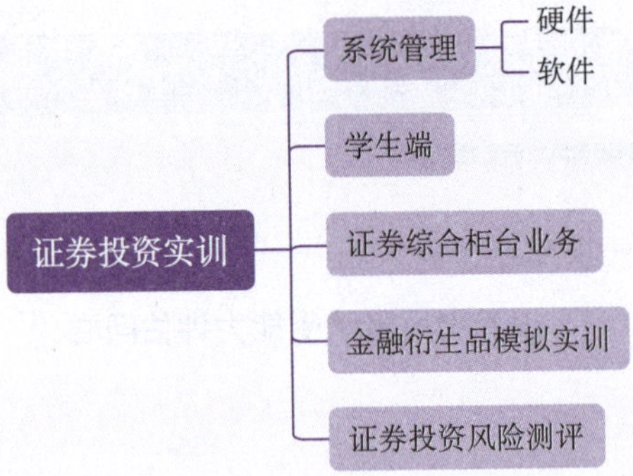

课程思政

课程思政

课后练习题

一、单选题

1. 第三方存管业务中，以下描述正确的是（　　）。

A. 银行直接管理客户的证券账户

B. 证券公司直接管理客户的资金账户

C. 客户的证券账户和资金账户分别由证券公司和银行独立管理

D. 客户的资金由证券公司直接管理，银行仅提供结算服务

2. 在进行第三方存管账户开户时，投资者需要提供的信息不包括（　　）。

A. 身份证明文件　　B. 银行账户信息

C. 证券账户号码　　D. 投资者的工作单位

3. 证券转托管业务中，以下描述正确的是（　　）。

A. 转托管是指投资者将持有的证券从一个证券公司营业部转移到另一个证券公司营业部

B. 转托管过程中，投资者的证券账户号码会发生变化
C. 转托管只能在同一城市的证券公司之间进行
D. 转托管只能在交易日进行
4. 转托管业务完成后，不需要投资者做的是（　　）。
A. 通知原证券公司撤销指定交易　　B. 在新证券公司办理指定交易
C. 更新银行账户信息　　D. 重新开立证券账户
5. 个人投资者开设证券资金账户时，必需的资料是（　　）。
A. 投资者身份证明　　B. 投资者学历证明
C. 投资者工作证明　　D. 投资者婚姻状况证明
6. 证券资金账户的主要作用是（　　）。
A. 记录投资者持有的证券数量
B. 用于投资者进行证券交易的资金划转
C. 记录投资者的交易记录
D. 用于投资者接收证券公司的通知
7. 以下关于机构证券账户开户的说法，正确的是（　　）。
A. 机构投资者可以在任何证券公司开设证券账户
B. 机构证券账户开户的流程与个人投资者完全相同
C. 机构投资者开设证券账户时必须指定一名自然人作为账户操作人
D. 机构证券账户开户时不需要提供营业执照等相关证明文件
8. 机构证券资金账户的主要作用是（　　）。
A. 方便机构投资者进行股票交易
B. 用于记录机构投资者的个人信息
C. 作为机构投资者进行融资融券交易的依据
D. 用于机构投资者接收证券公司的通知
9. 投资者需要修改证券账户资料的情况是（　　）。
A. 投资者更换了手机号码　　B. 投资者想要更改交易密码
C. 投资者需要更新身份证信息　　D. 投资者想要更改绑定的银行账户
10. 修改证券账户资料时，非必要的操作是（　　）。
A. 通知证券公司客服人员
B. 提交修改申请及相关证明材料
C. 到证券公司营业部现场办理
D. 在证券公司提供的在线平台上自助操作

二、多选题

1. 第三方存管账户开户的流程可能包括的步骤有（　　）。

A. 投资者向证券公司提交开户申请

B. 证券公司审核投资者资料并开通证券账户

C. 投资者与银行签订第三方存管协议

D. 银行为投资者开设资金账户并关联证券账户

E. 投资者进行资金划转和证券交易

2. 转托管业务的主要步骤包括（　　）。

A. 投资者向原证券公司提出转托管申请

B. 原证券公司审核申请并办理转托管手续

C. 新证券公司接收转入的证券并通知投资者

D. 投资者在新证券公司办理指定交易和资金账户关联

E. 投资者通知银行更新第三方存管信息

3. 在进行转托管业务时，投资者需要注意的事项包括（　　）。

A. 确保账户中有足够的资金支付转托管费用

B. 在转托管前处理好与原证券公司的所有未结业务

C. 转托管期间，投资者的证券买卖交易将暂停

D. 转托管完成后，投资者需要及时更新交易软件或手机 APP 上的证券公司信息

4. 个人投资者在开设证券资金账户时，通常需要完成的步骤有（　　）。

A. 选择合适的证券公司　　B. 提交开户申请及相关资料

C. 进行风险评估和投资者教育　　D. 签署相关协议和合同

E. 完成资金划转和激活账户

5. 个人证券资金账户与银行账户的关系是（　　）。

A. 资金账户与银行账户相互独立

B. 资金账户与银行账户通过第三方存管连接

C. 投资者可以通过资金账户直接进行银行转账

D. 资金账户与银行账户的关联需要投资者到银行网点办理

三、判断题

1. 第三方存管业务中，银行负责客户的证券账户管理。（　　）

2. 在第三方存管账户开户过程中，投资者无须前往银行网点，全程可以在线完成。（　　）

3. 转托管业务只适用于 A 股股票，不适用于其他证券品种。（　　）

4. 转托管业务完成后，投资者的证券账户号码和资金账户号码都会发生变化。（　　）

5. 个人投资者可以在任何一家证券公司开设证券资金账户。（　　）

6. 在开设证券资金账户时，投资者必须亲自到证券公司营业部办理。（　　）

7. 机构投资者在开设证券账户时，必须指定一名具备证券从业资格的人员作为账户操作人。 （ ）

8. 机构证券账户开户的流程相对简单，与个人投资者开户流程类似，不需要进行额外的审核和批准。 （ ）

9. 投资者可以通过电话直接修改证券账户资料，无须提交任何证明材料。 （ ）

10. 修改证券账户资料后，投资者需要重新签署相关协议和合同。 （ ）

四、案例分析题

1. 假设某投资者想开通第三方存管账户进行证券交易。

请描述该投资者应如何操作，并说明在此过程中涉及的主要参与方及其角色。

2. 投资者张先生想将他持有的某只股票从一个证券公司转移到另一个证券公司进行交易。

请描述张先生应如何操作，并指出在转托管过程中可能遇到的挑战和需要注意的问题。

第十五章 金融投资实训

学习目标

一、知识目标

- 能够完整记住国内两大证券交易所、四大期货交易所以及期权交易市场品种；
- 能够理解强行平仓、止盈止损等专业词汇。

二、能力目标

- 能够进入金融投资实战平台查询股票、期货、外汇、期权等实时行情；
- 能够进行股票委托买卖、设置股票止盈止损以及价格预警、股票委托买卖撤单、查询资金流水等操作；
- 能够进行担保品买卖和划转、融资买入、融券卖出、信用委托交易撤单等操作；
- 能够进行期货委托交易、期货委托交易撤单以及期货交易资金流水查询等操作；
- 能够进行外汇虚盘委托交易、外汇虚盘委托交易撤单以及外汇虚盘交易资金流水查询等操作；
- 能够进行外汇实盘委托交易、外汇相互兑换、外汇实盘委托交易撤单以及外汇交易资金流水查询等操作；
- 能够进行期权委托交易、期权委托交易撤单以及期权交易资金流水查询等操作；
- 能够编写一份完整的投资报告。

三、素质目标

- 能够对金融公司基本业务有一个清晰的认知；
- 能够具备做事细心的能力。

教学案例

小红是一位对外汇市场感兴趣的投资者，她决定通过银行进行外汇实盘交易。

1. 开户与资金存入

小红选择了一家信誉良好的银行，并在该银行开设了外汇交易账户。她将自己的资金存入该账户，作为进行外汇交易的本金。

2. 市场分析

在进行交易之前，小红综合全球经济形势、货币政策、政治事件等因素，以及汇率走势、技术指标等信息，对外汇市场进行了基本分析和技术分析以辅助她做出交易决策。

3. 交易决策与执行

基于市场分析的结果，小红决定买入欧元 / 美元（EUR/USD）货币对。她通过银行的交易平台下达了买入指令，并指定了买入价格和数量。银行在确认交易指令后，按照小红的要求执行交易。

4. 持仓管理与风险控制

在交易执行后，小红继续密切关注市场动态和汇率走势。她设定了止损点和止盈点，以控制风险和锁定利润。当汇率触及这些预设点时，银行将自动执行相应的卖出指令，帮助小红管理持仓。

5. 平仓与资金结算

经过一段时间的持仓后，小红认为市场走势符合她的预期，决定平仓。她通过银行的交易平台下达了卖出指令，并成功将持有的欧元 / 美元货币对卖出。银行在确认交易指令后，结算小红的交易盈亏，并将资金划转至她的账户。

第一节　系统概述

一、产品概述

智盛金融投资实战是在高校金融实验室建立的一套完整的可以模拟国内股票市场、国内债券市场、国内基金市场、国内期货市场、国际外汇市场、国内期权市场的实验系统，主要用以满足教学和科研需要。通过模拟交易环境加强学生对证券、期货、外汇、期权知识的理解，促使学生关注国内及国际经济运行环境，锻炼学生的实际分析能力和自主操盘能力，为金融、经济管理、投资类专业及其他相关专业的学生走向社会提供一个理论结合实际的实习环境。

二、运行环境

（一）硬件

1. 前台

前台应配备普通计算机服务器，有鼠标、网卡，内存 1G 以上，硬盘 60G 以上，彩色显示器分辨率 1 024 × 768 以上。

2. 数据库服务器

数据库应配备高档计算机服务器，内存 2G 以上，硬盘 120G 以上，彩色显示器分辨率 800 × 600 以上。

（二）软件

1. 前台

操作系统为简体中文 WindowsXP SP3 以上版本，分辨率 1 366 × 768 以上，颜色 32 位色以上，字体为小字体。

2. 数据库服务器

操作系统为简体中文 Windows Server 2003 及以上版本，采用 Microsoft SQL Server 2008 R2 数据库。

第二节 功能介绍

一、功能概述与界面

点击“开始操作”进入金融投资实战，显示“金融投资实战”界面。

金融投资实战包括行情信息、消息通知、委托交易、绩效查询四个内容模块。点击右上角“注销”，即可立即退出金融投资实战，回到智盛云平台主页。左上角可以查看实训到期时间。

二、模块介绍

（一）行情信息

1. 正常行情信息

行情信息里包括五大模块：沪深行情、国内期货、外汇市场、期权市场、自选股。

沪深行情包括：所有指数、沪深 A 股、沪深 B 股、沪深基金、次新股、沪深债券。

国内期货包括：上海期货交易所、大连商品交易所、郑州商品交易所、中国金融期货交易期货所。

外汇市场包括：基本汇率、交叉盘汇率。

期权市场包括：ETF 期权、股指期权、商品期权。

自选股模块可以把想要的标的添加至自己的账户。

搜索框中输入信息可以找到相应的标的。具体操作步骤，详见电子资源二维码。

正常行情信息

（二）消息通知

点击“消息通知”，即可查看价格预警、强行平仓、强平预警、止盈止损和其他通知。

（三）委托交易

点击“委托交易”进入委托交易界面，包括总账户状况、证券交易、信用交易、期货交易、外汇虚盘交易、外汇实盘交易、期权交易。具体操作步骤，见电子资源二维码。

委托交易

（四）绩效报告

点击“绩效查询”，再选择相对应的计划，可进入绩效报告界面。

绩效查询界面中可查看本次学习的收益情况、得分、总资产曲线图、投资报告和教师点评。

点击“评分规则”可查看本次的评分。

点击“投资报告”可编写投资报告。

可在该界面自由填写投资报告。

具体步骤图片详见电子资源二维码。

绩效报告

第三节　Admin 管理端后台

一、Admin 管理端概述与界面

Admin 管理端只有“系统管理”一个模块，涉及市场参数、商品参数等信息的设置。输入账号和姓名等登录信息，以管理员身份登录该系统，弹出管理端界面，如图 15-1 所示。

图 15-1　Admin 管理端界面

二、系统管理

（一）市场信息

点击“市场信息”进入市场信息界面，如图 15-2 所示。

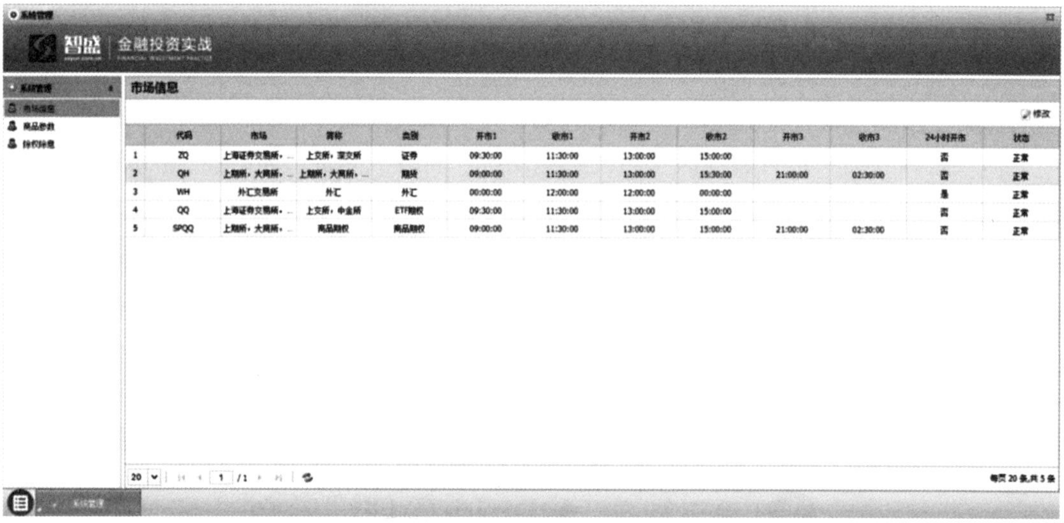

图 15-2　市场信息界面

选中一条市场信息，点击“修改”可对该市场的信息进行修改，如图 15-3 所示。

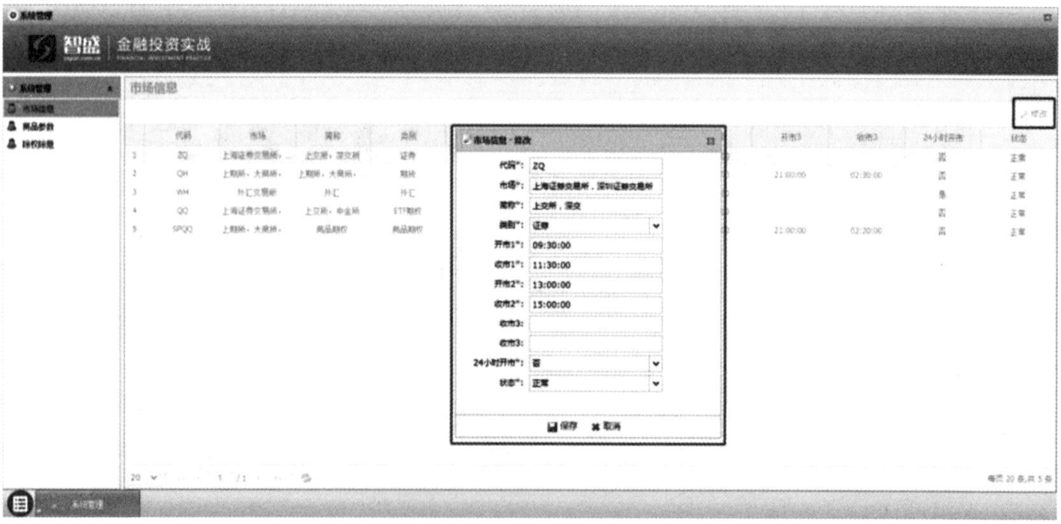

图 15-3　修改市场信息

（二）商品参数

点击“商品参数”可对商品参数进行设置，并可进行新增、修改、删除操作，如图15-4所示。

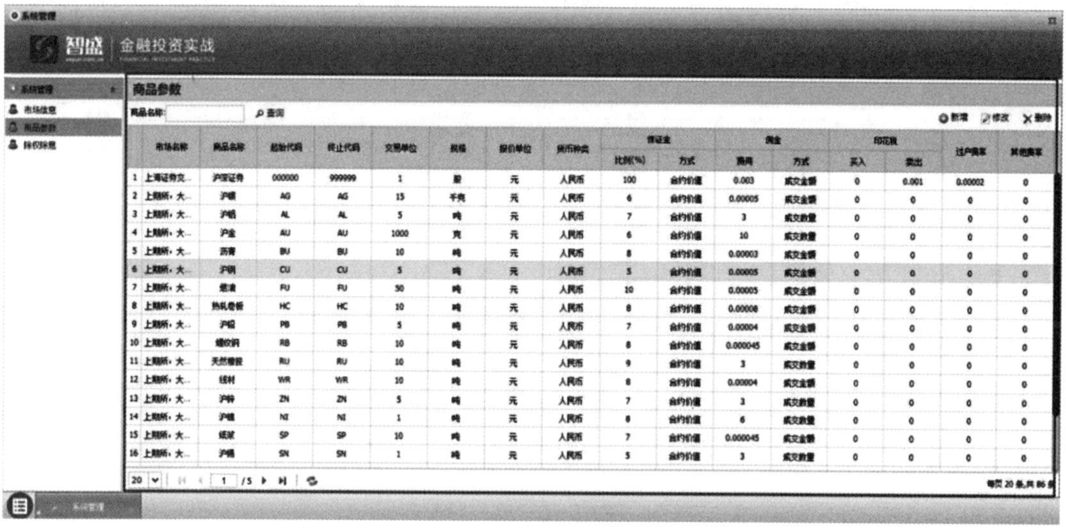

图 15-4 商品参数界面

修改商品参数界面如图15-5所示。

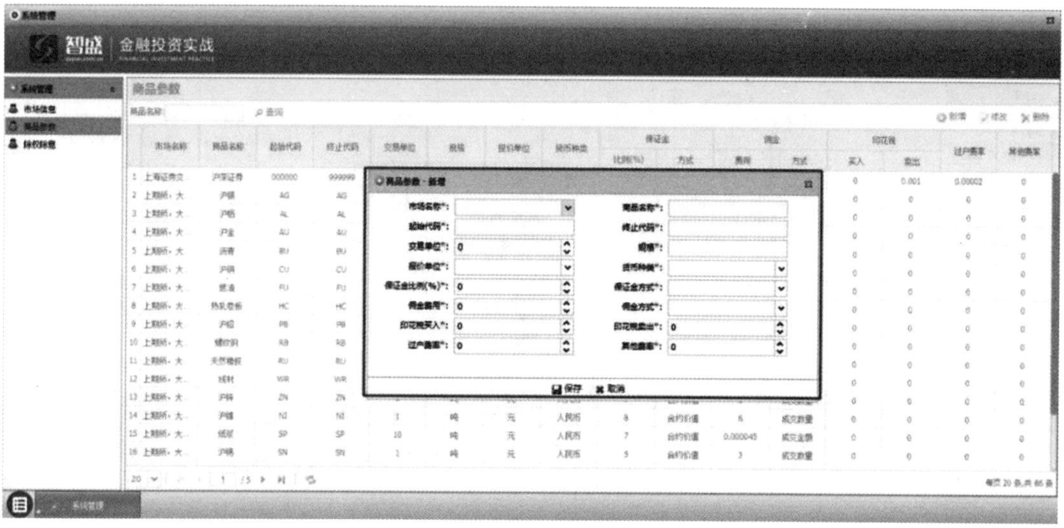

图 15-5 修改商品参数界面

（三）除权除息

点击“除权除息”可对指定证券进行除权除息处理，如图 15-6 所示。

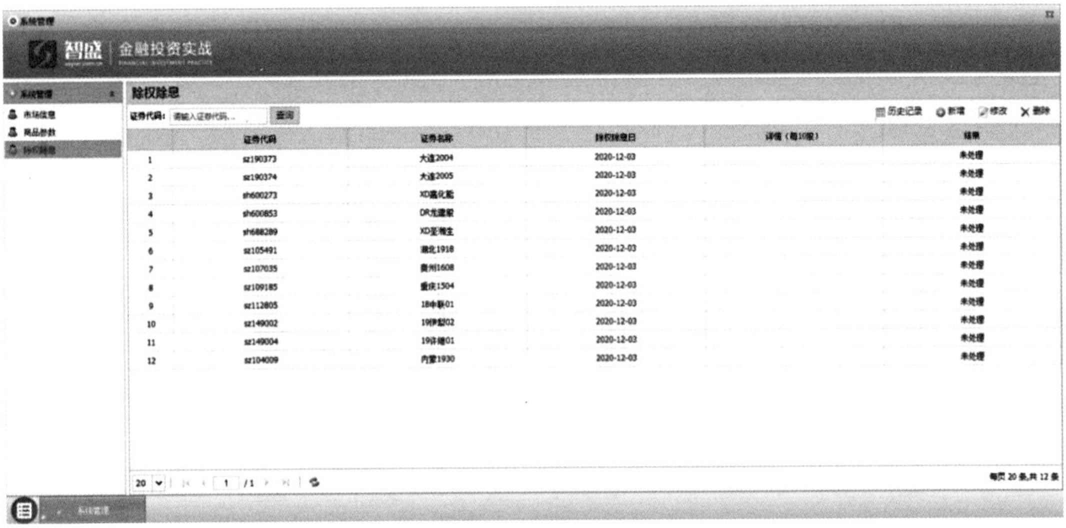

图 15-6　除权除息界面

选中某证券或者新增某证券，对其设置除权除息参数，可以为持有该股票的学生开启分红、送股、配股的权限，如图 15-7 所示。

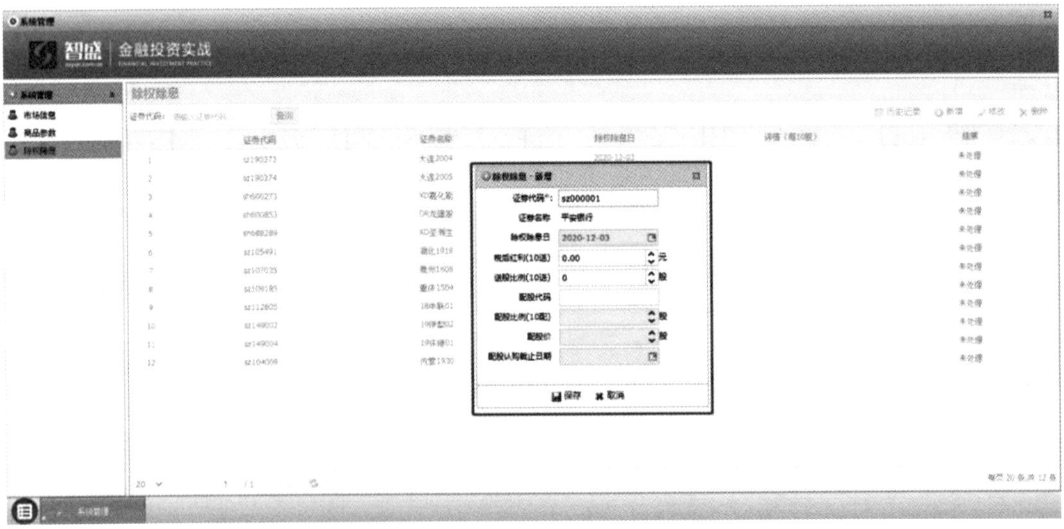

图 15-7　除权除息参数设置界面

本章小结

- 金融投资实训
  - 系统概述
    - 产品概述
    - 运行环境
  - 功能介绍
    - 功能概述与界面
    - 模块介绍
  - Admin管理端后台
    - Admin管理端概述与界面
    - 系统管理

课程思政

课程思政

课后练习题

一、单选题

1. 当你希望以不差于某个价格购买股票时，应使用的委托类型是（　　）。

A. 市价委托　　B. 限价委托

C. 止损委托　　D. 追踪止损委托

2. 如果市场当前股价为 50 元，你设置了一个 48 元的止损卖出委托，现在股价下跌至 47 元，你的股票会（　　）。

A. 立即以 47 元卖出

B. 不会卖出，因为没有达到 48 元的指定价格

C. 会一直等待，直到价格上涨至 48 元才卖出

D. 会被经纪人取消

3. 如果想要确保买入的股票价格不超过每股 100 元，应该（　　）。

A. 提交一个 100 元的限价买入委托

B. 提交一个 100 元的市价买入委托

C. 提交一个最高 100 元的止损买入委托

D. 通知经纪人口头限制价格

4. 期货合约是一种标准化合约，允许交易者在未来特定时间以特定价格买卖一定数量的（　　）。

A. 股票　　B. 债券

C. 商品或金融工具　　D. 房地产

5. 如果一个投资者持有玉米期货合约多头仓位，并且玉米价格上涨，投资者的账户将会（　　）。

A. 获利　　B. 亏损　　C. 保持不变　　D. 无法确定

6. 杠杆作用在期货交易中意味着（　　）。

A. 投资者必须支付全部的货物价值

B. 只需支付一小部分的保证金就能控制更大金额的合约

C. 不能使用信贷购买期货

D. 只能进行现金结算

7. 在担保品交易中，投资者提供的资产主要用于（　　）。

A. 作为交易对手方的抵押品　　B. 获取证券公司提供的融资

C. 直接进行股票买卖　　D. 支付交易手续费

8. 融资买入是指投资者（　　）。

A. 使用自有资金购买股票　　B. 向证券公司借入资金购买股票

C. 向其他投资者借入股票卖出　　D. 使用担保品进行股票交易

9. 融券卖出后，投资者需要在规定时间内（　　）。

A. 以更高价格买回该股票

B. 以更低价格买回该股票

C. 以相同价格买回该股票并归还给证券公司

D. 不需要买回该股票

10. 在外汇交易中，基础货币和报价货币分别指的是（　　）。

A. 投资者持有的货币，市场交易的货币

B. 市场交易的货币，投资者持有的货币

C. 投资者买入的货币，投资者卖出的货币

D. 报价方持有的货币，报价方卖出的货币

二、案例分析题

1. 假设你打算购买某科技公司的股票，当前市场价格为 300 元/股。你预计该公司短期内会有积极新闻发布，股价可能会上涨。但你也担心万一消息不如预期，股价可能会迅速下跌。

请设计一个适合此种情况的委托策略，并解释原因。

2. 作为一名投资者，你拥有某能源公司的股票，当前股价为 20 元 / 股。由于行业前景变化，你认为该股票不太可能超过 25 元 / 股。同时，你希望在股价下跌到 18 元 / 股时减少损失。

请提出你的交易委托计划，并阐述理由。

3. 投资者 A 拥有市值 100 万元的股票，他决定将这些股票作为担保品进行融资交易，融资比例为 1 : 1。

请计算投资者 A 可以获得多少融资额度，并说明他如何利用这笔资金进行交易。

4. 投资者 B 看好某只股票的未来走势，但他当前资金不足，于是他决定进行融资买入。

请分析投资者 B 在进行融资买入时可能面临的风险，并提出相应的风险管理建议。

参 考 文 献

［1］中国证券业协会. 证券投资分析［M］. 北京：中国金融出版社，2012.

［2］戴志敏. 证券投资学：理论、实践与案例分析［M］. 2版. 杭州：浙江大学出版社，2013.

［3］李建华，郭晓玲. 证券投资学［M］. 2版. 北京：经济管理出版社，2014.

［4］柯原. 证券投资分析［M］. 北京：北京大学出版社，2005.

［5］赵锡军，魏建华. 证券投资分析［M］. 6版. 北京：中国人民大学出版社，2015.

［6］何平林，李涛. 证券投资分析［M］. 北京：清华大学出版社，2017.

［7］王火根. 证券投资学［M］. 北京：北京出版社，2018.

［8］康建军，黄海沧. 证券投资实务［M］. 北京：高等教育出版社，2014.

［9］李向科. 证券投资分析技术［M］. 6版. 北京：中国人民大学出版社，2019.

［10］吴晓求. 证券投资学［M］. 北京：中国人民大学出版社，2020.

［11］田文斌. 证券投资分析［M］. 3版. 北京：中国人民大学出版社，2020.

［12］李义龙，徐伟川，吕重犁. 证券投资分析［M］. 北京：清华大学出版社，2018.

［13］郑嘉丰，黄永志，陈林. 股票T+0交易实战教程［M］. 广州：广东经济出版社，2023.

［14］徐宁. 我国财政、货币与政策组合机制的理论分析与实证研究［D］. 长春：吉林大学，2018.

［15］王佳. 社会融资的区域经济高质量发展效应实证研究［D］. 沈阳：辽宁大学，2021.

［16］吴昊，姜思同. 新常态下中国货币政策的宏观经济效应研究：基于不同中介目标的实证检验［J］. 财经理论与实践，2021，42（06）：27-36.

［17］刘慧，周子勋. 6月份新增信贷超预期经济复苏速度加快［N］. 中国经济时报，2022-07-13（001）.